北大版长期进修汉语教材

# A Comprehensive Course in Elementary Chinese

# 初级 汉语精读教程 II

主编　周小兵
编著　陈淑梅　郑宇宁　丁沾沾
英文翻译　潘小洛　郑宇宁

北京大学出版社

图书在版编目（CIP）数据

初级汉语精读教程.2/ 周小兵主编；陈淑梅，郑宇宁，丁沾沾编著. —北京：北京大学出版社，2015.1
（北大版长期进修汉语教材）
ISBN 978-7-301-24662-7

Ⅰ.①初… Ⅱ.①周… ②陈… ③郑… ④丁… Ⅲ.①汉语－对外汉语教学－教材 Ⅳ.①H195.4

中国版本图书馆 CIP 数据核字（2014）第 272962 号

| | |
|---|---|
| 书　　　　名： | 初级汉语精读教程 **Ⅱ** |
| 著作责任者： | 周小兵　主编　陈淑梅　郑宇宁　丁沾沾　编著 |
| 责 任 编 辑： | 刘　飞 |
| 标 准 书 号： | ISBN 978-7-301-24662-7/H·3618 |
| 出 版 发 行： | 北京大学出版社 |
| 地　　　　址： | 北京市海淀区成府路 205 号　100871 |
| 网　　　　址： | http://www.pup.cn　新浪官方微博：@北京大学出版社 |
| 电　　　　话： | 邮购部 62752015　发行部 62750672　编辑部 62752028　出版部 62754962 |
| 电 子 信 箱： | zpup@pup.pku.edu.cn |
| 印　刷　者： | 北京大学印刷厂 |
| 经　销　者： | 新华书店 |
| | 889 毫米×1194 毫米　16 开本　27 印张　444 千字 |
| | 2015 年 1 月第 1 版　2015 年 1 月第 1 次印刷 |
| 定　　　　价： | 79.00 元（全二册，含 MP3 光盘一张） |

未经许可，不得以任何方式复制或抄袭本书之部分或全部内容。
**版权所有，侵权必究**
举报电话：010-62752024　电子信箱：fd@pup.pku.edu.cn

# 编写说明

本教材是为初级汉语学习者编写的精读教材，第一册适合零起点的学生使用，第二册适合已经掌握800左右生词的学生使用。

本教材生词量约1600个，涵盖了《高等学校外国留学生汉语教学大纲》中65%的常用词语，《汉语国际教育用音节汉字词汇等级划分》中84%的一级词汇；语法方面，本教材包含大纲中初等阶段语法项目的85%左右，并涉及少量中等阶段语法项目。本教材同时参考了《国际汉语教学通用课程大纲》，其中第一册包含了该大纲中的一、二、三、四级语法项目，第二册包含了几乎全部的五级语法项目。

本教材按结构和功能相结合的方式编写，旨在提高学习者的读写能力以及运用汉语进行交际的能力。"小容量""任务式"是本教材最大的特点。

"小容量"指在涵盖基本词汇和语法的前提下，控制每一课生词量和语言点的数量。具体表现为，第一册每课生词控制在15个左右，第二册控制在18个左右。语法点则由易到难安排，以句式形式出现，每课句式控制在2至3个。复杂的语法（比如结果补语、趋向补语、"把"字句和"比"字句）大多分散在几课中出现，一方面降低了集中教学的难度，一方面也实现了语法的螺旋式复现。

"任务式"表现为，在每一课的"任务与活动"部分，结合所学内容设计了个人、小组或全班的课堂活动，要求学生用汉语完成特定的任务（包括含有信息差的任务），以培养学习者在真实交际场景、在完成任务的过程中运用语言的能力。

本教材的每课由课文、生词、注释、语法和句式、句型替换、任务与活动、练习（在练习册中）几部分构成。

每课包括课文两篇，课文中语法呈现均匀充分，内容真实自然，富有趣味性、故事性，有利于培养语感。在第一册中，基本上每一课都包括一篇对话、一篇叙述体课文；第二册中叙述体课文逐渐增多。教材中涉及的话题参考了《国际汉语教学通用课程大纲》，在内容上由校园生活逐渐过渡到社会生活，场景包括学校、家庭、工作场所、娱乐场所等，涉及朋友、同学、师生、同事、父母和子女、兄弟姐妹、祖孙等各种人物关系。这样的设计既考虑到留学生在各种场景下的表达需要，也注意将当代中国人的生活内容渗透进叙述与对话之中，使教材可以成为留学生了解中国、了解中国人的一个窗口。

在练习的设计上，本教材遵循由易到难的原则，每一课分别设计了针对字、词、句的练习。第二册增加了阅读练习，以培养学生的阅读能力。此外，还有一些跟HSK考试接轨的练习。

本教材一共有两册。每册6个单元（另外还包括拼音部分），第一册每7课为一个单元，第二册每6课为一个单元，每个单元结束后有一个复习课。每课约需2至4课时（90分钟至180分钟）完成。按每学期十六周，每周十二学时算，一个学期可以学完一册内容。

需要说明的是，在第一册拼音部分的"日常用语"中，和拼音一起出现的，除了已学过的汉字/词以及该课的生词（突出显示），也包括其它尚未作为生词出现过的汉字/词。之所以如此处理，是考虑到在这些汉字/词作为生词出现之前，让学生多次接触，并逐渐认识，到其作为生词出现时，书写、记忆该词就会容易得多。在某种程度上，这是先认后写原则的体现。另外，出于生词量、汉字难易程度、词语常用度等方面的综合考虑，在某些课中，一些生词被列为"补充生词"。原则上，补充生词不需要学生掌握。其中较常用的一些词，在多次出现后成为正式生词，此时，则要求"四会"。这同样也是先认后写原则的体现。

本书配有学生练习册，其中的练习可以供教师课堂上或课下布置作业时有选择地使用。另外，中山大学国际汉语学院网站及中山大学国际汉语教材研发与培训基地提供了与本教材配套的丰富的教学资源，包括每一课的PPT课件和教师手册（含语法操练方法、补充练习、关于"任务与活动"的具体说明、单元测试及期中期末试卷等）。教师可登陆以下网站下载：1. 中山大学国际汉语教材研发与培训基地网站：www.cntexts.com （点击导航栏右侧"教学资源"）；2. 中山大学国际汉语学院网站：http://scsl.sysu.edu.cn （点击导航栏右侧"教学资源"）。下载密码为：cjhyjdjc。

本书从编写到出版历时六年，期间在中山大学国际汉语学院多次试用，反馈良好。在此过程中，参编人员不断总结经验，吸收各方意见，经过数次修改，使其日臻完善。本书的编写、试用及面世是多方支持的结果，其中包含以下人员的贡献：杨峥琳、李江华、刘小芳、杨靖宇老师在初期参与了部分练习编写及课文修改工作；李蕊老师编写了"汉字小知识"部分；张静静老师修改了第二册部分课文；研究生李朝朝、程雅婧、陈宇红、肖丹、吴雪钰、林璐、官恺璐等参与了编写练习、加注拼音、修改课文等工作。此外，徐霄鹰、刘若云、李海鸥、邓小宁、徐韵如等老师以及北京大学出版社的吕幼筠老师在教材编写和试用过程中都提出了宝贵意见；出版社的刘飞老师也为此书付出了大量心血。在此一并致以诚挚的谢意！

编　者<br>2014年12月

# 人物介绍

大卫:
留学生,英国人。

明河:
留学生,韩国人。

小云:
中文系大二学生,是明河的辅导老师。

小松:
小静的哥哥。

林平:
中文系研究生。

刘星:
数学系大一学生,山田的同屋,喜欢玩儿电脑。

小宝:
一个五岁的男孩子。

金浩:
留学生,韩国人。

山田:
留学生,日本人,刘星的同屋,爱好书法。

小静:
中文系大二学生,小云的同屋。

李阳:
经济系大二学生,喜欢新手机。

小华:
林平的女朋友,在北京学习。

丽丽:
刘星的女朋友。

刘梅:
中学老师,小宝的妈妈。

# Abbreviations
# 词类简称表

| | | | |
|---|---|---|---|
| ▪ | noun | *n.* | 名词 (míngcí) |
| ▪ | verb | *v.* | 动词 (dòngcí) |
| ▪ | optative verb | *opt. v.* | 能愿动词 (néngyuàn dòngcí) |
| ▪ | adjective | *adj.* | 形容词 (xíngróngcí) |
| ▪ | numeral | *num.* | 数词 (shùcí) |
| ▪ | measure word | *m.* | 量词 (liàngcí) |
| ▪ | pronoun | *pron.* | 代词 (dàicí) |
| ▪ | adverb | *adv.* | 副词 (fùcí) |
| ▪ | preposition | *prep.* | 介词 (jiècí) |
| ▪ | conjunction | *conj.* | 连词 (liáncí) |
| ▪ | particle | *part.* | 助词 (zhùcí) |
| ▪ | onomatopoeia | *o.* | 象声词 (xiàngshēngcí) |
| ▪ | interjection | *int.* | 叹词 (tàncí) |
| ▪ | prefix | *pref.* | 词头 (cítóu) |
| ▪ | suffix | *suff.* | 词尾 (cíwěi) |

# 目录

| | 知识点 | 功能 | 任务与活动 | 页码 |
|---|---|---|---|---|

## 第一单元

| | 知识点 | 功能 | 任务与活动 | 页码 |
|---|---|---|---|---|
| 第一课<br>大卫记错了密码 | 语法和句式<br>1. 结果补语(1)<br>2. "向"的用法 | 道歉 | 哑剧 | 1 |
| 第二课<br>没买着词典 | 注释:<br>1. "又漂亮又暖和"<br>2. "他顺着刚才经过的路往回走,……"<br>语法和句式:<br>结果补语(2) | 1. 征询<br>2. 建议 | 生活曲线 | 6 |
| 第三课<br>李阳回老家去了 | 注释:<br>"累死了!"<br>语法和句式:<br>简单趋向补语(1) | 催促 | 请举牌 | 12 |
| 第四课<br>他带了一条狗来 | 语法和句式:<br>简单趋向补语(2) | 1. 无奈<br>2. 猜测 | 带什么来中国? | 17 |
| 第五课<br>你怎么才来啊? | 语法和句式:<br>1. 才 + V<br>2. 就 + V | 1. 抱怨<br>2. 估计 | 1. 问答<br>2. 聪明的我和笨笨的我 | 22 |
| 第六课<br>他们骑得快得很 | 注释:<br>"他忽然想起来,……"<br>语法和句式:<br>1. 表示程度的结构(1)<br>2. 表示程度的结构(2) | 称赞 | 1. 变换叙述方式<br>2. 找朋友 | 27 |
| 复习(一) | 语法索引 | 功能总结 | | 32 |

## 第二单元

| | 知识点 | 功能 | 任务与活动 | 页码 |
|---|---|---|---|---|
| 第七课<br>你表姐比你高 | 注释:<br>"小云有个表姐是空姐。"<br>语法和句式:<br>比较句(1):"比"字句(1) | 1. 比较<br>2. 解释 | 1. 我喜欢的活动<br>2. 问答 | 36 |

| | 知识点 | 功能 | 任务与活动 | 页码 |
|---|---|---|---|---|
| 第八课<br>那套房子比宿舍大多了 | 语法和句式：<br>　1. 比较句(2)："比"字句(2)<br>　2. "一……就……" | 1. 强调<br>2. 比较 | 1. 完成句子<br>2. 说一说 | 41 |
| 第九课<br>窗户上挂着漂亮的窗帘 | 语法和句式：存现句 | 1. 喜欢<br>2. 解释 | 1. 你说我画<br>2. 他/她是谁？ | 47 |
| 第十课<br>我把这张照片挂在墙上了 | 注释：<br>"不然你妈妈来了没有地方坐。"<br>语法和句式：<br>　"把"字句(1) | 1. 同意<br>2. 要求 | 1. 我的新房间<br>2. 回国前 | 52 |
| 第十一课<br>我们把菜送到您家 | 注释：<br>"原来，他把遥控器当成手机了。"<br>语法和句式：<br>　"把"字句(2) | 1. 保证<br>2. 命令<br>3. 顿悟 | 1分钟猜猜画画 | 57 |
| 第十二课<br>我什么也没买 | 注释：<br>　1. "我很快就靠在座位上睡着了。"<br>　2. "既漂亮又聪明"<br>语法和句式：<br>　疑问代词的活用(1) | 1. 着急<br>2. 后悔 | 造句比赛 | 62 |
| 复习（二） | 注释：<br>　1. "要是想看帅哥"<br>　2. "由于两个模特不一样高""这样他们就差不多高了"<br>语法索引 | 功能总结 | | 67 |

## 第三单元

| | 知识点 | 功能 | 任务与活动 | 页码 |
|---|---|---|---|---|
| 第十三课<br>广州的路有北京的路这么直吗？ | 语法和句式：<br>　1. 比较句(3)：A+(不)像+B+这么/那么……<br>　2. 比较句(4)：用"有"表示比较(1) | 比较 | 猜一猜 | 72 |

| | 知识点 | 功能 | 任务与活动 | 页码 |
|---|---|---|---|---|
| 第十四课<br>他们起得比鸡早 | 语法和句式：<br>1. 比较句(5)："比"字句(3)<br>2. 比较句(6)：用"有"表示比较(2) | 1. 说明<br>2. 解释 | 比较 | 78 |
| 第十五课<br>大卫把菜洗干净了 | 注释：<br>1."所以他们父子两个常常……"<br>2."小宝高兴地说……"<br>语法和句式：<br>"把"字句(3) | 邀请 | 怎么打扫？ | 83 |
| 第十六课<br>我不能把电话给你 | 语法和句式：<br>1."把"字句(4)<br>2."不但……还/而且/也……" | 1. 推测<br>2. 拒绝 | 简报 | 88 |
| 第十七课<br>除了贴春联，还要贴"福"字 | 注释：<br>1."把家里打扫得干干净净"<br>2."跟父母、孩子、兄弟姐妹一起开开心心地吃饭。"<br>语法和句式：<br>"除了……（以外）" | 1. 希望<br>2. 解释 | 1. 特别的人和很好的人<br>2. 说一说 | 93 |
| 第十八课<br>妈妈被他打哭了 | 语法和句式：<br>"被"字句(1) | 肯定 | 房间打扫干净了 | 99 |
| 复习（三） | 注释：<br>"现在，就看你的了。"<br>语法索引 | 功能总结 | | 104 |

## 第四单元

| | | | | |
|---|---|---|---|---|
| 第十九课<br>有个同学从单杠上掉下来了 | 注释：<br>1."他紧紧地拉住表弟"<br>2."顺利地打到了一辆出租车"<br>语法和句式：<br>复合趋向补语(1) | 1. 请求<br>2. 推测 | 哑剧 | 108 |

| | 知识点 | 功能 | 任务与活动 | 页码 |
|---|---|---|---|---|
| 第二十课<br>摘下几个苹果来 | 注释：<br>"我非常生气，决定离家出走。"<br>语法和句式：<br>复合趋向补语(2) | 说明 | 站在哪里？ | 113 |
| 第二十一课<br>在那儿吃不吃得到中国菜？ | 注释：<br>"老太太，这回听见了？"<br>语法和句式：<br>可能补语(1) | 1.安慰<br>2.追问 | 钱买得到什么？ | 117 |
| 第二十二课<br>她们说有事来不了了 | 注释：<br>1."卡拉OK当然也唱不成了。"<br>2."林平忽然发高烧"<br>3."有时两三天都不回家"<br>语法和句式：<br>可能补语(2) | 1.肯定<br>2.庆幸 | 5000元去得了哪里？ | 123 |
| 第二十三课<br>妈妈你拎得动这些书吗？ | 语法和句式：<br>可能补语(3) | 不喜欢 | 站得下几个人？ | 128 |
| 第二十四课<br>爬得过去吗？ | 注释：<br>"没想到，……"<br>语法和句式：<br>可能补语(4) | 1.意外<br>2.要求 | 小调查 | 132 |
| 复习(四) | 注释：<br>"当我离开医院时，……"<br>语法索引 | 功能总结 | | 137 |
| | 第五单元 | | | |
| 第二十五课<br>她连一句话都没说过 | 注释：<br>"怎么不能？""哪儿有时间看书呢？"<br>语法和句式：<br>1."连……也/都……"<br>2."下去"的引申意义 | 1.推测<br>2.比较<br>3.否定 | 刚来中国的时候 | 141 |

| | 知识点 | 功能 | 任务与活动 | 页码 |
|---|---|---|---|---|
| 第二十六课<br>把废纸捡起来 | 语法和句式：<br>1. "把"字句(5)<br>2. "虽然……但是……" | 1. 请求<br>2. 拒绝 | 我为什么喜欢/不喜欢 | 146 |
| 第二十七课<br>牛仔裤被我妈洗得干干净净 | 注释：<br>1. "有一些衣服看起来还很新"<br>2. "她或者扔掉……"<br>3. "让想要的人拿走了"<br>4. "用剪刀剪了好几个大口子"<br>语法和句式：<br>"被"字句(2) | 1. 选择<br>2. 道歉 | 哑剧 | 151 |
| 第二十八课<br>在餐厅中间跳起舞来 | 注释：<br>"太阳下山了"<br>语法和句式：<br>1. "起来"的引申意义<br>2. "越……越……" | 1. 否定<br>2. 建议 | 有意义的句子 | 157 |
| 第二十九课<br>什么舒服穿什么 | 语法和句式：<br>1. 疑问代词的活用(2)<br>2. "而"(1) | 1. 不满意<br>2. 祝贺 | 哪个是你的选择？ | 162 |
| 第三十课<br>无论离家多近，她都会迷路 | 语法和句式：<br>1. "无（不）论……都……"<br>2. "出来"的引申意义 | 相信 | 建议 | 167 |
| 复习(五) | 注释：<br>1. "接下来的几天里……"<br>2. "……，再说，天天吵架有什么意思？！"<br>语法索引 | 功能总结 | | 172 |

| | 知识点 | 功能 | 任务与活动 | 页码 |
|---|---|---|---|---|
| **第六单元** | | | | |
| 第三十一课<br>既然选择了，就不要后悔 | 注释：<br>1. "这下我几乎没地方站了"<br>2. "我一生气，朝前面嚷道：……"<br>3. "我终于松了一口气"<br>语法和句式：<br>1. "非……不可"<br>2. "既然……就……" | 1. 强调<br>2. 释然 | 我的梦想Ⅰ | 177 |
| 第三十二课<br>只要坚持，就会实现梦想 | 注释：<br>"……，还是天天游山玩水？"<br>语法和句式：<br>1. 动词"使"<br>2. "只要……就……" | 1. 选择<br>2. 推论 | 1. 好的品质<br>2. 我的梦想Ⅱ | 183 |
| 第三十三课<br>尽管他非常努力 | 注释：<br>1. "好不容易得到一份工作。"<br>2. "总的来说，全球变暖的影响有三个方面：……"<br>3. "海平面升高"<br>语法和句式：<br>1. "尽管……但是……"<br>2. "不是……而是……" | 概括 | 写小诗 | 188 |
| 第三十四课<br>即使没座位，我也能睡得很香 | 语法和句式：<br>1. "即使……也……"<br>2. 小数、分数和百分数<br>3. 倍数的表达 | 1. 转述<br>2. 羡慕 | 国家简介 | 193 |
| 第三十五课<br>只有方法对了，效果才会更好 | 注释：<br>"还是给我刀叉吧。"<br>语法和句式：<br>1. "只有……才……"<br>2. "不是……就是……" | 1. 建议<br>2. 选择 | 只有他/她才会…… | 198 |
| 第三十六课<br>简单而快乐的童年 | 注释：<br>1. "想起童年的生活""回忆起童年的趣事"<br>2. "你每次都没有穿校服"<br>语法和句式：<br>1. "而"（2）：$A_1$而（又）$A_2$<br>2. "而"（3） | 1. 惊讶<br>2. 称赞 | 错事 | 203 |
| 复习（六） | 语法索引 | 功能总结 | | 209 |
| 词语表 | | | | 213 |

# 第一课 大卫记错了密码

## 课文 Text

（一）

（大卫的钱快花完了，今天他去银行取钱。可是银行的ATM机坏了，大卫拿着他的卡去柜台。）

大卫：（给职员卡）你好，我想取一千块钱。
职员：不好意思，刚才没听清楚，您取多少钱？
大卫：取一千块。
职员：好的，请输密码。
　　　（大卫输了密码）

职员：您的密码输错了，请再输一次。
大卫：啊，我记错了！
　　　（大卫又输了一次，这次对了。）

职员：这是一千块。
大卫：谢谢。我还想开一个存折。
职员：定期的还是活期的？
大卫：定期的，存一万块钱，
　　　从这张卡里取。
职员：请问您带护照了吗？
大卫：带了。
　　　（拿出他的护照给职员）

职员：好的，请填一下这张表。

> 道歉
> Making an apology

(Dàwèi de qián kuài huāwán le, jīntiān tā qù yínháng qǔ qián. Kěshì yínháng de ATM jī huài le, Dàwèi názhe tā de kǎ qù guìtái.)
Dàwèi: (gěi zhíyuán kǎ) Nǐ hǎo, wǒ xiǎng qǔ yìqiān kuài qián.

Zhíyuán: Bù hǎoyìsi, gāngcái méi tīng qīngchu, nín qǔ duōshao qián?
Dàwèi:　Qǔ yìqiān kuài.
Zhíyuán: Hǎode, qǐng shū mìmǎ.
　　　(Dàwèi shūle mìmǎ)
Zhíyuán: Nín de mìmǎ shūcuò le, qǐng zài shū yí cì.
Dàwèi:　À, wǒ jìcuò le!
　　　(Dàwèi yòu shūle yí cì, zhè cì duì le.)
Zhíyuán: Zhè shì yìqiān kuài.
Dàwèi:　Xièxie. Wǒ hái xiǎng kāi yí gè cúnzhé.
Zhíyuán: Dìngqī de háishi huóqī de?
Dàwèi:　Dìngqī de, cún yíwàn kuài qián, cóng zhè zhāng kǎ li qǔ.
Zhíyuán: Qǐngwèn nín dài hùzhào le ma?
Dàwèi:　Dài le.
　　　(náchū tā de hùzhào gěi zhíyuán)
Zhíyuán: Hǎode, qǐng tián yíxià zhè zhāng biǎo.

## （二）

　　金浩吃完饭去阳台上休息。他好像听见有人在叫他的名字，他向周围看了看，忽然看见一个女孩在对面的窗户那儿向他挥手。他没戴眼镜，没看清楚是谁，不过他想：我是一个有礼貌的人。所以他也向她挥了挥手。过了一会儿，那个女孩子又在旁边的窗户那儿向他挥手。她是谁呢？

　　金浩回房间戴了眼镜，又来到阳台上，这时候他看清楚了，那个女孩在擦玻璃！她擦干净这边的，又去擦旁边的……

　　Jīn Hào chīwán fàn qù yángtái shang xiūxi. Tā hǎoxiàng tīngjiàn yǒu rén zài jiào tā de míngzi, tā xiàng zhōuwéi kànle kàn, hūrán kànjiàn yí gè nǚhái zài duìmiàn de chuānghu nàr xiàng tā huī shǒu. Tā méi dài yǎnjìng, méi kàn qīngchu shì shéi, búguò tā xiǎng: wǒ shì yí gè yǒu lǐmào de rén. Suóyǐ tā yě xiàng tā huīle huī shǒu. Guòle yíhuìr, nàge nǚháizi yòu zài pángbiān de chuānghu nàr xiàng tā huī shǒu. Tā shì shéi ne?

　　Jīn Hào huí fángjiān dàile yǎnjìng, yòu láidào yángtái shang, zhè shíhou tā kàn qīngchu le, nàge nǚhái zài cā bōli! Tā cā gānjìng zhè biān de, yòu qù cā pángbiān de...

## 词语 New Words and Phrases

| | | | | |
|---|---|---|---|---|
| 1. | 密码 | (名) | mìmǎ | password |
| 2. | 取 | (动) | qǔ | to withdraw |
| 3. | 坏 | (形) | huài | broken, bad |
| 4. | 卡 | (名) | kǎ | card |
| 5. | 清楚 | (形) | qīngchu | clear |
| 6. | 存 | (动) | cún | to deposit |
| 7. | 护照 | (名) | hùzhào | passport |
| 8. | 填 | (动) | tián | to fill in |
| 9. | 表 | (名) | biǎo | a form, a list |
| 10. | 向 | (介) | xiàng | to, toward |
| 11. | 周围 | (名) | zhōuwéi | around, round, about |
| 12. | 对面 | (名) | duìmiàn | opposite side |
| 13. | 窗户 | (名) | chuānghu | window |
| 14. | 挥（手） | (动) | huī (shǒu) | to wave (hand) |
| 15. | 戴 | (动) | dài | to wear |
| 16. | 眼镜 | (名) | yǎnjìng | (a pair of) glasses |
| 17. | 礼貌 | (名) | lǐmào | politeness; manners |
| 18. | 玻璃 | (名) | bōli | glass |

## 补充词语 Additional Vocabulary

| | | | | |
|---|---|---|---|---|
| 1. | 柜台 | (名) | guìtái | counter |
| 2. | 输 | (动) | shū | to enter, to input |
| 3. | 存折 | (名) | cúnzhé | bankbook |
| 4. | 定期 | (名) | dìngqī | deposit (account) |
| 5. | 活期 | (名) | huóqī | current (account) |

## 语法和句式 Grammar and Sentence Patterns

### 1. 结果补语 (1) Complement of Result (1)

结果补语用在动词后面,表示动作行为的结果,结构是:(Complement of result is used after the verb to indicate the result of the action. The structure is as follows:)

肯定式:(Affirmative:) V + 结果补语 (+ O)

否定式:(Negative:) 没 + V + 结果补语 (+ O)

正反疑问句:(Affirmative-negative Question:) V + 结果补语 + 了 + 没有

| 结果补语 | 肯定式 | 否定式 |
|---|---|---|
| 对、错 | 写对/错、说对/错 | 没写对/错、没说对/错 |
| 懂 (dǒng, understand) | 看懂、听懂、读懂 | 没看懂、没听懂、没读懂 |
| 见 | 看见、听见 | 没看见、没听见 |
| 完 | 吃完、做完 | 没吃完、没做完 |
| 清楚 | 看清楚、听清楚 | 没看清楚、没听清楚 |
| 干净 | 擦干净、洗干净 | 没擦干净、没洗干净 |

### 2. "向"的用法 Usage of 向

向 + N + V (+O)

他　　向　　我　　借了　　一本书。
小王正向　　他　　挥　　　手。
他们　向　　北　　走了。

## 句型替换 Pattern Drills

(1) 大卫 <u>吃　完　　早饭</u> 了。　(2) 小静 <u>看　见</u> 了 <u>一只狗</u>。
　　　　做　完　作业　　　　　　　　洗　干净　那双鞋
　　　　擦　干净　桌子　　　　　　　喝　完　　两瓶酒
　　　　看　清楚　黑板上的字　　　　看　完　　那个电影

（3）我没看清楚 那是谁 。　　　（4）大卫向我们 挥　　手 。
　　　　听见　你说的话　　　　　　　朋友　我 介绍 广东的菜
　　　　洗干净 这件脏衣服　　　　　他　　我 借　汉语书
　　　　做完　　作业　　　　　　　 你　　前面 看

## 任务与活动 Tasks / Activities

**全班活动：哑剧　Class Activity: Mime**

（本活动相关补充内容详见配套教师手册）

每个同学都会得到一张写有句子的纸条，请不要说话，把纸条上的句子表演出来。在你的同学表演时，猜一猜她／他表演的内容，根据表演说句子。请在句子中使用"结果补语"。（Every student will receive a piece of paper with a sentence on it. For this exercise student A is required not to speak, but use actions to "mime" out each sentence. Other students must guess what student A is acting out, and make sentences with complement of result.）

# 第二课 没买着词典

## 课文 Text

（一）

（刘星和丽丽在校园里散步）

刘星：丽丽，我想学日语。

丽丽：你的英语还没学好呢！

刘星：英语没学好，就换一种语言。

丽丽：你得想好了，要用功学，不能总是换。

刘星：我想好了，这次一定要学会。你陪我去买汉日词典吧，我昨天去学校的书店买，没买着。

丽丽：那去购书中心吧。

（他们经过一家礼品店）

丽丽：对了，你打算给你妈妈买什么生日礼物？想好了没有？

刘星：还没想好。你说呢？

> 征询 Asking for opinion

丽丽：我建议你买一条围巾，我前两天看见一条，又漂亮又暖和，她肯定喜欢。

> 建议 Advising

刘星：这个主意不错。走，去买词典和围巾。

(Liúxīng hé Lìli zài xiàoyuán li sàn bù)

Liú Xīng: Lìli, wǒ xiǎng xué Rìyǔ.

Lìli: Nǐ de Yīngyǔ hái méi xuéhǎo ne!

Liú Xīng: Yīngyǔ méi xuéhǎo, jiù huàn yì zhǒng yǔyán.

Lìli: Nǐ děi xiǎnghǎo le, yào yònggōng xué, bù néng zǒngshì huàn.

Liú Xīng: Wǒ xiǎnghǎo le, zhè cì yídìng yào xuéhuì. Nǐ péi wǒ qù mǎi hàn rì cídiǎn ba, wǒ zuótiān qù xuéxiào de shūdiàn mǎi, méi mǎizháo.

Lìli: Nà qù gòu shū zhōngxīn ba.

(tāmen jīngguò yì jiā lǐpǐn diàn)

Lìli: Duìle, Nǐ dǎsuàn gěi nǐ māma mǎi shénme shēngrì lǐwù? Xiǎnghǎole méiyǒu?

Liú xīng: Hái méi xiǎnghǎo. Nǐ shuō ne?

Lìli: Wǒ jiànyì nǐ mǎi yì tiáo wéijīn, wǒ qián liǎng tiān kànjiàn yì tiáo, yòu piàoliang yòu nuǎnhuo, tā kěndìng xǐhuan.

Liú Xīng: Zhè ge zhǔyi búcuò. Zǒu, qù mǎi cídiǎn hé wéijīn.

## (二)

金浩从学校回到家,在家门口,发现钥匙不见了。他找了半天,没找着。他顺着刚才经过的路往回走,一边走一边低着头仔细找,一直走到车站。最后,在车站附近的地上找到了。找着了钥匙,他马上向家里跑。小云和明河说要来他家玩儿,可是他的房间还很乱呢!现在她们俩就要来了,他得在十分钟内收拾好房间。

Jīn Hào cóng xuéxiào huídào jiā, zài jiā ménkǒu, fāxiàn yàoshi bú jiàn le. Tā zhǎole bàntiān, méi zhǎozháo. Tā shùnzhe gāngcái jīngguò de lù wǎng huí zǒu, yìbiān zǒu yìbiān dīzhe tóu zǐxì zhǎo, yìzhí zǒudào chēzhàn. Zuìhòu, zài chēzhàn fùjìn de dìshang zhǎodào le. Zhǎozháole yàoshi, tā mǎshàng xiàng jiāli pǎo. Xiǎoyún hé Mínghé shuō yào lái tā jiā wánr, kěshì tā de fángjiān hái hěn luàn ne! Xiànzài tāmen liǎ jiù yào lái le, tā děi zài shí fēnzhōng nèi shōushi hǎo fángjiān.

## 词语 New Words and Phrases

| | | | | |
|---|---|---|---|---|
| 1. | 词典 | (名) | cídiǎn | dictionary |
| 2. | 语言 | (名) | yǔyán | language |
| 3. | 得 | (能愿) | děi | have to |
| 4. | 用功 | (形) | yònggōng | diligent in learning |
| 5. | 着 | (动) | zháo | *used after a verb to show the result* |
| 6. | 中心 | (名) | zhōngxīn | centre |
| 7. | 经过 | (动/名) | jīngguò | to pass; process, course |
| 8. | 建议 | (动/名) | jiànyì | to advise; advice |
| 9. | 围巾 | (名) | wéijīn | scarf |
| 10. | 暖和 | (形) | nuǎnhuo | warm |
| 11. | 钥匙 | (名) | yàoshi | key |
| 12. | 顺 | (介) | shùn | along |
| 13. | 低 | (动/形) | dī | to bow one's head; low |
| 14. | 仔细 | (形) | zǐxì | careful |
| 15. | 地 | (名) | dì | ground, field |
| 16. | 俩 | (数量) | liǎ | two, 两个 |
| 17. | 内 | (名) | nèi | within, inside |

## 专名 Proper Nouns

| | | | |
|---|---|---|---|
| 日语 | | Rìyǔ | Japanese |

## 补充词语 Additional Vocabulary

| | | | | |
|---|---|---|---|---|
| 1. | 购(书) | (动) | gòu (shū) | to buy (book) |
| 2. | 礼品 | (名) | lǐpǐn | gift |

## 注释 Notes

### 1. "又漂亮又暖和"

"又……又……"常连接形容词或动词，表示两种性质或行为同时存在或同时进行。(又……又…… is often used to link adjectives or verbs to indicate that two states exist at the same time or two actions happen simultaneously.)

(1) 这种苹果又大又甜。
(2) 孩子们又唱又跳，非常开心。

用"又……又……"时动词或形容词前边不加程度副词。(When 又……又…… is used to link verbs or adjectives, adverbs of degree must not be used.)

这里的东西又很便宜又很好。（×）

### 2. "他顺着刚才经过的路往回走，……"

"往回走"的意思是 go back。(往回走 means go back.)

## 语法和句式 Grammar and Sentence Patterns

### 结果补语 (2) Complement of Result (2)

"好、着(zháo)、会、到"可用在动词后面，表示动作行为的结果。"好"做结果补语时表示动作完成或有令人满意的结果。"着"表示达到目的。"会"常用在动词"学"或"教"的后边，意思是通过"学习"会做某事或者通过"教"使人会做某事。(好，着，会，到 can also be used after a verb to indicate the result of an action. 好 is used to indicate a result of completion or satisfaction while 着 is used to indicate the purpose is achieved. 会 is often used to follow the verb 学 or 教 as a complement of result, indicating that someone has learnt to do something after learning or teaching.)

"到"做结果补语时有两个意思，一个是表示动作达到目的或有了结果，如"买到""找到"，此时的"到"和"着"意思相同。(到 for complement of result refers to two meanings: it indicates that the desired purpose is achieved or there is a result. In this case, it is the same as 着.)

另外一个意思是表示人或事物通过动作到达某地或持续到某一时间。(The other meaning indicates that destination is reached or something last to a certain point of time.)

例如：(For example:)

走到家　跑到操场　骑到学校

玩儿到两点　看电视看到一点

| 结果补语 | 肯定式 | 否定式 |
|---|---|---|
| 好 | 想好，收拾好房间，学好 | 没想好，没收拾好房间，没学好 |
| 着 | 找着，买着 | 没找着，没买着 |
| 会 | 学会 | 没学会 |
| 到 | 收到信，找到书 | 没收到信，没找到书 |
| | 走到公园，玩儿到十二点 | 没走到公园，没玩儿到十二点 |

## 句型替换 Pattern Drills

(1) 你 想 好 去哪里旅行 了吗？
　　换　　　衣服
　　准备　　晚饭
　　收拾　　房间

(2) 刘星 买到 词典 了。
　　　找　　表
　　　借　　那本杂志
　　　收　　短信

(3) 我们 来到 操场 。
　　　跑　　河边
　　　聊　　晚上
　　　等　　下午五点

(4) 刘星没 买 着 汉日词典 。
　　　　学会　　那首歌
　　　　做好　　早饭
　　　　接着　　朋友
　　　　找到　　那个餐厅

(5) 你得　　　　　想好了　　　　　。
　　　在天黑以前回家
　　　在妈妈回家以前做好晚饭
　　　回国看生病的奶奶

## 任务与活动 Tasks / Activities

### 小组活动：生活曲线　Group Work: Life Line

（本活动相关补充内容详见配套教师手册）

　　模仿下图，画出你的生活曲线并进行简单的说明。说明时可以用第一课、第二课学到的结果补语。（Take a look at the following examples, draw out your own personal life line, and explain it to your classmates. You can use the complement of result when necessary.）

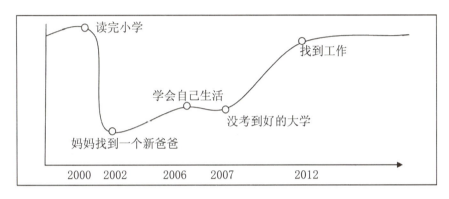

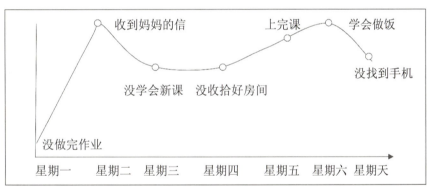

　　在你的曲线上，高峰和低谷在哪里？如果愿意，请和同学们说一说。（On your life line, include both low and high points. Please discuss these with your classmates.）

# 第三课 李阳回老家去了

## 课文 Text

（一）

（李阳抱着篮球给林平打电话）

李阳：我已经到楼下了。

林平：你上楼来吧。

李阳：我不上去了，你快点儿下来吧。我很渴，你顺便带点儿喝的下来。

林平：好，我马上下去。

（两个人一边走一边聊天）

林平：寒假怎么过的？你好像胖了。

李阳：我回老家去了。你呢？

林平：我女朋友到广州来了，陪她玩儿了二十多天。

李阳：很轻松吧？

林平：累死了！

催促 Urging

(Lǐ Yáng bàozhe lánqiú gěi Lí Píng dǎ diànhuà)

Lǐ Yáng: Wǒ yǐjīng dào lóu xià le.

Lín Píng: Nǐ shàng lóu lái ba.

Lǐ Yáng: Wǒ bú shàngqù le, nǐ kuài diǎnr xiàlái ba. Wǒ hěn kě, nǐ shùnbiàn dài diǎnr hēde xiàlái.

Lín Píng: Hǎo, wǒ mǎshàng xiàqù.

(liǎng gè rén yìbiān zǒu yìbiān liáo tiān)

Lín Píng: Hánjià zěnme guò de? Nǐ hǎoxiàng pàng le.

Lǐ Yáng: Wǒ huí lǎojiā qù le. Nǐ ne?

Lín Píng: Wǒ nǚpéngyou dào Guǎngzhōu lái le, péi tā wánrle èrshí duō tiān.

Lǐ Yáng: Hěn qīngsōng ba?

Lín Píng: Lèisǐ le!

## （二）

寒假的时候，李阳一家人回老家去了。

老家有很多亲戚，有的在城市，有的在农村。有的人生活得很好，有的人过得很差。李阳离开家乡已经十多年了，这次回去，发现以前很熟悉的地方已经变了样子。小时候的那些伙伴已经长大，而且有的已经结了婚，生了孩子，他们的变化太大了！

他们在老家过的春节。亲戚们都非常热情，他们轮流招待李阳一家。他们每天从这个亲戚家里出来，又到另一个亲戚家里去，每顿饭都是鸡鸭鱼肉。从老家回来，李阳胖了五斤。

Hánjià de shíhou, Lǐ Yáng yì jiā rén huí lǎojiā qù le.

Lǎojiā yǒu hěn duō qīnqi, yǒude zài chéngshì, yǒude zài nóngcūn. Yǒude rén shēnghuó de hěn hǎo, yǒude rén guò de hěn chà. Lǐ Yáng líkāi jiāxiāng yǐjīng shí duō nián le, zhè cì huíqù, fāxiàn yǐqián hěn shúxi de dìfang yǐjīng biànle yàngzi. Xiǎo shíhou de nàxiē huǒbàn yǐjīng zhǎngdà, érqiě yǒude yǐjīng jiéle hūn, shēngle háizi, tāmen de biànhuà tài dà le!

Tāmen zài lǎojiā guò de Chūnjié. Qīnqimen dōu fēicháng rèqíng, tāmen lúnliú zhāodài Lǐ Yáng yì jiā. Tāmen měi tiān cóng zhège qīnqi jiāli chūlái, yòu dào lìng yí gè qīnqi jiāli qù, měi dùn fàn dōu shì jī yā yú ròu. Cóng lǎojiā huílái, Lǐ Yáng pàngle wǔ jīn.

### 词语 New Words and Phrases

| | | | | |
|---|---|---|---|---|
| 1. 抱 | （动） | bào | to hold or carry in the arms, to embrace, to hug |
| 2. 渴 | （形） | kě | thirsty |
| 3. 顺便 | （副） | shùnbiàn | conveniently, in passing |
| 4. 轻松 | （形） | qīngsōng | light, relaxed, easy |
| 5. 亲戚 | （名） | qīnqi | relative |
| 6. 城市 | （名） | chéngshì | city |

| 7. 农村 | （名） | nóngcūn | rural area, countryside, village |
| 8. 生活 | （动/名） | shēnghuó | to live; life |
| 9. 差 | （形） | chà | not up to standar; poor |
| 10. 家乡 | （名） | jiāxiāng | hometown |
| 11. 熟悉 | （动） | shúxi | to know sth. or sb. well, to be familiar with |
| 12. 样子 | （名） | yàngzi | appearance |
| 13. 伙伴 | （名） | huǒbàn | fellow, friend |
| 14. 生 | （动） | shēng | to give birth to |
| 15. 热情 | （形） | rèqíng | hospitable, friendly, enthusiastic |
| 16. 轮流 | （动） | lúnliú | to take turns, to do sth. in turn |
| 17. 顿 | （量） | dùn | *measure word for meals (breakfast, lunch, supper, etc.)* |
| 18. 鸭(子) | （名） | yā(zi) | duck |

## 注释 Notes

### "累死了！"

"累死了"的意思是"非常非常累"。"Adj. + 死了"意思是"非常非常……"。（"累死了" means "非常非常累"．"Adj. + 死了" means "非常非常……"．）

## 语法和句式 Grammar and Sentence Patterns

### 简单趋向补语（1）Simple Directional Complement (1)

简单趋向补语用在动词的后边，表示动作的方向。常用的是"来"和"去"。(Simple directional complement follows the verb immediately to indicate the direction of the action. 来 and 去 are the commonest words for this function.)

"V + 来"表示谈论的对象向着说话人的方向运动。(V + 来 indicates the movement in the direction toward the speaker.)

"V + 去"表示谈论的对象背着说话人的方向运动。(V + 去 indicates the movement in the direction away from the speaker.)

可以带趋向补语"来""去"的动词有:(Verbs able to be followed by a directional complement of 来 or 去 include:)

|   | 进 | 出 | 上 | 下 | 过 | 回 | 起 |
|---|---|---|---|---|---|---|---|
| 来 | 进来 | 出来 | 上来 | 下来 | 过来 | 回来 | 起来 |
| 去 | 进去 | 出去 | 上去 | 下去 | 过去 | 回去 |   |

例如:(For example:)

(1) 我不上去了,你快点儿下来吧。

(2) 我马上下去。

当动词同时带有简单趋向补语和宾语时,如果宾语表示处所,宾语要放在动词的后面,补语"来/去"的前面。(When the verb takes an object of place, the object must be inserted between the verb and the complement 来 or 去.)

S + V + O + 来/去

你　　上　　楼　　来吧。

他　　回　　老家　　去了。

我女朋友　到　广州　来了。

否定式为:(Negation:)

S +没(有)/不+ V + O + 来/去

我　　不　　上楼　去。

他　　没　　到北京　来。

*动词所带宾语表示事物时,表达方式见第4课。(Refer to the grammar of Lesson 4 for the object of things.)

## 句型替换 Pattern Drills

(1) 我不<u>上</u>去了,你快点儿<u>下</u>来吧!

　　下　　　　　　上
　　进　　　　　　出
　　出　　　　　　进
　　过　　　　　　过

(2) 你<u>上</u>　<u>楼</u>　<u>来</u>吧。

　　回　宿舍　去
　　进　教室　来
　　到　图书馆　去
　　到　学校　来

(3) 他不想<u>上</u> <u>楼</u> <u>去</u>。
　　　 到　北京　去
　　　 回　家　　去
　　　 下　楼　　来
　　　 到　我家　来

## 任务与活动 Tasks / Activities

**全班活动：请举牌**　Class Work: Show Your Character
(本活动相关补充内容详见配套教师手册)

　　教师将全班分成几个小组，每组有8—10人。每个学生可以拿到一张写字的牌子，牌子上分别写着：来、去、进、出、上、下、过、回、起。教师会拿出几张图，请学生想一想：图里的人应该说什么？如果需要用到自己的牌子上的字，请举起手中的牌子。最快出示正确答案的人可以为自己的组取得1分。(The class will be divided into small groups, with each group containing around 8-10 students. Every student will receive a piece of paper with a character on it. The teacher will then take out multiple images. Please guess what the people in the images are saying. The students with the correct characters will then show their pieces of paper. The first student who shows a correct character will win one point for his/her team.)

# 第四课 他带了一条狗来

## 课文 Text

（一）

（下课以后）

山田：明河，你带漫画书来没有？

明河：带了一本来。

山田：只带了一本？这么薄！我以为你会带很多本来呢！

明河：我原来有很多本，可是小云借去几本，金浩借去几本，现在只剩这一本了。这本内容也很有意思，是关于爱情的。

山田：关于爱情的？我想看关于中国功夫的。

（有一个同学从旁边经过，山田跟他打招呼，然后，悄悄对明河说：）

山田：他是二班的王小明。你知道吗？昨天他带了一条狗来！

明河：（很惊讶）真的吗？我最怕狗了！后来呢？

山田：老师不允许学生带狗进教室，所以他只好带着狗回家去了。

无奈
Having no alternative

(xià kè yǐhòu)

Shāntián: Mínghé, nǐ dài mànhuà shū lái méiyǒu?

Mínghé: Dàile yì běn lái.

Shāntián: Zhǐ dàile yì běn? Zhème báo! Wǒ yǐwéi nǐ huì dài hěn duō běn lái ne!

Mínghé: Wǒ yuánlái yǒu hěn duō běn, kěshì Xiǎoyún jièqù jǐ běn, Jīn Hào jièqù jǐ běn, xiànzài zhǐ shèng zhè yì běn le. Zhè běn nèiróng yě hěn yǒuyìsi, shì guānyú àiqíng de.

Shāntián: Guānyú àiqíng de? Wǒ xiǎng kàn guānyú Zhōngguó gōngfu de.

(Yǒu yí gè tóngxué cóng pángbiān jīngguò, Shāntián gēn tā dǎ zhāohu, ránhòu, qiāoqiāo duì Mínghé shuō:)

Shāntián: Tā shì èr bān de Wáng Xiǎomíng. Nǐ zhīdào ma? Zuótiān tā dàile yì tiáo gǒu lái!

Mínghé: (hěn jīngyà) Zhēnde ma? Wǒ zuì pà gǒu le! Hòulái ne?

Shāntián: Lǎoshī bù yǔnxǔ xuésheng dài gǒu jìn jiàoshì, suǒyǐ tā zhǐhǎo dàizhe gǒu huí jiā qù le.

## （二）

上午林平写完了一篇关于电影的文章，改好了，给导师送去了。现在可以轻松一下了！

从导师那儿回来的时候，他顺便从同学那儿借来一张DVD，看了一中午，然后睡了一觉。下午，他睡醒以后去邮局，给小华寄去了一件礼物。晚上小华给他发来一些照片。林平觉得小华胖了一点儿，脸也圆了一点儿。小华说："真的吗？我已经一个星期没吃肉了，<u>我还以为自己瘦了呢</u>！"林平说："我写文章写得那么累，也以为自己瘦了呢！可是又胖了两斤！"

猜测
Conjecturing

Shàngwǔ Lín Píng xiěwánle yì piān guānyú diànyǐng de wénzhāng, gǎihǎo le, gěi dǎoshī sòngqù le. Xiànzài kěyǐ qīngsōng yíxià le!

Cóng dǎoshī nàr huílái de shíhou, tā shùnbiàn cóng tóngxué nàr jièlái yì zhāng DVD, kànle yì zhōngwǔ, ránhòu shuìle yí jiào. Xiàwǔ, tā shuìxǐng yǐhòu qù yóujú, gěi Xiǎohuá jìqùle yí jiàn lǐwù. Wǎnshang Xiǎohuá gěi tā fālái yìxiē zhàopiàn. Lín Píng juéde Xiǎohuá pàngle yìdiǎnr, liǎn yě yuánle yìdiǎnr. Xiǎohuá shuō: "Zhēnde ma? Wǒ yǐjīng yí gè xīngqī méi chī ròu le, wǒ hái yǐwéi zìjǐ shòule ne!" Lín Píng shuō: "Wǒ xiě wénzhāng xiě de nàme lèi, yě yǐwéi zìjǐ shòule ne! Kěshì yòu pàngle liǎng jīn!"

## 词语 New Words and Phrases

| | | | | |
|---|---|---|---|---|
| 1. | 薄 | （形） | báo | thin |
| 2. | 以为 | （动） | yǐwéi | to suppose, to thought (actually not) |
| 3. | 原来 | （名/形） | yuánlái | former, original |
| 4. | 剩 | （动） | shèng | to be left over, to remain |
| 5. | 内容 | （名） | nèiróng | content |
| 6. | 关于 | （介） | guānyú | about |
| 7. | 功夫 | （名） | gōngfu | Kungfu |
| 8. | 打招呼 | | dǎ zhāohu | to say hello |
| 9. | 悄悄 | （副） | qiāoqiāo | quietly |
| 10. | 惊讶 | （形） | jīngyà | surprised |
| 11. | 怕 | （动） | pà | to fear |
| 12. | 允许 | （动） | yǔnxǔ | to permit, to allow |
| 13. | 只好 | （副） | zhǐhǎo | have no choice but to |
| 14. | 改 | （动） | gǎi | to revise, to correct |
| 15. | 送 | （动） | sòng | to send, to give, to see sb. off |
| 16. | 邮局 | （名） | yóujú | post office |
| 17. | 寄 | （动） | jì | to mail, to post |
| 18. | 脸 | （名） | liǎn | face |
| 19. | 圆 | （形/名） | yuán | round; circle |
| 20. | 瘦 | （形） | shòu | skinny, slim, thin |

## 补充词语 Additional Vocabulary

导师　　　　（名）　　　dǎoshī　　　supervisor

## 语法和句式 Grammar and Sentence Patterns

**简单趋向补语（2） Simple Directional Complement (2)**

　　动词同时带简单趋向补语和宾语时，如果宾语表示事物，放在"来、去"的前后都可以。(When a verb takes an object of things, the object can be put either before or after 来 or 去.)

　　S ＋ V ＋ O ＋ 来 / 去
　　你　搬　一张桌子　来。
　　明河　带　照相机　来了。

或者：(Or:)

　　S ＋ V ＋ 来 / 去 ＋ O
　　小华　　发　　来　　一些照片。
　　小云给朋友　寄　　去　　几本书。

有"了"时，"了"的位置如下：(When 了 is used, the position of 了 is as follows:)

　　S ＋ V＋了＋ O ＋ 来 / 去
　　他　带了一条狗　来。

或者：(Or:)

　　S ＋ V＋来 / 去＋了＋ O
　　他给小华　寄　去　了　几本书。

*V 的宾语表示处所时的用法，见第 3 课语法。(Refer to the grammar of Lesson 3 for objects of place.)

## 句型替换 Pattern Drills

（1）你带<u>漫画书</u>来没有？　　　（2）小云<u>借去 几本漫画书</u>。
　　　　零食　　　　　　　　　　　　带去　两本杂志
　　　　报纸　　　　　　　　　　　　拿来　一张地图
　　　　词典　　　　　　　　　　　　搬来　一张桌子

（3）他 带了 一条狗 来。
　　　买　　一斤梨
　　　打　　两个电话
　　　骑　　一辆新车
　　　借　　几张DVD

（4）他们原来 有很多本书 ，现在 只剩这一本了 。
　　　都在农村　　　　都去城里了
　　　汉字写得不好　　好一点儿了
　　　喜欢吃辣的　　　不喜欢吃了

## 任务与活动 Tasks / Activities

小组活动：带什么来中国？　　Gruop Work: What did you bring to China?

你来中国的时候，带了什么来？你的同桌呢？请你问一问她/他。（When you came to China to study, what did you bring? How about the classmates near by? What did they bring?）

| 我带来的东西 | 她/他带来的东西 |
| --- | --- |
|  |  |

> 我带了……来。
> 你带了什么来？

请你说一说自己为什么要带这些东西来，这些东西有什么用。（Explain why you brought these things? What use do they have?）

## 第五课 你怎么才来啊？

### 课文 Text

（一）

（在明河的宿舍）

明河：你怎么才来啊？我等了你半天了。

小云：路上车坏了，司机修了半天才修好。

明河：来，尝尝我做的红烧肉。

小云：我先看看熟了没有。

明河：当然熟了。我十二岁就学会做饭了。

小云：可是你最近才学会做中国菜啊！（尝了尝明河的菜）红烧肉很香！

明河：你是什么时候会做饭的？

小云：我上大学以后才开始学做饭，现在还不太会，而且很慢，有时一个小时才能做好一个菜。

明河：我很快，一家人的饭菜，我一个小时就做好了。给我拿一个盘子来。

小云：好的。今天好好儿向你学学做菜。

明河：很容易，一会儿就能学会。

抱怨
Complaining

(zài Mínghé de sùshè)

Mínghé: Nǐ zěnme cái lái a？Wǒ děngle nǐ bàntiān le.
Xiǎoyún: Lùshang chē huài le, sījī xiūle bàntiān cái xiūhǎo.
Mínghé: Lái, chángchang wǒ zuò de hóngshāoròu.
Xiǎoyún: Wǒ xiān kànkan shúle méiyǒu.
Mínghé: Dāngrán shúle. Wǒ shíèr suì jiù xuéhuì zuò fàn le.
Xiǎoyún: Kěshì nǐ zuìjìn cái xuéhuì zuò Zhōngguó cài a！(chángle cháng Mínghé de cài) Hóngshāoròu hěn xiāng！
Mínghé: Nǐ shì shénme shíhou huì zuò fàn de？
Xiǎoyún: Wǒ shàng dàxué yǐhòu cái kāishǐ xué zuò fàn, xiànzài hái bú tài huì, érqiě hěn màn, yǒushí yí gè xiǎoshí cái néng zuòhǎo yí gè cài.
Mínghé: Wǒ hěn kuài, yì jiā rén de fàncài, wǒ yí gè xiǎoshí jiù zuòhǎo le. Gěi wǒ ná yí gè pánzi lái.
Xiǎoyún: Hǎode. Jīntiān hǎohāor xiàng nǐ xuéxue zuò cài.
Mínghé: Hěn róngyì, yíhuìr jiù néng xuéhuì.

(二)

小松最近买了很多书，全都随便放在地板上。今天有空儿，他准备收拾一下书房。他只用了十分钟就擦干净了桌子、窗户和沙发，该整理书柜了。他数了数，差不多有六百本书，两个小时应该够了。

他翻翻这本书，翻翻那本书。有几次，他在书里发现了很久以前的照片，或者一张纸条。朋友送他的一个钱包，他以为丢了，可是也在书柜里边发现了！看着这些东西，他又惊讶又开心。最后，他花了四个多小时才整理完。

估计
Estimating

站在书柜前，小松很满意：看，多整齐啊，像图书馆！可是卧室还很乱呢！算了，不管它了！小松一直认为：卧室可以乱，书房不能乱。

Xiǎosōng zuìjìn mǎile hěn duō shū, quán dōu suíbiàn fàng zài dìbǎn shang. Jīntiān yǒu kòngr, tā zhǔnbèi shōushi yíxià shūfáng. Tā zhǐ yòngle shí fēnzhōng jiù cā gānjìng le zhuōzi, chuānghu hé shāfā, gāi zhěnglǐ shūguì le. Tā shǔle shǔ, chàbuduō yǒu liùbǎi běn shū, liǎng gè xiǎoshí yīnggāi gòu le.

Tā fānfan zhè běn shū, fānfan nà běn shū. Yǒu jǐ cì, tā zài shū li fāxiànle hěn jiǔ yǐqián de zhàopiàn, huòzhě yì zhāng zhǐtiáo. Péngyou sòng tā de yí gè qiánbāo, tā yǐwéi diū le, kěshì yě zài shūguì lǐbian fāxiàn le! Kànzhe zhèxiē dōngxi, tā yòu jīngyà yòu kāixīn. Zuìhòu, tā huāle sì gè duō xiǎoshí cái zhěnglǐ wán.

Zhàn zài shūguì qián, Xiǎosōng hěn mǎnyì: kàn, duō zhěngqí a, xiàng túshūguǎn! Kěshì wòshì hái hěn luàn ne! Suànle, bù guǎn tā le! Xiǎosōng yìzhí rènwéi: wòshì kéyǐ luàn, shūfáng bù néng luàn.

## 词语 New Words and Phrases

| | | | |
|---|---|---|---|
| 1. 才 | （副） | cái | (preceded by an expression of time) not until |
| 2. 司机 | （名） | sījī | driver |
| 3. 熟 | （形） | shú | cooked, ripe; to be familiar with |
| 4. 香 | （形） | xiāng | fragrant, savory, smells good |
| 5. 盘子 | （名） | pánzi | plate |
| 6. 地板 | （名） | dìbǎn | floor |
| 7. 沙发 | （名） | shāfā | sofa |
| 8. 整理 | （动） | zhěnglǐ | to clear up, to tidy up |
| 9. 书柜 | （名） | shūguì | the bookcase |
| 10. 数 | （动） | shǔ | to count |
| 11. 差不多 | | chàbuduō | almost, nearly, about the same, similar |
| 12. 翻 | （动） | fān | to turn over |
| 13. 纸条 | （名） | zhǐtiáo | note |
| 14. 整齐 | （形） | zhěngqí | in order |

| 15. 像 | （动） | xiàng | to resemble, to be like |
| 16. 卧室 | （名） | wòshì | bedroom |
| 17. 认为 | （动） | rènwéi | to think, to consider |

## 补充词语 Additional Vocabulary

| 红烧肉 | （名） | hóngshāoròu | pork braised with sauce and sugar |

## 语法和句式 Grammar and Sentence Patterns

### 1. 才 + V

表示说话人觉得动作行为发生得晚，或做事情用的时间长、速度太慢，或事情进展不顺利。在表示说话人觉得晚时，"才"前边常常有表示时间的词，句尾一般不用"了"。（才 indicates that the speaker feels that an action happens late, too much time is spent, it's too slow or it develops too unfavorably. When the speaker feels the designated event happens late, words of time are usually used before the word 才. 了 should not be used at the end of the sentence.）

(1) 林平早上九点多才起床。

(2) 我一个小时才能做好一个菜。

(3) 你怎么现在才来啊？

### 2. 就 + V

表示说话人觉得动作行为发生得早，或做某事用的时间少、速度很快，或事情进行得很顺利。在表示说话人觉得早时，"就"前边常常有表示时间的词。如果句子表示的是过去的情况，句尾或动词后常常有"了"。（就 indicates that the speaker feels that an action happens very early, less time is spent, it's quicker than expected or it develops smoothly. When the speaker feels the designated event happens early, words of time are usually used before the word 就. 了 is often used at the end of the sentence or after a verb if happened in the past.）

(1) 林平十点多就睡了。

(2) 一家人的饭菜，我一个小时就做好了。

(3) 我十二岁就学会做饭了。

## 句型替换 Pattern Drills

（1）我<u>一个小时</u>才能<u>做　好</u>　<u>一个菜</u>　。
　　　十分钟　　　读　完　　一篇英语课文
　　　半个小时　　走　到　　　　学校
　　　半天　　　　洗干净　　　这件衣服

（2）他只用了半个多小时就<u>整理　好</u>了。　　（3）你怎么才<u>来</u>啊？
　　　　　　　　　　　读　完　　　　　　　　　　　　　毕业
　　　　　　　　　　　走　到　　　　　　　　　　　　　到
　　　　　　　　　　　洗　干净　　　　　　　　　　　　吃饭

## 任务与活动 Tasks / Activities

1. 小组活动：问答　Group Work: Ask and Answer

　　四人一组，用下面的问题互相提问，回答时要使用"就"或"才"。(In a group of four people, ask one another the following questions and answer them with 就 or 才.)

（1）你今天是什么时候起床的？　（2）你昨天是什么时候睡觉的？
（3）你是什么时候学会做饭的？　（4）你是什么时候开始自己洗衣服的？
（5）你是什么时候有的手机/电脑？

2. 全班活动：聪明的我和笨笨的我　Class Work: The Clever Me VS. The Silly Me

　　聪明的人能够很快（/很早）就学会一件事，笨的人很久（/很晚）才能学会。你学做什么事情的时候很聪明，学做什么事情的时候很笨？请用下面的词造句，然后把句子写在表格里。句子里要有"就"或"才"。(Intelligent people are quick at learning new things, silly people are very slow. When are you smart? When are you silly? In the boxes provided create some sentences. Sentences must contain 就 or 才.)

穿衣服　穿鞋子　说话　走路　做饭　骑自行车　游泳　跳舞　说汉语　开车

| 聪明的我（就） | 笨笨的我（才） |
| --- | --- |
| 我10个月就学会说话了。 | 我一年才学会骑自行车。 |

# 第六课 他们骑得快得很

## 课文 Text

(一)

　　林平的爸爸是个擅长运动的人。以前，他打篮球打得棒极了，排球也打得不错。现在他退休了，每天闲得很。有一天他们那个城市举行自行车比赛，他忽然想起来，自己年轻的时候也参加过自行车比赛，还得了第三名呢！他发现自己现在还喜欢骑自行车。

　　他花了几千块钱，买了车、头盔、手套和风镜。天气暖和的时候，就和一些年纪差不多的老人一起，骑着几十辆车，到附近的县市去吃那里的特色菜，或者去果园摘水果，玩儿得开心极了。

　　在路上的时候，他们有时骑得很慢，有时骑得快得很。有时他们一边骑车一边大声唱歌，有的人唱得好听极了，有的人唱得很糟糕，不过他们都感觉好极了！

称赞
Praising

Lín Píng de bàba shì gè shàncháng yùndòng de rén. Yǐqián, tā dǎ lánqiú dǎ de bàngjí le, páiqiú yě dǎ de búcuò. Xiànzài tā tuìxiū le, měi tiān xián de hěn. Yǒu yì tiān tāmen nàge chéngshì jǔxíng zìxíngchē bǐsài, tā hūrán xiǎng qǐlái, zìjǐ niánqīng de shíhou yě cānjiāguo zìxíngchē bǐsài, hái déle dì-sān míng ne! Tā fāxiàn zìjǐ xiànzài hái xǐhuan qí zìxíngchē.

Tā huāle jǐ qiān kuài qián, mǎile chē、tóukuī、shǒutào hé fēngjìng. Tiānqì nuǎnhuo de shíhou, jiù hé yìxiē niánjì chàbuduō de lǎo rén yìqǐ, qí zhe jǐ shí liàng chē, dào fùjìn de xiànshì qù chī nàlǐ de tèsè cài, huòzhě qù guǒyuán zhāi shuǐguǒ, wánr de kāixīn jí le.

Zài lùshang de shíhou, tāmen yǒushí qí de hěn màn, yǒushí qí de kuài de hěn. Yǒushí tāmen yìbiān qí chē yìbiān dàshēng chàng gē, yǒude rén chàng de hǎotīng jí le, yǒude rén chàng de hěn zāogāo, búguò tāmen dōu gǎnjué hǎojí le!

## （二）

李阳的奶奶以前身体好得很，现在年纪大了，身体常常出现一些小问题。几个月以前，她腿疼得不得了，走路走得慢极了。后来腿好了，可是睡得很差，只好每天吃药帮助睡眠。家里人担心吃药对身体不好，所以偷偷在她的药瓶里放了很多维生素C。现在，那一瓶药快吃完了，奶奶说，她每天晚上睡得好极了。

Lǐ Yáng de nǎinai yǐqián shēntǐ hǎo de hěn, xiànzài niánjì dà le, shēntǐ chángcháng chūxiàn yìxiē xiǎo wèntí. Jǐ gè yuè yǐqián, tā tuǐ téng de bùdéliǎo, zǒu lù zǒu de mànjí le. Hòulái tuǐ hǎo le, kěshì shuì de hěn chà, zhǐhǎo měi tiān chī yào bāngzhù shuìmián. Jiālǐ rén dānxīn chī yào duì shēntǐ bù hǎo, suǒyǐ tōutōu zài tā de yàopíng li fàngle hěn duō wéishēngsù C. Xiànzài, nà yì píng yào kuài chīwán le, nǎinai shuō, tā měi tiān wǎnshang shuì de hǎojí le.

## 词语 New Words and Phrases

| | | | | |
|---|---|---|---|---|
| 1. | 擅长 | (动) | shàncháng | to be good at |
| 2. | ~极了 | | jí le | extremely |
| 3. | 退休 | | tuì xiū | to retire |
| 4. | 闲 | (形) | xián | at leisure, not busy |
| 5. | 手套 | (名) | shǒutào | glove |
| 6. | 年纪 | (名) | niánjì | age |
| 7. | 县 | (名) | xiàn | county, town |
| 8. | 特色 | (名) | tèsè | characteristic, distinguishing feature(or quality) |
| 9. | 果园 | (名) | guǒyuán | orchard |
| 10. | 摘 | (动) | zhāi | to pick, to take off |
| 11. | 糟糕 | (形) | zāogāo | too bad, how terrible, what bad luck |
| 12. | 出现 | (动) | chūxiàn | to appear |
| 13. | 腿 | (名) | tuǐ | leg |
| 14. | 不得了 | (形) | bùdéliǎo | extremely/desperately serious |
| 15. | 帮助 | (动) | bāngzhù | to help |
| 16. | 睡眠 | (名) | shuìmián | sleep |
| 17. | 偷偷 | (副) | tōutōu | secretly, furtively |

## 补充词语 Additional Vocabulary

| | | | | |
|---|---|---|---|---|
| 1. | 头盔 | (名) | tóukuī | helmet |
| 2. | 风镜 | (名) | fēngjìng | goggles |
| 3. | 维生素 | (名) | wéishēngsù | vitamin |

## 注释 Notes

"他忽然想起来，……"

"想起来"的意思是 remember。(想起来 means remember.)

## 语法和句式 Grammar and Sentence Patterns

### 1. 表示程度的结构（1）Structures Indicating Degree (1)

(1) S + Adj. + 得 + 很 / 不得了

天气　好　得　很。
人　多　得　不得了。

(2) S + Adj. + 极了

秋天　美　极了！
她　累　极了。

另外，心理动词也可用在这两种结构中，如：(Besides, verbs of mentality can also be used in the structures above.)

担心得很　担心得不得了　担心极了
喜欢得很　喜欢得不得了　喜欢极了

### 2. 表示程度的结构（2）Structures Indicating Degree (2)

(1) S + V + 得 + Adj. + 极了

我们　玩儿　得　开心　极了。
他　唱　得　好　极了。

(2) S + V + 得 + Adj. + 得 + 很

他们　骑　得　快　得　很。
李阳　唱　得　糟糕　得　很。

如果动词有宾语，结构如下：(When the verb takes an object, the structure is as follows:)

S + (V) + O + V + 得 + Adj. + 极了 / 得很

他　(打)　篮球　打　得　棒　极了。
他　(唱)　歌　唱　得　好　得很。

## 句型替换 Pattern Drills

(1) <u>这件衣服</u> <u>贵</u> 得 <u>很</u> 。
　　他　　　闲　　很
　　书柜里的书 整齐　很
　　这些事情　麻烦　不得了
　　她们　　　紧张　不得了

(2) 　<u>她</u>　 <u>累</u> 极了。
　　我们一路上 顺利
　　他们　　　热情
　　红烧肉　　香
　　天气　　　暖和

(3) 她 <u>睡</u> 得 <u>好</u> 极了。
　　考　　差
　　住　　舒服
　　笑　　开心
　　说　　对

(4) 明河 <u>跑</u> 得 <u>快</u> 得很。
　　　　学　　困难
　　　　玩儿　开心
　　　　考　　糟糕
　　　　跑　　慢

## 任务与活动 Tasks / Activities

1. 双人活动：变换叙述方式　Pair Work: Change a Way to Talk

（1）请你以林平的身份，说一说爸爸喜欢的运动。(Assuming you are Lin Ping, please talk about the sports your father likes.)

（2）请你以李阳的身份，说一说奶奶的身体情况。(Assuming you are Li Yang, please talk about the health of your grandmother.)

2. 全班活动：找朋友　Class Work: Find My Friends

(本活动相关补充内容详见配套教师手册)

每个学生都可以拿到一张纸牌，纸牌上有一个动词(V)或者一个形容词(Adj)。请每个人找到一个同学，用他/她的词和你的词一起，用"S + V + 得 + Adj + 极了 / 得很"造一个句子，然后把句子写下来。(Every student will be given a card with a verb or an adjective on it. Students should then look for another classmate, and with your word and your partner's word, students can make a sentence with the following structure S + V + 得 + Adj + 极了 / 得很. Once these sentences have been made, please write them down.)

# 复习（一）

## 课文 Text

　　刘星跟丽丽商量好了，考完试就去苏州玩儿。

　　他们原来想跟旅行社去，已经找好了旅行社，问清楚了价钱和旅行安排。但是现在他们改主意了。跟旅行社去，很方便，也比较便宜，但是没有意思。自己去可能麻烦一点儿，但是肯定好玩儿。要是节约一点儿的话，也不会花很多钱。

　　他们又约了几个同学，其中一个同学有一个很熟的朋友，就是苏州人。他上周来广州玩儿了几天，刚回苏州去。他们去苏州找他就可以了。

　　他们做了很多准备工作：每天上网查苏州的天气、小吃，查住宿、交通信息。丽丽一直在算钱，准备用最少的钱玩儿最多的地方。刘星还从网上下载了苏州地图，每天研究。订票有点儿不容易，他们三个男生轮流上网，花了两天时间才订到票。

　　丽丽早就看过苏州园林的照片，也听过昆曲，都很喜欢。尤其是昆曲，她爱听得很。她从别人那儿借来了一张昆曲CD，每天听几遍。这次去苏州，她一定要去看看苏州园林和昆曲表演。

　　Liú Xīng gēn Lìli shāngliang hǎo le, kǎowán shì jiù qù Sūzhōu wánr.

　　Tāmen yuánlái xiǎng gēn lǚxíngshè qù, yǐjīng zhǎohǎole lǚxíngshè, wèn qīngchu le jiàqián hé lǚxíng ānpái. Dànshì xiànzài tāmen gǎi zhǔyì le. Gēn lǚxíngshè qù, hěn fāngbiàn, yě bǐjiào piányi, dànshì méiyǒu yìsi. Zìjǐ qù kěnéng máfan yìdiǎnr, dànshì kěndìng hǎowánr. Yàoshi jiéyuē yìdiǎnr de huà, yě bú huì huā hěn duō qián.

　　Tāmen yòu yuēle jǐ gè tóngxué, qízhōng yí gè tóngxué yǒu yí gè hěn shú de péngyou, jiù shì Sūzhōurén. Tā shàng zhōu lái Guǎngzhōu wánrle jǐ tiān, gāng huí Sūzhōu qù. Tāmen qù Sūzhōu zhǎo tā jiù kéyǐ le.

　　Tāmen zuòle hěn duō zhǔnbèi gōngzuò: měi tiān shàng wǎng chá

Sūzhōu de tiānqì、xiǎochī, chá zhùsù、jiāotōng xìnxī. Lìli yìzhí zài suàn qián, zhǔnbèi yòng zuì shǎo de qián wánr zuì duō de dìfang. Liú Xīng hái cóng wǎngshang xiàzàile Sūzhōu dìtú, měi tiān yánjiū. Dìng piào yǒudiǎnr bù róngyì, tāmen sān gè nánshēng lúnliú shàng wǎng, huāle liǎng tiān shíjiān cái dìngdào piào.

Lìli zǎo jiù kànguo Sūzhōu yuánlín de zhàopiàn, yě tīngguo kūnqǔ, dōu hěn xǐhuan. Yóuqí shì kūnqǔ, tā ài tīng de hěn. Tā cóng biérén nàr jièláile yì zhāng kūnqǔ CD, měi tiān tīng jǐ biàn. Zhè cì qù Sūzhōu, tā yídìng yào qù kànkan Sūzhōu yuánlín hé kūnqǔ biǎoyǎn.

### 词语 New Words and Phrases

| | | | | |
|---|---|---|---|---|
| 1. | 商量 | （动） | shāngliang | to discuss, to talk over |
| 2. | 旅行社 | （名） | lǚxíngshè | travel agency |
| 3. | 价钱 | （名） | jiàqián | price |
| 4. | 但是 | （连） | dànshì | but |
| 5. | 麻烦 | （形/名/动） | máfan | troublesome; trouble; to bother |
| 6. | 要是 | （连） | yàoshi | if |
| 7. | 节约 | （动） | jiéyuē | to economize, to save |
| 8. | 约 | （动） | yuē | to ask or invite in advance, to make an appointment |
| 9. | 其中 | （名） | qízhōng | among them; in it |
| 10. | 查 | （动） | chá | to search, to check, to look up |
| 11. | 住宿 | （名） | zhùsù | accommodation |
| 12. | 信息 | （名） | xìnxī | information |
| 13. | 算 | （动） | suàn | to count, to calculate |
| 14. | 下载 | （动） | xiàzài | to download |
| 15. | 订 | （动） | dìng | to order, to book |
| 16. | 尤其 | （副） | yóuqí | especially, particularly |

## 专名 Proper Nouns

| 苏州 | Sūzhōu | a city of China |

## 补充词语 Additional Vocabulary

| 1. 园林 | （名） | yuánlín | garden, park |
| 2. 昆曲 | （名） | kūnqǔ | Kunqu Opera (one of the oldest extant forms of Chinese opera) |

## 语法索引 Summary of Grammar

| 语法 | | 例子 | 课号 |
|---|---|---|---|
| 结果补语 | V + 结果补语（+O） | 写对、说错、看懂、看见、看清楚、洗干净、想好、学会 | 第一课 第二课 |
| | 没 + V + 结果补语（+O） | 没写对、没听懂、没听清楚、没擦干净、没找着、没收到信 | |
| | V + 结果补语 + 了 + 没有 | 听清楚了没有？ | 第一课 |
| 向 + N + V (+O) | | 大家向前看。 | 第一课 |
| 简单趋向补语 | S + V + O + 来 / 去 | 你上楼来吧。 | 第三课 |
| | S + 没（有）/ 不 + V + O + 来 / 去 | 我不上楼去。 | |
| | S + V + 来 / 去 + O | 小华发来一些照片。 | 第四课 |
| | S + V + O + 来 / 去 | 你搬一张桌子来。 | |
| | S + V + 了 + O + 来 / 去 | 他带了一条狗来。 | |
| | S + V + 来 / 去 + 了 + O | 他给小华寄去了一件礼物。 | |
| 时间 + 才 + V | | 林平早上九点多才起床。 | 第五课 |
| 时间 + 就 + V | | 我十二岁就学会做饭了。 | |

续表

| 语法 | | 例子 | 课号 |
|---|---|---|---|
| 表示程度 | S + Adj. + 得 + 很 / 不得了 | 天气好得很。 | 第六课 |
| | S + Adj. + 极了 | 秋天美极了！ | |
| | S + V + 得 + Adj. + 极了 | 我们玩儿得开心极了。 | |
| | S + V + 得 + Adj. + 得 + 很 | 他们骑得快得很。 | |

## 功能总结 Summary of Functions

| 功能 | 例句 | 课号 |
|---|---|---|
| 道歉 | 不好意思，刚才没听清楚。 | 第一课 |
| 征询 | （还没想好。）你说呢？ | 第二课 |
| 建议 | 我建议你买一条围巾。 | 第二课 |
| 催促 | 你快点儿下来吧。 | 第三课 |
| 无奈 | （老师不允许学生带狗进教室，）所以他只好带着狗回家去了。 | 第四课 |
| 猜测 | （我已经一个星期没吃肉了，）我还以为自己瘦了呢！ | 第四课 |
| 抱怨 | 你怎么才来啊？我等了你半天了。 | 第五课 |
| 估计 | （差不多有六百本书，）两个小时应该够了。 | 第五课 |
| 称赞 | （有时他们一边骑车一边大声唱歌，）有的人唱得好听极了。 | 第六课 |

# 第七课 你表姐比你高

## 课文 Text

（一）

　　小云有个表姐是空姐，非常漂亮。有一天，她来学校找小云玩儿。她走了以后，小云的同学都跑来问她："刚才来的那个人是你姐吧？你们长得真像。"小云说："是表姐。"于是大家开始发表看法："你表姐比你高。""你表姐的眼睛比你的眼睛大。""比你的腿还长。""你没有你表姐白。"

比较 Comparing

　　她们比较了一会儿，忽然全部不说话了，大概想到了这样比较会让小云不高兴。于是有人想了很久以后安慰小云说："你表姐比你胖。"小云笑着说："我很羡慕我表姐，不过你们知道我最羡慕她什么吗？"大家摇头，小云说："我一直很瘦，所以我最羡慕她比我胖！"

Xiǎoyún yǒu gè biǎojiě shì kōngjiě, fēicháng piàoliang. Yǒu yì tiān, tā lái xuéxiào zhǎo Xiǎoyún wánr. Tā zǒule yǐhòu, Xiǎoyún de tóngxué dōu pǎolái wèn tā: "Gāngcái lái de nàge rén shì nǐ jiě ba? Nǐmen zhǎng de zhēn xiàng." Xiǎoyún shuō: "Shì biǎojiě." Yúshì dàjiā kāishǐ fābiǎo kànfǎ: "Nǐ biǎojiě bǐ nǐ gāo." "Nǐ biǎojiě de yǎnjing bǐ nǐ de yǎnjing dà." "Bǐ nǐ de tuǐ hái cháng." "Nǐ méiyǒu nǐ biǎojiě bái."

Tāmen bǐjiàole yíhuìr, hūrán quánbù bù shuō huà le, dàgài xiǎngdàole zhèyàng bǐjiào huì ràng Xiǎoyún bù gāoxìng. Yúshì yǒu rén xiǎngle hěn jiǔ yǐhòu ānwèi Xiǎoyún shuō: "Nǐ biǎojiě bǐ nǐ pàng." Xiǎoyún xiàozhe shuō: "Wǒ hěn xiànmù wǒ biǎojiě, búguò nǐmen zhīdào wǒ zuì xiànmù tā shénme ma?" Dàjiā yáo tóu, Xiǎoyún shuō: "Wǒ yìzhí hěn shòu, suǒyǐ wǒ zuì xiànmù tā bǐ wǒ pàng!"

## （二）

（周末，刘梅一家人讨论去哪儿玩儿。）

解释 Explaining

爸爸：我说了算，听我的。

小宝：为什么听你的？

爸爸：因为我的年龄比你和妈妈大，我的力气也比你们俩大，我的工资比妈妈多！

小宝：可是你没有妈妈聪明，没有妈妈能干，你的打字速度没有妈妈快！应该妈妈说了算！

(Zhōumò, Liú Méi yì jiā rén tǎolùn qù nǎr wánr.)

Bàba: Wǒ shuōle suàn, tīng wǒ de.

Xiǎobǎo: Wèi shénme tīng nǐ de?

Bàba: Yīnwèi wǒ de niánlíng bǐ nǐ hé māma dà, wǒ de lìqi yě bǐ nǐmen liǎ dà, wǒ de gōngzī bǐ māma duō!

Xiǎobǎo: Kěshì nǐ méiyǒu māma cōngmíng, méiyǒu māma nénggàn, nǐ de dǎzì sùdù méiyǒu māma kuài! Yīnggāi māma shuōle suàn!

### 词语 New Words and Phrases

| | | | | |
|---|---|---|---|---|
| 1. | 表姐 | （名） | biǎojiě | cousin(a daughter of father's sister or of mother's brother or sister, who is older than oneself) |
| 2. | 空姐 | （名） | kōngjiě | stewardess |
| 3. | 于是 | （连） | yúshì | so, thereupon, hence |

| | | | | |
|---|---|---|---|---|
| 4. 发表 | （动） | fābiǎo | to deliver, to utter, to publish |
| 5. 看法 | （名） | kànfǎ | personal opinion or idea about something |
| 6. 比 | （介/动） | bǐ | than; to compare |
| 7. 全部 | （名） | quánbù | whole |
| 8. 安慰 | （动） | ānwèi | to console |
| 9. 羡慕 | （动） | xiànmù | to admire |
| 10. 摇 | （动） | yáo | to shake, to wave |
| 11. 说了算 | | shuōle suàn | have the final say |
| 12. 年龄 | （名） | niánlíng | age |
| 13. 工资 | （名） | gōngzī | wages, salary, pay |
| 14. 聪明 | （形） | cōngmíng | smart, clever |
| 15. 能干 | （形） | nénggàn | able, capable, competent |
| 16. 打字 | | dǎ zì | to typewrite |
| 17. 速度 | （名） | sùdù | speed, rate |

## 注释 Notes

"小云有个表姐是空姐。"

这个句子里"表姐"是"有"的宾语，也是"是"的主语。(In this sentence, 表姐 is the object of 有, also the subject of 是.)

$S_1 + 有 (V_1) + O (=S_2) + V_2 + \cdots\cdots$

小云　　有　　个表姐　是　空姐。
李阳　　有　　个弟弟　在　读高中。

这种"有"字句可以没有主语。(There can be no subject for this kind of 有 sentence.)

(1) 有人找你。　(2) 有几个朋友想去上海玩儿。

否定式用"没(有)"。(The negative form is "没（有）".)

(3) 没(有)人找你。

## 语法和句式 Grammar and Sentence Patterns

比较句(1)："比"字句(1)
Comparative Structures (1)：Sentences with 比 (1)

(1) A ＋ 比 ＋ B ＋ Adj.
  林平　比　李阳　高。
  她　　比　你　　胖。

(2) 　　　　A ＋ 比 ＋ B ＋ 更/还 ＋ Adj.
  (你的腿很长) 她的腿　比　你的腿　　还　　长。
  (她很漂亮)　她表姐　比　她　　　　更　　漂亮。

否定式：(Negation:)
  A ＋ 没有 ＋ B ＋ Adj.
  林平　没有　李阳　高。
  小云　没有　小静　用功。

## 句型替换 Pattern Drills

(1) 我表姐比 <u>我</u>　　<u>高</u>。
　　　　　　我表哥　能干
　　　　　　小云　　节约
　　　　　　大卫　　用功

(2) 哥哥比弟弟<u>更</u>　<u>帅</u>。
　　　　　　 更　　忙
　　　　　　 还　　粗心
　　　　　　 还　　不小心

(3) <u>你</u>　没有<u>你表姐</u>　<u>白</u>。
　　今天　　　昨天　　　热
　　梨　　　　苹果　　　贵
　　这种茶　　那种茶　　苦
　　小云　　　小静　　　节约

## 任务与活动 Tasks / Activities

1. 双人活动：我喜欢的活动　Pair Work: My Favorite Activities

两人一组，谈谈你喜欢的活动，注意使用以下的句子。(In groups of two people, talk about the hobbies or activities you like, use the sentence structure below.)

(1) 我觉得……比……有意思，所以我经常……
(2) 我觉得……没有……好玩儿，所以我经常……

**2. 双人活动：问答　Pair Work: Ask and Answer**

两人一组，互相问下面的问题，然后用"比"和"没有"各说一句话。(In groups of two people, ask each other the following questions, compare with each other, and then make sentences with 比 and 没有.)

(1) 你多高？
(2) 你多重？
(3) 你的衣服多少钱？
(4) 你的爸爸和妈妈谁更忙？
(5) 你们国家冬天一般多少度？夏天呢？

# 第八课 那套房子比宿舍大多了

## 课文 Text

(一)

(明河想搬到学校外边住。她在学校附近看到一个租房子的广告,联系了房东,跟金浩一起去看了房子。回来以后,明河跟小云聊房子。)

**小云**:那套房子有多大?

**明河**:很大,比我的宿舍大多了。有两个小房间,一个客厅,还有厨房和洗手间。

**小云**:周围环境怎么样?

**明河**:在一个小区里边。小区里有很多树,很干净,应该也比较安全。买东西、坐车都比宿舍方便,一出小区大门就是超市,附近有车站。我觉得那儿比宿舍安静一点儿,我的宿舍旁边就是运动场,有时候很吵。

**小云**:房租呢?

**明河**:每个月1800块钱,当然比宿舍贵一些。不过跟学校附近的其他房子相比,这套房子还比较便宜。

**小云**:你没有不满意的地方吗?

**明河**:不满意的就是没有电梯,上下楼没有宿舍方便。不过没关系,就在五楼,不高,而且爬楼可以锻炼身体,希望能让我变瘦!

(Mínghé xiǎng bāndào xuéxiào wàibian zhù. Tā zài xuéxiào fùjìn kàndào yí gè zū fángzi de guǎnggào, liánxìle fángdōng, gēn Jīn Hào yìqǐ qù kànle fángzi. Huílái yǐhòu, Mínghé gēn Xiǎoyún liáo fángzi.)

Xiǎoyún: Nà tào fángzi yǒu duō dà?

Mínghé: Hěn dà, bǐ wǒ de sùshè dà duō le. Yǒu liǎng gè xiǎo fángjiān, yí gè kètīng, hái yǒu chúfáng hé xǐshǒujiān.

Xiǎoyún: Zhōuwéi huánjìng zěnmeyàng?

Mínghé: Zài yí gè xiǎoqū lǐbian. Xiǎoqū li yǒu hěn duō shù, hěn gānjìng, yīnggāi yě bǐjiào ānquán. Mǎi dōngxi、zuò chē dōu bǐ sùshè fāngbiàn, yì chū xiǎoqū dàmén jiù shì chāoshì, fùjìn yǒu chēzhàn. Wǒ juéde nàr bǐ sùshè ānjìng yìdiǎnr, wǒ de sùshè pángbiān jiù shì yùndòngchǎng, yǒushíhou hěn chǎo.

Xiǎoyún: Fángzū ne?

Mínghé: Měi gè yuè yìqiān bābǎi kuài qián, dāngrán bǐ sùshè guì yìxiē. Búguò gēn xuéxiào fùjìn de qítā fángzi xiāngbǐ, zhè tào fángzi hái bǐjiào piányi.

Xiǎoyún: Nǐ méiyǒu bù mǎnyì de dìfang ma?

Mínghé: Bù mǎnyì de jiù shì méiyǒu diàntī, shàng xià lóu méiyǒu sùshè fāngbiàn. Búguò méi guānxi, jiù zài wǔ lóu, bù gāo, érqiě pá lóu kěyǐ duànliàn shēntǐ, xīwàng néng ràng wǒ biàn shòu!

## (二)

好朋友一般都比较相似，比如小静和小云。她们俩专业一样，都很用功，都很好看，而且都爱看小说，<u>尤其</u>喜欢看爱情小说。两个人都比较高，小云166厘米，小静比她更高，168厘米。

她们也有很多不同的地方。小云瘦，小静比她胖一点儿。小云有点儿黑，小静的皮肤比她白多了，小云很羡慕小静。还有一个很大的不同，小云喜欢大笑，小静喜欢微笑，不太爱说话，<u>不如</u>小云活泼。

强调 Emphasizing

比较 Comparing

她们班的同学有人觉得小云更漂亮，有人觉得小静更漂亮。你觉得呢？

Hǎo péngyou yìbān dōu bǐjiào xiāngsì, bǐrú Xiǎojìng hé Xiǎoyún. Tāmen liǎ zhuānyè yíyàng, dōu hěn yònggōng, dōu hěn hǎokàn, érqiě dōu ài kàn xiǎoshuō, yóuqí xǐhuan kàn àiqíng xiǎoshuō. Liǎng gè rén dōu bǐjiào gāo, Xiǎoyún yìbǎi liùshíliù límǐ, Xiǎojìng bǐ tā gèng gāo, yìbǎi liùshíbā límǐ.

Tāmen yě yǒu hěn duō bù tóng de dìfang. Xiǎoyún shòu, Xiǎojìng bǐ tā pàng yìdiǎnr. Xiǎoyún yǒudiǎnr hēi, Xiǎojìng de pífū bǐ tā bái duō le, Xiǎoyún hěn xiànmù Xiǎojìng. Hái yǒu yí gè hěn dà de bù tóng, Xiǎoyún xǐhuan dà xiào, Xiǎojìng xǐhuan wēixiào, bú tài ài shuō huà, bùrú Xiǎoyún huópō.

Tāmen bān de tóngxué yǒu rén juéde Xiǎoyún gèng piàoliang, yǒu rén juéde Xiǎojìng gèng piàoliang. Nǐ juéde ne?

## 词语 New Words and Phrases

| | | | |
|---|---|---|---|
| 1. 套 | （量） | tào | set, suit, kit (measure word for unitized objects, e.g. clothes, furnitures, stamps, etc.) |
| 2. 客厅 | （名） | kètīng | sitting room, living room |
| 3. 厨房 | （名） | chúfáng | kitchen |
| 4. 环境 | （名） | huánjìng | environment |
| 5. 小区 | （名） | xiǎoqū | residential quarters |
| 6. 房租 | （名） | fángzū | rent, room charge |
| 7. 其他 | （代） | qítā | other, else |
| 8. 相比 | （动） | xiāngbǐ | to compare |
| 9. 电梯 | （名） | diàntī | elevator, lift |
| 10. 没关系 | | méi guānxi | It doesn't matter. That's OK. Never mind. |
| 11. 相似 | （形） | xiāngsì | similar, alike |
| 12. 专业 | （名） | zhuānyè | major |
| 13. 厘米 | （量） | límǐ | centimetre |

| 14. 同 | （形） | tóng | same |
| 15. 皮肤 | （名） | pífū | skin |
| 16. 微笑 | （动） | wēixiào | to smile |
| 17. 不如 | （动） | bùrú | to be not equal to, to be not as good as, to be inferior to |
| 18. 活泼 | （形） | huópō | lively, active |

## 补充词语 Additional Vocabulary

| 1. 房东 | （名） | fángdōng | landlord |
| 2. 洗手间 | （名） | xǐshǒujiān | restroom |
| 3. 运动场 | （名） | yùndòngchǎng | sports field |

## 语法和句式 Grammar and Sentence Patterns

1. 比较句(2)："比"字句(2)
   Comparative Structures (2): Sentences with 比(2)

   A ＋ 比 ＋ B ＋ Adj. ＋ 数量词组
   我　　比　她　大　　两岁。
   哥哥　比　弟弟　高　　3厘米。

   或者：(Or:)

   A ＋ 比 ＋ B ＋ Adj. ＋ 一点儿/一些/多了/得多
   小静　　　比　小云　胖　　　　一点儿。
   小云　　　比　小静　活泼　　　一些。
   小静的皮肤　比　小云　白　　　　多了。
   这台电脑　　比　那台　贵　　　　得多。

2. "一……就……"

   "一……就……"表示两个动作或情况紧接着发生。句式为：(一……就…… indicates that two actions or states of affairs take place one after another immediately.

The structure is as follows:)

$S + 一 + V_1 + (S_2) + 就 + V_2$

他们　一　出门　　　就　坐车。
小松　一　回家　　　就　看电视。
我　　一　来　他　　就　走了。

## 句型替换 Pattern Drills

（1）小松比小马 矮　三厘米 。
　　　　　　　 大　三岁
　　　　　　　 重　两公斤
　　　　　　　 多　500 块钱

（2）他比我 大　多了 。
　　　　　 胖　一点儿
　　　　　 聪明 一些
　　　　　 高　得多

（3）他们一 下班 就 回家 。
　　　　　 毕业　　结婚了
　　　　　 放假　　走
　　　　　 听　　　明白了
　　　　　 看见他　笑

（4） 我 不如 你 （努力） 。
　　　哥哥　弟弟　（高）
　　　广州　北京　（大）
　　　这种笔 那种 （好）
　　　春天　秋天　（舒服）

## 任务与活动 Tasks / Activities

1. 双人活动：完成句子　Pair Work: Complete the Sentences

两人一组，互相询问身高、体重等方面的问题，然后用 "A + 比 + B + Adj. + 数量词组" 或者 "A + 比 + B + Adj. + 一点儿 / 一些 / 多了 / 得多" 完成下边的句子。(In groups of two people, ask each other about his/her personal information, for example height, weight, etc., then use A + 比 + B + Adj. + 数量词组 or A + 比 + B + Adj. + 一点儿 / 一些 / 多了 / 得多 to complete the following sentences.)

例：我有十块钱，他有两块钱，我比他多两块钱。
(1) 我……岁，他（她）……岁，他（她）……
(2) 我……米，他（她）……米，我……
(3) 我每个月花……，他（她）每个月花……，我……

## 2. 全班活动：说一说　Class Work: Describing
（本活动相关补充内容详见配套教师手册）

请看教师出示的图片，用第七课、第八课学到的比较句对图片进行描述。(Look at the object or person provided by the teacher, use the comparison sentences learnt in lesson 7 and lesson 8 to describe.)

# 第九课　窗户上挂着漂亮的窗帘

## 课文 Text

(一)

刘梅刚收拾好房间，家里到处都很干净。

你看，桌子上摆着盘子，盘子里装满了水果，窗户上挂着漂亮的窗帘，多舒服的家啊！那个书柜是谁的？里边摆了很多火车、汽车和飞机模型。不用问，那一定是小宝的。那个房间的门上写着什么？"银行办公室"！这是小宝的房间。他以为，写了这几个字，他就可以有很多钱！

Liú Méi gāng shōushi hǎo fángjiān, jiāli dàochù dōu hěn gānjìng.

Nǐ kàn, zhuōzi shang bǎizhe pánzi, pánzi li zhuāngmǎnle shuǐguǒ, chuānghu shang guàzhe piàoliang de chuānglián, duō shūfu de jiā a! Nàge shūguì shì shéi de? Lǐbian bǎile hěn duō huǒchē、qìchē hé fēijī móxíng. Búyòng wèn, nà yídìng shì Xiǎobǎo de. Nàge fángjiān de mén shang xiězhe shénme? "Yínháng bàngōngshì"!

Zhè shì Xiǎobǎo de fángjiān. Tā yǐwéi, xiěle zhè jǐ gè zì, tā jiù kěyǐ yǒu hěn duō qián!

## （二）

林平在广告公司兼职已经三个多月了。公司里都是年轻人，差不多每个月都有新人来，当然，也有人走。

上个月，公司走了一位同事。上周，来了一位时髦的女同事。她工作时表现很好，很能干，也很活泼，大家都很喜欢她。最近办公室里又要来一位新同事。据说他是新闻系毕业的，以前当过记者，很帅，擅长画画儿。女同事们对他很感兴趣。

喜欢 Favoring

可是，这位新同事来了以后，大家对他都没兴趣了。第一，他是74年出生的，年龄比大家大多了。第二，这个人太内向，太严肃。有一天，办公室里飞来一只非常大的紫色蝴蝶，大家都去看，只有他在电脑前边坐着不动！

解释 Explaining

Lín Píng zài guǎnggào gōngsī jiān zhí yǐjīng sān gè duō yuè le. Gōngsī li dōu shì niánqīng rén, chàbuduō měi gè yuè dōu yǒu xīn rén lái, dāngrán, yě yǒu rén zǒu.

Shàng gè yuè, gōngsī zǒule yí wèi tóngshì. Shàng zhōu, láile yí wèi shímáo de nǚ tóngshì. Tā gōngzuò shí biǎoxiàn hěn hǎo, hěn nénggàn, yě hěn huópō, dàjiā dōu hěn xǐhuan tā. Zuìjìn bàngōngshì li yòu yào lái yí wèi xīn tóngshì. Jùshuō tā shì xīnwénxì bìyè de, yǐqián dāngguo jìzhě, hěn shuài, shàncháng huà huàr. Nǚ tóngshìmen duì tā hěn gǎn xìngqù.

Kěshì, zhè wèi xīn tóngshì láile yǐhòu, dàjiā duì tā dōu méi xìngqù le. Dì-yī, tā shì qī sì nián chūshēng de, niánlíng bǐ dàjiā dà duō le. Dì-èr, zhège rén tài nèixiàng, tài yánsù. Yǒu yì tiān, bàngōngshì li fēilái yì zhī fēicháng dà de zǐsè húdié, dàjiā dōu qù kàn, zhǐ yǒu tā zài diànnǎo qiánbian zuòzhe bú dòng!

## 词语 New Words and Phrases

| | | | | |
|---|---|---|---|---|
| 1. 挂 | （动） | guà | to hang |
| 2. 到处 | （副） | dàochù | everywhere |
| 3. 摆 | （动） | bǎi | to display, to put, to place |
| 4. 装 | （动） | zhuāng | to pack, to load |
| 5. 办公室 | （名） | bàngōngshì | office |
| 6. 兼职 | | jiān zhí | to hold two or more posts concurrently; part-time job |
| 7. 同事 | （名） | tóngshì | colleague |
| 8. 时髦 | （形） | shímáo | fashionable, stylish, in vogue |
| 9. 表现 | （名/动） | biǎoxiàn | performance; to show, to display |
| 10. 记者 | （名） | jìzhě | reporter, journalist |
| 11. 感（兴趣） | （动） | gǎn(xìngqù) | to feel (interested) |
| 12. 兴趣 | （名） | xìngqù | interest |
| 13. 内向 | （形） | nèixiàng | introverted |
| 14. 严肃 | （形） | yánsù | serious, solemn |
| 15. 飞 | （动） | fēi | to fly |
| 16. 紫色 | （名） | zǐsè | purple |
| 17. 蝴蝶 | （名） | húdié | butterfly |

## 补充词语 Additional Vocabulary

| | | | |
|---|---|---|---|
| 模型 | （名） | móxíng | scale model |

## 语法和句式 Grammar and Sentence Patterns

### 存现句 Sentences Indicating Existence or Emergence

1. 表示某人或某物在某处存在的句子。句式包括以下几种：(Sentences indicating the existence of someone or something in some place. The structures are shown as follows:)

(1) (N+方位词)/处所词 + V + 着 + N

  桌子上  摆 着 盘子。
  窗户上  挂 着 漂亮的窗帘。
  头上   戴 着 白色的帽子。
  门口   站 着 一个人。

(2) (N+方位词)/处所词 + V+满（了）+N

  盘子里  装 满 了 水果。
  书柜里面 摆 满 了 书。

(3) (N+方位词)/处所词 + V+了 + N

  书柜里边 摆 了 很多模型。
  桌子上边 放 了 很多菜。

2. 表示某人或某物出现或消失的句子。句式如下：(Sentences indicating the emergence or disappearance of someone or something. The structure is as follows:)

(N+方位词)/处所词 +V（来）了 + N

  公司里  走了  一位同事。
  办公室里 来了  一位新同事。
  楼下   搬来了 一个时髦的女人。

## 句型替换 Pattern Drills

(1) 桌子上 摆 着 盘子 。  (2) 桌子上面 摆满了 饭菜 。
  盘子里 装  水果    书柜里边 摆  英文书
  窗户上 挂  漂亮的窗帘   房间里 挤   人
  身上 穿  黑色的衣服    教室里 坐   学生

（3） 公司　走　了　一位同事。　（4） 办公室里　飞　来　一只大蝴蝶。
　　　办公室　来　　一位女同事　　　　楼上　　搬　　一个男人
　　　白老师家　死　　一只猫　　　　　　对面　　开　　两辆汽车
　　　表姐家　来　　几位客人　　　　　白老师家　跑　三只猫

## 任务与活动 Tasks / Activities

1. 双人活动：你说我画　Pair Work: Saying and Painting

　　学生 A 介绍自己的房间（介绍时请使用下面的句式），学生 B 画出听到的内容。（Student A will describe her/his room, using the following sentences. Student B will have to draw out the room with accordance to Student A's description.）

> （N + 方位词）/处所词 + V 着 + N
> （N + 方位词）/处所词 + V 满（了）+ N
> （N + 方位词）/处所词 + V 了 + N

2. 全班活动：他 / 她是谁？　Class Work: Who is he/she?

　　学生 A 用汉语描述一下班上某位同学的穿着打扮，注意不要说出这位同学的名字，也不要看他 / 她。请大家猜一猜这位同学是谁。（Student A will have to describe what another classmate B is wearing. The student A is not allowed to use the name of the student B during the description or make eye contact with B. The rest of the class will then have to guess which student is B.）

> 上身穿着……，下身穿着……
> 脚上穿着……，头上戴着……

　　被描述的同学再描述另一个同学，活动继续。（Student B should then go on to describe another student.）

# 第十课 我把这张照片挂在墙上了

## 课文 Text

(一)

(小云去了一次表姐家,觉得她的房间布置得特别漂亮,于是想重新布置一下自己的房间。)

小云:妈妈,我把这张照片挂在墙上了,好看吗?

妈妈:不错。不过好像有点儿低,高一点儿更好。对了,原来那幅画呢?

小云:我把它送给别人了。妈妈你看,这张海报漂亮吧?这是我最喜欢的电影明星!把它贴在书柜上,好不好?

妈妈:好,我来贴,把胶水递给我。

(海报贴好了。小云还想改变桌子、床和沙发的位置。)

小云:妈妈,我不想要这个沙发了,把它搬到你们房间吧。

妈妈:我们房间没地方了,放在客厅吧。床怎么办?

小云:我想把床摆在窗户旁边。

妈妈:靠窗的地方吗?也行,咱们俩一起抬。

小云:哎呀,太重了,得叫爸爸来帮忙。

同意 Agreeing

(Xiǎoyún qùle yí cì biǎojiě jiā, juéde tā de fángjiān bùzhì de tèbié piāoliang, yúshì xiǎng chóngxīn bùzhì yíxià zìjǐ de fángjiān.)

Xiǎoyún: Māma, wǒ bǎ zhè zhāng zhàopiàn guà zài qiáng shang le, hǎokàn ma?

Māma: Búcuò. Búguò hǎoxiàng yǒudiǎnr dī, gāo yìdiǎnr gèng hǎo. Duìle, yuánlái nà fú huà ne?

Xiǎoyún: Wǒ bǎ tā sònggěi biérén le. Māma nǐ kàn, zhè zhāng hǎibào piàoliang ba? Zhè shì wǒ zuì xǐhuan de diànyǐng míngxīng! Bǎ tā tiē zài shūguì shang, hǎo bù hǎo?

Māma: Hǎo, wǒ lái tiē, bǎ jiāoshuǐ dìgěi wǒ.

(Hǎibào tiēhǎo le. Xiǎoyún hái xiǎng gǎibiàn zhuōzi、chuáng hé shāfā de wèizhì.)

Xiǎoyún: Māma, wǒ bù xiǎng yào zhège shāfā le, bǎ tā bāndào nǐmen fángjiān ba.

Māma: Wǒmen fángjiān méi dìfang le, fàng zài kètīng ba. Chuáng zěnmebàn?

Xiǎoyún: Wǒ xiǎng bǎ chuáng bǎi zài chuānghu pángbiān.

Māma: Kào chuāng de dìfang ma? Yě xíng, zánmen liǎ yìqǐ tái.

Xiǎoyún: āiya, tài zhòng le, děi jiào bàba lái bāng máng.

## （二）

（山田的妈妈要来中国旅行，顺便来看看山田。明河建议山田收拾一下房间。）

明河：你的桌子上、椅子上都摆满了东西，得收拾一下了，不然你妈妈来了没有地方坐。

山田：怎么收拾？你给我一些建议吧！

要求 Demanding

明河：把不看的书放在书架上，把书架整理一下，把钱包、钥匙放在抽屉里，把脏衣服放在盆（子）里，把我的漫画书还给我。

山田：等等，我还没看完。

明河：你看得真慢！咦？这是什么？是笔吗？样子真特别，很有日本特色！

山田：(开玩笑) 你要吗？我把它卖给你，价钱可以商量。

明河：你应该把它送给我！

(Shāntián de māma yào lái Zhōngguó lǚxíng, shùnbiàn lái kànkan Shāntián. Mínghé jiànyì Shāntián shōushi yíxià fángjiān.)

Mínghé: Nǐ de zhuōzi shang、yǐzi shang dōu bǎimǎnle dōngxi, děi shōushi yíxià le, bùrán nǐ māma láile méiyǒu dìfang zuò.

Shāntián: Zěnme shōushi? Nǐ gěi wǒ yìxiē jiànyì ba!
Mínghé:  Bǎ bú kàn de shū fàng zài shūjià shang, bǎ shūjià zhěnglǐ yíxià, bǎ qiánbāo、yàoshi fàng zài chōuti li, bǎ zāng yīfu fàng zài pén(zi) li, bǎ wǒ de mànhuàshū huángěi wǒ.
Shāntián: Děngdeng, wǒ hái méi kànwán.
Mínghé:  Nǐ kàn de zhēn màn! Yí? Zhè shì shénme? Shì bǐ ma? Yàngzi zhēn tèbié, hěn yǒu Rìběn tèsè!
Shāntián: (kāi wánxiào) Nǐ yào ma? Wǒ bǎ tā màigěi nǐ, jiàqián kěyǐ shāngliang.
Mínghé:  Nǐ yīnggāi bǎ tā sònggěi wǒ!

## 词语 New Words and Phrases

| | | | |
|---|---|---|---|
| 1. 把 | (介) | bǎ | a preposition |
| 2. 墙 | (名) | qiáng | wall |
| 3. 布置 | (动) | bùzhì | to arrange, to decorate |
| 4. 重新 | (副) | chóngxīn | again, afresh |
| 5. 海报 | (名) | hǎibào | poster |
| 6. 贴 | (动) | tiē | to paste, to stick |
| 7. 胶水 | (名) | jiāoshuǐ | glue |
| 8. 递 | (动) | dì | to hand over, to pass, to give |
| 9. 改变 | (动) | gǎibiàn | to change |
| 10. 位置 | (名) | wèizhì | place, position, location |
| 11. 靠 | (动) | kào | to lean against, to lean on, to get near, to depend on |
| 12. 抬 | (动) | tái | (of two or more persons) to carry, to lift, to raise |
| 13. 椅子 | (名) | yǐzi | chair |
| 14. 不然 | (连) | bùrán | otherwise |
| 15. 抽屉 | (名) | chōuti | drawer |
| 16. 盆（子） | (名) | pén(zi) | basin |

## 第十课 我把这张照片挂在墙上了

### 补充词语 Additional Vocabulary

噫　（叹）　yí　　eh? (to express surprise)

### 注释 Notes

**"不然你妈妈来了没有地方坐。"**

这种"有"字句表示具备做某事的条件。(This kind of 有 sentences refers to certain conditions provided for something.)

S + 有（$V_1$）+ O + $V_2$ +（$O_2$）

他们　有　饭　吃。
我　有　时间　做　饭。

表示否定意义时多用"没(有)"。("没(有)" is used for the negative form.)

(1) 他们没有时间陪父母。
(2) 我没钱花。

### 语法和句式 Grammar and Sentence Patterns

**"把"字句（1） 把 Sentence (1)**

在实际交际中，有些情况下必须用"把"字句。(把 sentence must be used in the following cases.)

1. 句子中的动词后面有"在……"做补语的时候。(The verb is followed by 在…… as a complement of result.)

　　S + 把 + O + V + 在……
　　你　把　这张照片　挂　在墙上。
　　小云　把　海报　贴　在书柜上。
　　林平　把　不看的书　放　在书架上。

2. 句子中的动词后面有"给……"做补语的时候。(The verb is followed by 给…… as a complement of result.)

　　S + 把 + O + V + 给……
　　我　把　它　送　给别人了。
　　他　把　自行车　借　给同学了！
　　你　把　胶水　递　给我。

## 句型替换 Pattern Drills

（1）我把 <u>这张照片 挂</u> 在 <u>　墙上　</u>。
　　　　这张海报 贴　　　书柜上
　　　　旧杂志　 放　　　地上
　　　　床　　　 摆　　　靠窗的地方

（2）我把 <u>它 送</u> 给 <u>别人</u> 了。
　　　　车 借　　　同学
　　　　钱 寄　　　妈妈
　　　　书 还　　　他

## 任务与活动 Tasks / Activities

1. 双人活动：我的新房间　Pair Work: My New Room

　　画出你的房间，想一想，如果重新布置，你打算怎么做。把你的想法告诉你的同伴。介绍时要用"S + 把 + O + V + 在……"说句子，可以使用的动词有"挂、放、摆、贴"等。(In groups of two people, draw a picture of the room where you live. Rearrange the room and tell your partner, using S + 把 + O + V + 在…… structure. The verbs available include 挂, 放, 摆, 贴.)

2. 双人活动：回国前　Pair Work: Before Returning to Your Country

　　如果你明天就要回国了，你打算怎么处理你的东西？请用"S + 把 + O + V + 给……"说一说你的打算。可以使用的动词有"送、卖"。(How would you dispose your things if you leave China tomorrow? It is required that S + 把 + O + V + 给…… structure is used. The verbs available include 送, 卖.)

# 第十一课 我们把菜送到您家

## 课文 Text

（一）

（刘梅工作太忙了，没时间做饭，于是她打电话叫快餐。）

服务员：喂，你好！西城快餐店。请问您需要什么？

刘　梅：我想要一个西红柿炒蛋和一个古老肉。

服务员：不好意思，古老肉没有了，可以换成别的吗？

刘　梅：那把古老肉换成宫保鸡丁吧。

服务员：好的，我重复一下，一个西红柿炒蛋和一个宫保鸡丁，还要别的吗？

刘　梅：不要了。请把菜送到大明路16号501房间。半个小时可以送到吗？

服务员：请放心，半个小时以内保证把菜送到您家。

保证 Promising

(Liú Méi gōngzuò tài máng le, méi shíjiān zuò fàn, yúshì tā dǎ diànhuà jiào kuàicān.)

Fúwùyuán: Wèi, nǐ hǎo! Xīchéng kuàicān diàn. Qǐngwèn nín xūyào shénme?

Liú Méi: Wǒ xiǎng yào yí gè xīhóngshì chǎo dàn hé yí gè gǔlǎoròu.

Fúwùyuán: Bù hǎoyìsi, gǔlǎoròu méiyǒu le, kéyǐ huànchéng biéde ma?

Liú Méi: Nà bǎ gǔlǎoròu huànchéng gōngbǎo jīdīng ba.

Fúwùyuán: Hǎode, wǒ chóngfù yíxià, yí gè xīhóngshì chǎo dàn hé yí gè gōngbǎo jīdīng, hái yào biéde ma?

Liú Méi: Bú yào le. Qǐng bǎ cài sòngdào Dàmíng Lù shíliù hào wǔ líng yāo fángjiān. Bàn gè xiǎoshí kěyǐ sòngdào ma?

Fúwùyuán: Qǐng fàngxīn, bàn gè xiǎoshí yǐnèi bǎozhèng bǎ cài sòngdào nín jiā.

## （二）

刘星的妈妈很细心，可是他爸爸却很粗心，现在年纪大了，越来越粗心。每天他去上班时一定得提醒他带钥匙，不然他一定忘。有很多次他做菜时把糖当成盐，放到了菜里。还有一次，他上班的时候想顺便去扔垃圾，后来却把那袋垃圾带到了单位。

一天晚上，全家人正在看电视。忽然，刘星的爸爸说："球赛快开始了！换台！"说完就开始找遥控器："刘星，你把遥控器放到哪儿了？"刘星说："我没拿过遥控器。"妈妈也说没拿。"球赛马上就开始了，赶紧找啊。"爸爸有点儿不耐烦了。忽然，刘星发现遥控器就在爸爸手里！原来，他把遥控器当成手机了。

顿悟 Being enlightened

命令 Giving an order

Liú Xīng de māma hěn xìxīn, kěshì tā bàba què hěn cūxīn, xiànzài niánjì dà le, yuèláiyuè cūxīn. Měi tiān tā qù shàng bān shí yídìng děi tíxǐng tā dài yàoshi, bùrán tā yídìng wàng. Yǒu hěn duō cì tā zuò cài shí bǎ táng dàngchéng yán, fàngdàole cài li. Hái yǒu yí cì, tā shàng bān de shíhou xiǎng shùnbiàn qù rēng lājī, hòulái què bǎ nà dài lājī dàidàole dānwèi.

Yì tiān wǎnshang, quán jiā rén zhèng zài kàn diànshì. Hūrán, Liú Xīng de bàba shuō: "Qiúsài kuài kāishǐ le! Huàn tái!" Shuōwán jiù kāishǐ zhǎo yáokòngqì: "Liú Xīng, nǐ bǎ yáokòngqì fàngdào nǎr le?" Liú Xīng shuō: "Wǒ méi náguo yáokòngqì." Māma yě shuō méi ná. "Qiúsài mǎshàng jiù kāishǐ le, gǎnjǐn zhǎo a." Bàba yǒudiǎnr bú nàifán le. Hūrán, Liú Xīng fāxiàn yáokòngqì jiù zài bàba shǒu li! Yuánlái, tā bǎ yáokòngqì dàngchéng shǒujī le.

## 词语 New Words and Phrases

| | | | | |
|---|---|---|---|---|
| 1. | 快餐 | (名) | kuàicān | fast food |
| 2. | 西红柿 | (名) | xīhóngshì | tomato |
| 3. | 成 | (动) | chéng | to become, to turn into |
| 4. | 重复 | (动) | chóngfù | to repeat |
| 5. | 放心 | | fàng xīn | to set one's mind at rest, to be at ease |
| 6. | 以内 | (名) | yǐnèi | less than, within |
| 7. | 保证 | (动) | bǎozhèng | to guarantee, to ensure, to promise |
| 8. | 却 | (副) | què | but, however |
| 9. | 越来越 | | yuèláiyuè | more and more |
| 10. | 提醒 | (动) | tíxǐng | to remind |
| 11. | 扔 | (动) | rēng | to throw |
| 12. | 垃圾 | (名) | lājī | garbage, rubbish |
| 13. | 袋 | (量) | dài | measure word for bag |
| 14. | 单位 | (名) | dānwèi | unit (often refer to workplace) |
| 15. | 台 | (名) | tái | channel (broadcasting station) |
| 16. | 赶紧 | (副) | gǎnjǐn | hasten, without losing time |
| 17. | (不)耐烦 | (形) | (bú) nàifán | (im)patient |
| 18. | 原来 | (副) | yuánlái | turn out to be |

## 补充词语 Additional Vocabulary

| | | | | |
|---|---|---|---|---|
| 1. | 古老肉 | (名) | gǔlǎoròu | sweet and sour pork |
| 2. | 宫保鸡丁 | (名) | gōngbǎo jīdīng | Kung Pao Chicken (spicy diced chicken with peanuts) |
| 3. | 遥控器 | (名) | yáokòngqì | remote control |

## 注释 Notes

### "原来,他把摇控器当成手机了。"

这里的"原来"表示明白了以前不明白的事情,发现了以前不知道的情况。(原来 here means know the things that you did not know and to find out the things that you did not discover before.)

(1) 我以为是小李,原来是小张。
(2) 他昨天没来上课,原来病了。

## 语法和句式 Grammar and Sentence Patterns

### "把"字句(2) 把 Sentence (2)

在实际交际中,有些情况下必须使用"把"字句:(把 sentence must be used in the following cases:)

1. 句子中的动词后面有"到……"做补语的时候。(The predicative verb is followed by 到…… phrase as a complement of result.)

S + 把 + O + V + 到……

他爸爸把　垃圾　带　到了上班的地方。
你　　把　遥控器　放　到哪儿了?

2. 句子中的动词后面有"成……"做补语的时候。(The predicative verb is followed by 成…… phrase as a complement of result.)

S + 把 + O + V + 成……

他妈妈把　糖　当　成盐了。
我　　把　美元　换　成人民币。

## 句型替换 Pattern Drills

(1) 他把 __菜__ 送到 __您家__ 了。
　　　　照相机　带　　学校
　　　　遥控器　放　　抽屉里
　　　　桌子　　搬　　外边

（2）他把<u>遥控器</u>当成<u>手机</u>了。
  美元 换  人民币
  "两块" 说  "凉快"
  "习惯" 听  "喜欢"

（3）<u>古老肉</u>没有了，可以换成<u>别的</u>吗？
  白色的    黑色的
  这种茶    另一种
  牛奶     豆浆

（4）<u>我们的生活</u>越来越<u>方便</u>了。
  刘星    粗心
  小云    漂亮
  小华    爱林平

## 任务与活动 Tasks / Activities

**全班活动：1分钟猜猜画画　Class Work: Draw Something in 1 Minute**
（本活动相关补充内容详见配套教师手册）

  1. 教师说一些"把"字句，学生应在一分钟里把教师说的内容画下来。（The teacher will say a few 把 sentences, it is then the task of students to draw these out on a piece of paper within 1 minute.）

  2. 请一个学生到黑板前，向他／她展示一个句子，要求他／她在一分钟里把听到的内容画在黑板上。其他学生要猜一猜画的是什么，然后用"把"说句子。（The teacher will ask a student to come to the blackboard, he/she will be shown a sentence and within 1 minute the student will have to draw it on the blackboard. The rest of the students can guess what is being drawn, using 把 sentences.）

# 第十二课　我什么也没买

## 课文 Text

（一）

今天去附近一个城市出差，顺便在最繁华的地方逛了逛。我发现那儿什么都很贵：一瓶水三块钱，一个面包十一块，一件普通的短袖要四百多块钱！逛了半天，我什么也没买，就去坐公共汽车了。

上车以后，由于太累，我很快就靠在座位上睡着了。睡的时候觉得有人在碰我，可是我却不能动。等我醒了，发现口袋里的钱包没了，我这个月的工资全部都在里边！我又摸了摸身上，糟糕，手机也不见了！什么都没了！如果早知道会丢钱，不如刚才花了它！该死的小偷！我气极了，挥着拳头向旁边的椅子打去。

可是我什么也没打到。睁开眼，发现自己还坐在座位上。原来，只是一个梦。

着急 Worrying

后悔 Regretting

后门下车

Jīntiān qù fùjìn yí gè chéngshì chū chāi, shùnbiàn zài zuì fánhuá de dìfang guàngle guàng. Wǒ fāxiàn nàr shénme dōu hěn guì: yì píng shuǐ sān kuài qián, yí gè miànbāo shíyí kuài, yí jiàn pǔtōng de duǎnxiù yào sìbǎi duō kuài qián! Guàngle bàntiān, wǒ shénme yě méi mǎi, jiù qù zuò gōnggòng qìchē le.

　　Shàng chē yǐhòu, yóuyú tài lèi, wǒ hěn kuài jiù kào zài zuòwèi shang shuìzháo le. Shuì de shíhou juéde yǒu rén zài pèng wǒ, kěshì wǒ què bù néng dòng. Děng wǒ xǐngle, fāxiàn kǒudai li de qiánbāo méi le, wǒ zhège yuè de gōngzī quánbù dōu zài lǐbian! Wǒ yòu mōle mō shēnshang, zāogāo, shǒujī yě bú jiàn le! Shénme dōu méi le! Rúguǒ zǎo zhīdào huì diū qián, bùrú gāngcái huāle tā! Gāisǐ de xiǎotōu! Wǒ qì jíle, huīzhe quántóu xiàng pángbiān de yǐzi dǎ qù.

　　Kěshì wǒ shénme yě méi dǎdào. Zhēngkāi yǎn, fāxiàn zìjǐ hái zuò zài zuòwèi shang. Yuánlái, zhǐ shì yí gè mèng.

## （二）

　　谁都有优点，谁也都有点儿小毛病。小文是一个很可爱的女孩子，既漂亮又聪明，对谁都很有礼貌。不过，她有个毛病。在宿舍里，谁都不能动她的东西，谁也不能坐她的床。她的桌子、床、衣柜，哪儿都干净得不得了。

　　由于她太爱干净了，如果她在，其他的三个女孩子做什么都很小心。她们三个常常在一起，不理小文。小文心里很难受，她想改变自己，可是又很难改变。昨天，旁边宿舍的一个女孩子来聊天，不小心碰了一下小文的杯子，她走了以后，小文马上把杯子扔了！

　　Shéi dōu yǒu yōudiǎn, shéi yě dōu yǒu diǎnr xiǎo máobìng. Xiǎowén shì yí gè hěn kě'ài de nǚháizi, jì piàoliang yòu cōngmíng, duì shéi dōu hěn yǒu lǐmào. Búguò, tā yǒu gè máobìng. Zài sùshè li, shéi dōu bù néng dòng tā de dōngxi, shéi yě bù néng zuò tā de chuáng. Tā de zhuōzi、chuáng、yīguì, nǎr dōu gānjìng de bùdéliǎo.

　　Yóuyú tā tài ài gānjìng le, rúguǒ tā zài, qítā de sān gè nǚháizi zuò shénme dōu hěn xiǎoxīn. Tāmen sān gè chángcháng zài yìqǐ, bù lǐ Xiǎowén. Xiǎowén xīnli hěn nánshòu, tā xiǎng gǎibiàn zìjǐ, kěshì yòu hěn nán gǎibiàn. Zuótiān, pángbiān sùshè de yí gè nǚháizi lái liáo tiān, bù xiǎoxīn pèngle yíxià Xiǎowén de bēizi, tā zǒule yǐhòu, Xiǎowén mǎshàng bǎ bēizi rēng le!

## 词语 New Words and Phrases

| | | | | |
|---|---|---|---|---|
| 1. 繁华 | (形) | fánhuá | bustling, flourishing |
| 2. 普通 | (形) | pǔtōng | ordinary, common |
| 3. 短袖 | (名) | duǎnxiù | short-sleeve shirt |
| 4. 由于 | (连/介) | yóuyú | due to, because |
| 5. 碰 | (动) | pèng | to touch |
| 6. 摸 | (动) | mō | to touch, to stroke, to feel |
| 7. 该死 | (动) | gāisǐ | damn (used to express anger, irritation, or disappointment) |
| 8. 小偷 | (名) | xiǎotōu | thief |
| 偷 | (动) | tōu | to steal |
| 9. 气 | (动) | qì | to get angry |
| 10. 拳头 | (名) | quántou | fist |
| 11. 睁 | (动) | zhēng | to open (eyes) |
| 12. 梦 | (名/动) | mèng | dream; to dream |
| 做梦 | | zuò mèng | to have a dream |
| 13. 优点 | (名) | yōudiǎn | strongpoint, merit |
| 14. 毛病 | (名) | máobìng | shortcoming, defect |
| 15. 既 | (连) | jì | not only |
| 16. 小心 | (形/动) | xiǎoxīn | be careful, be cautious; to take care |
| 17. 理 | (动) | lǐ | (usually used in the negative) to pay attention to |
| 18. 难受 | (形) | nánshòu | feel unhappy, feel unwell |

## 注释 Notes

### 1. "我很快就靠在座位上睡着了。"

"睡着"的意思是 fall asleep。(睡着 means fall asleep.)

### 2. "既漂亮又聪明"

"既"和"又"连接动词或形容词,表示前后的动作、状态或情况同时存在。(The adverb 既 and 又 are used to link verbs or adjectives to indicate two actions, states or situations exist simultaneously.)

(1) 她既漂亮又聪明。
(2) 这个地方既有山又有水,很美。
(3) 他既当英语老师,又当数学老师。

## 语法和句式 Grammar and Sentence Patterns

### 疑问代词的活用(1) Special Usages of Interrogative Pronouns (1)

疑问代词"谁""什么""哪儿/哪里"用在陈述句中,和"都""都不/没""也不/没"等搭配使用,表示对人或物的任指,强调是全部,没有例外。(The interrogative pronouns 谁、什么 and 哪儿/哪里, when used in a declarative sentence, together with 都, 都不/没, 也不/没, indicate a general denotion, emphasizing the whole without any exceptions.)

谁:所有的人,全部的人。(everybody, all the people)

什么:全部东西,所有的事情。(everything, all the things)

哪儿/哪里:所有的地方。(everywhere)

(1) 谁都有优点。
(2) 什么茶都很好喝。
(3) 这种树哪儿都有。
(4) 我谁也不认识。
(5) 我什么也没买。
(6) 国庆节我哪里也不去了!

注意:"谁也""什么也""哪儿也"后边一般跟否定形式。(Notice: 谁也, 什么也, 哪儿也 are usually followed by a negative form.)

## 句型替换 Pattern Drills

（1）什么都 <u>很贵</u> 。　　（2）他什么也<u>不知道</u>。
　　　很漂亮　　　　　　　　　不怕
　　　重要　　　　　　　　　　没说
　　　是她的　　　　　　　　　没听见

（3）什么 <u>茶</u> 都<u>很好喝</u>。　（4）谁也不<u>能动她的东西</u>。
　　　家具　很贵　　　　　　　说话
　　　水果　不便宜　　　　　　了解他
　　　工作　行　　　　　　　　清楚这件事

## 任务与活动 Tasks / Activities

**全班活动：造句比赛　Class Work: Make Sentence**

（本活动相关补充内容详见配套教师手册）

　　在教室的前方有三张椅子，分别表示"什么""谁"和"哪儿"。教师将学生分成两组，各组分别请出一名学生，然后向其展示一个词或短语。被请出的学生要先看看老师展示的内容，然后马上坐在相应的椅子上，再用老师给的词和椅子代表的疑问代词造一个句子。抢到椅子并且说对句子的同学可为自己的小组得到一分，最后看看哪个小组分数高。（Within the classroom, 3 chairs will be placed, each with different words, 什么, 谁 and 哪儿. Students must listen carefully to which word is being announced by the teacher, and sit on the correct chair, and then create a sentence using that word. The first student who sits on a chair and makes a right sentence will win one point for his/her team. The winner is the team with the most points at the finish.）

# 复习（二）

## 课文 Text

　　自从到广告公司兼职以后，林平的生活比以前忙多了。他走路的速度比以前快了一些，钱包里的钱比以前多了一些，体重比以前轻了一公斤。林平觉得挺满意的。

　　因为拍广告，林平见过几位明星，有大明星也有小明星。他发现他们大多数都没有照片上那么漂亮，有的人回答问题的时候很不耐烦，有的人对工作人员的态度很差，让人失望。

　　有空儿的时候，林平把自己参加拍摄的一张广告照片放在了网上，还写了一段话：

　　这是一个饮料广告。两个男模特都很小，左边的这个19岁，右边的比他小一岁。拍摄那天，天气比前一天还热，但是这并没有影响大家的工作热情。拍摄的时候，由于两个模特不一样高，我们就让那个矮一点儿的站在两块砖上边，这样他们就差不多高了。这两个模特都不太有名，不过工作的时候都非常认真，对人也很有礼貌。左边的模特现在还在广州工作，有空儿的时候会去"江上"酒吧玩儿。要是想看帅哥，就去"江上"吧！

　　Zìcóng dào guǎnggào gōngsī jiān zhí yǐhòu, Lín Píng de shēnghuó bǐ yǐqián máng duō le. Tā zǒu lù de sùdù bǐ yǐqián kuài le yìxiē, qiánbāo li de qián bǐ yǐqián duōle yìxiē, tǐzhòng bǐ yǐqián qīngle yì gōngjīn. Lín Píng juéde tǐng mǎnyì de.

　　Yīnwèi pāi guǎnggào, Lín Píng jiànguo jǐ wèi míngxīng, yǒu dà míngxīng yě yǒu xiǎo míngxīng. Tā fāxiàn tāmen dàduōshù dōu méiyǒu zhàopiàn shang nàme piàoliang, yǒude rén huídá wèntí de shíhou hěn bú nàifán, yǒude rén duì gōngzuò rényuán de tàidù hěn chà, ràng rén

shīwàng.

　　Yǒu kòngr de shíhou, Lín Píng bǎ zìjǐ cānjiā pāishè de yì zhāng guǎnggào zhàopiàn fàng zài le wǎng shang, hái xiěle yí duàn huà:

　　Zhè shì yí gè yǐnliào guǎnggào. Liǎng gè nán mótè dōu hěn xiǎo, zuǒbiān de zhège shíjiǔ suì, yòubiān de bǐ tā xiǎo yí suì. Pāishè nà tiān, tiānqì bǐ qián yì tiān hái rè, dànshì zhè bìng méiyǒu yǐngxiǎng dàjiā de gōngzuò rèqíng. Pāishè de shíhou, yóuyú liǎng gè mótè bù yíyàng gāo, wǒmen jiù ràng nàge ǎi yìdiǎnr de zhàn zài liǎng kuài zhuān shàngbian, zhèyàng tāmen jiù chàbuduō gāo le. Zhè liǎng gè mótè dōu bú tài yǒumíng, búguò gōngzuò de shíhou dōu fēicháng rènzhēn, duì rén yě hěn yǒu lǐmào. Zuǒbiān de mótè xiànzài hái zài Guǎngzhōu gōngzuò, yǒu kòngr de shíhou huì qù "Jiāngshàng" jiǔbā wánr. Yàoshi xiǎng kàn shuàigē, jiù qù "Jiāngshàng" ba!

## 词语 New Words and Phrases

| | | | |
|---|---|---|---|
| 1. 自从 | （介） | zìcóng | since, from |
| 2. 体重 | （名） | tǐzhòng | body weight |
| 3. 轻 | （形） | qīng | light |
| 4. 挺 | （副） | tǐng | very, rather, quite |
| 5. 大多数 | （名） | dàduōshù | great majority, vast majority |
| 　多数 | （名） | duōshù | majority |
| 　少数 | （名） | shǎoshù | a small number, minority, few |
| 6. 回答 | （动） | huídá | to answer |
| 7. 人员 | （名） | rényuán | personnel, staff |
| 8. 态度 | （名） | tàidù | attitude |
| 9. 失望 | （动/形） | shīwàng | to disappoint; disappointed |
| 10. 空儿 | （名） | kòngr | free time, spare time |
| 11. 拍摄 | （动） | pāishè | to take (a picture), to shoot |
| 12. 段 | （量） | duàn | *a measure word for segment of time, road, article, etc.* |

| | | | | |
|---|---|---|---|---|
| 13. 模特 | （名） | mótè | model | |
| 14. 并（不/没） | （副） | bìng (bù/méi) | a modal adverb to emphasize the negation | |
| 15. 影响 | （动/名） | yǐngxiǎng | to influence, to affect; influence, effect | |
| 16. 矮 | （形） | ǎi | short | |
| 17. 砖 | （名） | zhuān | brick | |
| 18. 认真 | （形） | rènzhēn | conscientious, earnest | |
| 19. 酒吧 | （名） | jiǔbā | bar | |

## 注释 Notes

1. "要是想看帅哥"

   "帅哥"的意思是很帅的男孩子。(帅哥 means handsome boy.)

2. "由于两个模特不一样高""这样他们就差不多高了"

   "（跟）……（不）一样/差不多 + Adj." 可以表示比较。("（跟）……一样/差不多 + Adj." indicates a comparison.)

   (1) 我跟他（不）一样高。
   (2) 他们两个差不多大。

## 语法索引 Summary of Grammar

| | 语法 | 例句 | 课号 |
|---|---|---|---|
| "比"字句 | A + 比 + B + Adj. | 林平比李阳高。 | 第七课 |
| | A + 比 + B +（还/更）+ Adj. | 她的腿比你的腿还长。 | |
| | A + 没有 + B + Adj. | 小云没有表姐白。 | |
| | A + 比 + B + Adj. + 数量词组 | 我比她大两岁。 | 第八课 |
| | A + 比 + B + Adj. + 一点儿/一些/多了/得多 | 小静比小云胖一点儿。 | |

续表

| 语法 | | 例句 | 课号 |
|---|---|---|---|
| 一……就…… | | 他们一出门就坐车。 | 第八课 |
| 存现句 | （N+方位词）/处所词+V+着+N | 桌子上摆着盘子。 | 第九课 |
| | （N+方位词）/处所词+V+满（了）+N | 盘子里装满了水果。 | |
| | （N+方位词）/处所词+V+了+N | 书柜里边摆了很多模型。 | |
| | （N+方位词）/处所词+V（来）+了+N | 公司走了一位同事。 | |
| "把"字句 | S+把+O+V+在…… | 你把这张照片挂在墙上。 | 第十课 |
| | S+把+O+V+给…… | 我把它送给别人了。 | |
| | S+把+O+V+到…… | 他爸爸把垃圾带到了上班的地方。 | 第十一课 |
| | S+把+O+V+成…… | 他妈妈把糖当成盐了。 | |
| "谁""什么""哪里/哪儿"表示任指 | | 谁都有优点。 | 第十二课 |
| | | 什么茶都很好喝。 | |
| | | 这种树哪儿都有。 | |

## 功能总结 Summary of Functions

| 功能 | 例句 | 课号 |
|---|---|---|
| 比较 | 你表姐比你高。/你表姐的眼睛比你的眼睛大。 | 第七课 |
| | (小静)不如小云活泼。 | 第八课 |
| 解释 | 因为我的年龄比你和妈妈大。 | 第七课 |
| | 第一，他是74年出生的……第二，这个人太内向，太严肃。 | 第九课 |
| 强调 | 她们都爱看小说，尤其喜欢看爱情小说。 | 第八课 |
| 喜欢 | 女同事们对他很感兴趣。 | 第九课 |

续表

| 功能 | 例句 | 课号 |
|---|---|---|
| 同意 | 也行,咱们俩一起抬。 | 第十课 |
| 要求 | 你得收拾一下了。 | 第十课 |
| 保证 | 半个小时以内保证把菜送到您家。 | 第十一课 |
| 命令 | 球赛马上就开始了,赶紧找啊。 | 第十一课 |
| 顿悟 | 原来,他把遥控器当成手机了。 | 第十一课 |
| 着急 | 糟糕,手机也不见了! | 第十二课 |
| 后悔 | 如果早知道会丢钱,不如刚才花了它! | 第十二课 |

# 第十三课 广州的路有北京的路这么直吗？

## 课文 Text

（一）

（一个认识的阿姨给小松介绍了一个女孩子，两人在咖啡馆见了一面。小松的朋友张红知道了这件事，对那个女孩子十分好奇。见到小松以后，一定要让小松讲讲那个女孩子的情况。）

比较 Comparing

小松：她跟我一样大，个子像你这么高，身材不错，性格有点儿内向，跟我妹妹差不多。

张红：你对她印象不错吧？对了，她漂亮吗？

小松：漂亮，像明星那么漂亮！不过，好像没有特点。

张红：没关系，漂亮就行！去追她吧！

小松：你怎么跟我妈一样积极啊？

(Yí gè rènshi de āyí gěi Xiǎosōng jièshàole yí gè nǚháizi, liǎng rén zài kāfēiguǎn jiànle yí miàn. Xiǎosōng de péngyou Zhāng Hóng zhīdàole zhè jiàn shì, duì nàge nǚháizi shífēn hàoqí. Jiàndào Xiǎosōng yǐhòu, yídìng yào ràng Xiǎosōng jiǎngjiang nàge nǚháizi de qíngkuàng.)

Xiǎosōng: Tā gēn wǒ yíyàng dà, gèzi xiàng nǐ zhème gāo, shēncái búcuò, xìnggé yǒudiǎnr nèixiàng, gēn wǒ mèimei chàbuduō.

Zhāng Hóng: Nǐ duì tā yìnxiàng búcuò ba? Duìle, tā piàoliang ma?

| Xiǎosōng: | Piàoliang, xiàng míngxīng nàme piàoliang! Búguò, hǎoxiàng méiyǒu tèdiǎn. |
|---|---|
| Zhāng Hóng: | Méi guānxi, piàoliang jiù xíng! Qù zhuī tā ba! |
| Xiǎosōng: | Nǐ zěnme gēn wǒ mā yíyàng jījí a? |

## （二）

（小华在北京，林平在广州。他们都觉得自己的城市好。）

小华：广州的路有北京的路这么直，这么宽吗？

林平：没有。

小华：当然没有！你知道吗？长安街有一百米宽！

林平：在城市建设方面，广州可能不如北京好……

小华：其他方面也不行啊，比如天气，广州的春天那么潮湿！

林平：不过，广州冬天没有北京这么冷，比北京舒服。

小华：广州的名胜古迹有北京这么多吗？

林平：没有。可是广州有山也有水，北京有水吗？

小华：有啊。不过，不像珠江那么有名。

林平：服务态度方面，北京有广州好吗？

小华：可能没有，可是也并不太差。

林平：生活方面，广州比北京舒服得多。没听说吗？"食在广州"！

(Xiǎohuá zài Běijīng, Lín Píng zài Guǎngzhōu. Tāmen dōu juéde zìjǐ de chéngshì hǎo.)

| Xiǎohuá: | Guǎngzhōu de lù yǒu Běijīng de lù zhème zhí, zhème kuān ma? |
|---|---|
| Lín Píng: | Méiyǒu. |
| Xiǎohuá: | Dāngrán méiyǒu! nǐ zhīdào ma? Cháng'ān Jiē yǒu yìbǎi mǐ kuān! |
| Lín Píng: | Zài chéngshì jiànshè fāngmiàn, Guǎngzhōu kěnéng bùrú Běijīng hǎo... |
| Xiǎohuá: | Qítā fāngmiàn yě bùxíng a, bǐrú tiānqì, Guǎngzhōu de chūntiān nàme cháoshī! |
| Lín Píng: | Búguò, Guǎngzhōu dōngtiān méiyǒu Běijīng zhème lěng, bǐ |

|  |  |
|---|---|
|  | Běijīng shūfu. |
| Xiǎohuá: | Guǎngzhōu de míngshèng gǔjì yǒu Běijīng zhème duō ma? |
| Lín Píng: | Méiyǒu. Kěshì Guǎngzhōu yǒu shān yě yǒu shuǐ, Běijīng yǒu shuǐ ma? |
| Xiǎohuá: | Yǒu a. Búguò, bú xiàng Zhū Jiāng nàme yǒu míng. |
| Lín Píng: | Fúwù tàidù fāngmiàn, Běijīng yǒu Guǎngzhōu hǎo ma? |
| Xiǎohuá: | Kěnéng méiyǒu, kěshì yě bìng bú tài chà. |
| Lín Píng: | Shēnghuó fāngmiàn, Guǎngzhōu bǐ Běijīng shūfu de duō. Méi tīngshuō ma? "Shí zài Guǎngzhōu"! |

## 词语 New Words and Phrases

| | | | | |
|---|---|---|---|---|
| 1. | 阿姨 | (名) | āyí | aunt |
| 2. | 十分 | (副) | shífēn | very, extremely |
| 3. | 好奇 | (形) | hàoqí | curious |
| 4. | 情况 | (名) | qíngkuàng | circumstances, situation, condition, state of affairs |
| 5. | 个子 | (名) | gèzi | height (of a person) |
| 6. | 身材 | (名) | shēncái | stature, figure |
| 7. | 性格 | (名) | xìnggé | nature, disposition, character |
| 8. | 印象 | (名) | yìnxiàng | impression |
| 9. | 特点 | (名) | tèdiǎn | characteristics, distinguishing feature |
| 10. | 追 | (动) | zhuī | to chase, to pursue |
| 11. | 积极 | (形) | jījí | positive, active, energetic |
| 12. | 直 | (形) | zhí | straight |
| 13. | 宽 | (形) | kuān | wide, broad |
| 14. | 建设 | (动/名) | jiànshè | to construct; construction |
| 15. | 潮湿 | (形) | cháoshī | moist, damp |
| 16. | 名胜 | (名) | míngshèng | noted sights, scenic spot |

| 17. 古迹 | （名） | gǔjì | historic site |
| 18. 服务 | （名/动） | fúwù | service; to serve |

## 专名 Proper Nouns

| 1. 长安街 | Cháng'ān Jiē | Chang'an Avenue |
| 2. 珠江 | Zhū Jiāng | the Pearl River |

## 补充词语 Additional Vocabulary

| 食 | （名/动） | shí | food; to eat |

## 语法和句式 Grammar and Sentence Patterns

1. 比较句（3）：A +（不）像 + B + 这么/那么……
   Comparative Structures (3): A +（不）像 + B + 这么/那么……

   A +（不）像 + B + 这么/那么 + Adj.

   她　　像　　明星　　那么　　漂亮！
   北京　不像　广州　　这么　　热。
   我　　不像　她　　　那么　　积极。

2. 比较句（4）：用"有"表示比较（1）
   Comparative Structures (4): 有 to Indicate Comparison (1)

   "A + 有 + B +（这么/那么）+ Adj."表示 A 达到了 B 的标准、程度。( This structure denotes that A reach B's degree or standard.)

   （1）他有我高吗？
   （2）服务态度方面，北京有广州这么好吗？

   表示 A 没有达到 B 的标准时，形式为：(The negative form which means A does not reach B's degree or standard is as fellow:)

A + 没有 + B + (这么/那么) + Adj.

广州 没有 北京 冷。
我们 没有 他们 那么 忙。

"S + 有/没有 + 数量词组 + (这么/那么) + Adj." 表示达到或没有达到某数量。(This structure is used to indicate that one reaches or does not reach a certain amount.)

S + 有/没有 + 数量词组 + (这么/那么) + Adj.

他 没有 一米八 这么 高。
他 有 80公斤 重吗?

## 句型替换 Pattern Drills

(1) 她 <u>像</u> <u>明星那么</u> <u>漂亮</u>。
　　　像　我　这么　高
　　　不像　你　这么　活泼
　　　不像　小云　那么　积极

(2) <u>我</u> 对 <u>她</u> 印象 <u>不错</u>。
　　大卫　　北京　　　　很好
　　她　　那个餐厅　　　很差
　　他　　小云　　　　　好极了

(3) <u>上海的历史</u> 有 <u>北京 那么 长</u> 吗?
　　广州的房子　北京　这么　贵
　　北京的地铁　广州　这么　方便
　　他们的态度　我们　这么　热情
　　他　　　　　小宝　那么　聪明

(4) <u>那条街</u> 有 <u>五十米</u> <u>宽</u> 吗?
　　他　　　　一米八　　　高
　　你的狗　　二十公斤　　重
　　那条河　　一千公里　　长

## 任务与活动 Tasks / Activities

**全班活动：猜一猜　Class Work: Guessing**

教师向学生A展示一张图片，学生A要根据图片中的内容给大家一个提示。其他学生用下面的句型问问题，学生A只能用"有"或者"没有"回答，直到其他学生猜出图片的内容。（Student A will be provided with a picture, and told to give the rest of the students a hint. In order to find out the answer, the other students must ask a number of questions, using the following structure. Student A is only allowed to use 有 or 没有 when answering.）

> 它有……（这么/那么）+ Adj + 吗？
> 它有 + 数量词组 +（这么/那么）+ Adj + 吗？

## 第十四课　他们起得比鸡早

### 课文 Text

（一）

男人和女人有很多相似的地方，但是更多的是不同。下边是关于男人和女人的一些说法，你觉得对不对？

男人没有女人那么爱吃水果。男人没有女人能喝酒。男人比女人更爱看电视连续剧。男人往往比女人更清楚自己的生活目标。

女人比男人爱哭。女人往往比男人怕冷。女人比男人更会安慰人。女人比男人更了解自己的孩子。女人比男人注意健康，因此大多数女人比男人活得长。

Nánrén hé nǚrén yǒu hěn duō xiāngsì de dìfang, dànshì gèng duō de shì bù tóng. Xiàbian shì guānyú nánrén hé nǚrén de yìxiē shuōfǎ, nǐ juéde duì bú duì?

Nánrén méiyǒu nǚrén nàme ài chī shuǐguǒ. Nánrén méiyǒu nǚrén néng hē jiǔ. Nánrén bǐ nǚrén gèng ài kàn diànshì liánxùjù. Nánrén wǎngwǎng bǐ nǚrén gèng qīngchu zìjǐ de shēnghuó mùbiāo.

Nǚrén bǐ nánrén ài kū. Nǚrén wǎngwǎng bǐ nánrén pà lěng. Nǚrén bǐ nánrén gèng huì ānwèi rén. Nǚrén bǐ nánrén gèng liǎojiě zìji de háizi. Nǚrén bǐ nánrén zhùyì jiànkāng, yīncǐ dàduōshù nǚrén bǐ nánrén huó de cháng.

说明 Illustrating

（二）

教育部对学生的睡眠时间有规定，分别是：小学生每天10小时，初中生9小时，高中生8小时。但是实际上，大多数中小学生的睡眠时间都不够，其中超过一半的高中生每天只睡6小时，有的甚至不到6小时。有一句玩笑话说：现在的中小学生，起得比鸡早，睡得比狗晚，干得比牛多。

睡眠对孩子到底有多重要？答案是：非常重要！睡眠时间不够，会影响孩子们的身体，也会影响他们的学习。比别人睡得晚、睡得少的孩子，一般不如别人学得好，因为上课的时候他们总是想睡觉。

应该记住，睡得好的孩子更聪明、更健康。所以，爸爸妈妈们，一定要让你们的孩子睡好！

解释 Explaining

Jiàoyùbù duì xuéshēng de shuìmián shíjiān yǒu guīdìng, fēnbié shì: xiǎoxuéshēng měi tiān shí xiǎoshí, chūzhōngshēng jiǔ xiǎoshí, gāozhōngshēng bā xiǎoshí. Dànshì shíjì shang, dàduōshù zhōngxiǎoxuéshēng de shuìmián shíjiān dōu bú gòu, qízhōng chāoguò yíbàn de gāozhōngshēng měi tiān zhǐ shuì liù xiǎoshí, yǒude shènzhì bú dào liù xiǎoshí. Yǒu yí jù wánxiàohuà shuō: xiànzài de zhōngxiǎoxuéshēng, qǐ de bǐ jī zǎo, shuì de bǐ gǒu wǎn, gàn de bǐ niú duō.

Shuìmián duì háizi dàodǐ yǒu duō zhòngyào? Dá'àn shì: fēicháng zhòngyào! Shuìmián shíjiān bú gòu, huì yǐngxiǎng háizimen de shēntǐ, yě huì yǐngxiǎng tāmen de xuéxí. Bǐ biérén shuì de wǎn、shuì de shǎo de háizi, yìbān bùrú biérén xué de hǎo, yīnwèi shàng kè de shíhou tāmen zǒngshì xiǎng shuì jiào.

Yīnggāi jìzhù, shuì de hǎo de háizi gèng cōngmíng、gèng jiànkāng. Suǒyǐ, bàba māmamen, yídìng yào ràng nǐmen de háizi shuìhǎo!

## 词语 New Words and Phrases

| | | | | |
|---|---|---|---|---|
| 1. 说法 | （名） | shuōfǎ | expression, statement |
| 2. 往往 | （副） | wǎngwǎng | often |
| 3. 目标 | （名） | mùbiāo | aim, goal |

| 4. 连续剧 | （名） | liánxùjù | TV series |
| --- | --- | --- | --- |
| 连续 | （动） | liánxù | to do sth continuously, successively |
| 5. 因此 | （连） | yīncǐ | so, therefore, for this reason |
| 6. 活 | （动） | huó | to live, to be alive |
| 7. 教育 | （名/动） | jiàoyù | education; to educate |
| 8. 部 | （名） | bù | ministry |
| 9. 规定 | （动/名） | guīdìng | to stipulate; rule, regulation |
| 10. 分别 | （副/动） | fēnbié | respectively; to part, to leave each other |
| 11. 初中 | （名） | chūzhōng | middle school |
| 12. 实际上 | | shíjì shang | in fact, actually |
| 实际 | （名/形） | shíjì | fact, reality; practical, realistic |
| 13. 超过 | （动） | chāoguò | to outstrip, to surpass, to exceed |
| 14. 甚至 | （连） | shènzhì | even |
| 15. 牛 | （名） | niú | cattle, ox |
| 16. 到底 | （副） | dàodǐ | on earth (used for emphasis in questions) |
| 17. 答案 | （名） | dá'àn | answer |

## 语法和句式 Grammar and Sentence Patterns

### 1. 比较句(5)："比"字句(3)
Comparative Structures (5) : Sentences with 比 (3)

有心理动词/能愿动词的"比"字句：（比 sentence with a verb of mentality or optative verb:）

A + 比 + B +（还/更）+ 心理动词/能愿动词 + ……

女人 比 男人　　　　爱　　　　　　哭。
哥哥 比 弟弟　　　　喜欢　　　　　玩儿手机游戏。
姐姐 比 我　　更　　会　　　　　做饭。

否定式：(Negation:)

    A + 没有 + B + (这么／那么) + 心理动词／能愿动词 + ……

男人　没有女人　　那么　　　　　爱　　　　吃水果。

我　没有我妈　　　　　　　　　　会　　　　买东西。

有动词的"比"字句：(比 sentence with a verbal predicate:)

    A + 比 + B + V 得 + Adj　　或者:(Or:)　A + V 得 + 比 + B + Adj

他　比　我　来得　早。　　　　　他　来得　比我　早。

他　比　我　说得　流利。　　　　他　说得　比我　流利。

否定式：(Negation:)

    A + 没有／不如 + B + V 得 + Adj

他　没有／不如　我　来得　早。

或者:(Or:)

    A + V 得 + 没有／不如 + B + Adj

他　来得　没有／不如　我　早。

## 2. 比较句(6)：用"有"表示比较(2)
### Comparative Structures (6): 有 to Indicate Comparison (2)

    A + 有 + B + V 得 + (这么／那么) + Adj

你　有　她　做得　　(那么)　　好吗？

或者：(Or:)

    A + V 得 + 有 + B + (这么／那么) + Adj

你　做得　有　她　(那么)　　好吗？

这种格式多用于疑问句和否定句。(This structure is often used in the question or negative form.)

## 句型替换 Pattern Drills

(1) 他们<u>起</u>得比<u>鸡</u><u>早</u>。　　(2) 他比我<u>唱</u>得<u>好听</u>。

    睡　　狗　　晚　　　　　　读　　流利

    干　　牛　　多　　　　　　翻译　好

    打扫　你　干净　　　　　　骑　　快

(3) 我比你 <u>爱</u>　　<u>哭</u>。　　　(4) 我没有他那么 <u>爱</u>　<u>喝茶</u>。
　　　　怕　　热　　　　　　　　　　　爱　　唱歌
　　　　喜欢　玩儿游戏　　　　　　　　喜欢　抽烟
　　　　了解　小松　　　　　　　　　　会　　炒菜

## 任务与活动 Tasks / Activities

**全班活动：比较**　Class Work: Comparing

根据你对班上某位同学的了解，就以下话题说一个表示比较的句子。被提到的人需要继续说下一个句子，以此类推。（Based on your understanding of your classmates, create sentences using the structure below. The student who was mentioned in your sentence must continue the exercise.）

> 爱：爱吃冰淇淋（苹果，蛋糕，西红柿……）、爱喝酒（茶，咖啡，饮料……）
> 喜欢：喜欢旅行（唱歌，运动，打扮，健身，游泳，打篮球，踢足球……）
> 怕 / 讨厌：怕狗（老虎，考试……）
> 了解：了解某个同学
> 关心：关心身材（健康，环保，成绩，天气……）
> 会：会做饭（说汉语，打游戏，花钱……）

## 第十五课 大卫把菜洗干净了

### 课文 Text

**（一）** 邀请 Inviting

周末，爸爸妈妈去乡下亲戚家了，小静请小云、明河、大卫、金浩去她家做客。为了招待朋友们，小静起床以后就把房间打扫干净了，布置了一下，然后又出去了一趟，买了许多水果、饮料和菜。

大家来了以后，小云分别给每个人安排了任务：大卫负责洗菜、切菜，明河和小静负责做菜，金浩负责洗碗，她自己负责收拾厨房、倒垃圾。

大卫把菜洗干净、切好以后，明河和小静就开始做菜了。小云他们在客厅里听着音乐，闻着菜的香味，饿得不得了。不到一个小时，明河和小静就把菜做好了。她们做的菜都很香，明河做的红烧肉尤其好吃。最后大家把菜都吃完了，每个人都吃得很饱。

大家吃饱了休息的时候，金浩把碗洗干净了，小云把厨房收拾好了，把垃圾倒了。现在，他们可以开心地一起看电影了！

Zhōumò, bàba māma qù xiāngxia qīnqi jiā le, Xiǎojìng qǐng Xiǎoyún、Mínghé、Dàwèi、Jīn Hào qù tā jiā zuò kè. Wèile zhāodài péngyoumen, Xiǎojìng qǐchuáng yǐhòu jiù bǎ fángjiān dǎsǎo gānjìng le, bùzhìle yíxià, ránhòu yòu chūqùle yí tàng, mǎile xǔduō shuǐguǒ、yǐnliào hé cài.

Dàjiā láile yǐhòu, Xiǎoyún fēnbié gěi měi gè rén ānpáile rènwu: Dàwèi fùzé xǐ cài、qiē cài, Mínghé hé Xiǎojìng fùzé zuò cài, Jīn Hào fùzé xǐ wǎn, tā zìjǐ fùzé shōushi chúfáng、dào lājī.

Dàwèi bǎ cài xǐ gānjìng、qiēhǎo yǐhòu, Mínghé hé Xiǎojìng jiù kāishǐ zuò cài le. Xiǎoyún tāmen zài kètīng li tīngzhe yīnyuè, wénzhe cài de xiāngwèi, è de bùdéliǎo. Bú dào yí gè xiǎoshí, Mínghé hé Xiǎojìng jiù bǎ cài zuòhǎole. Tāmen zuò de cài dōu hěn xiāng, Mínghé zuò de hóngshāoròu yóuqí hǎochī. Zuìhòu dàjiā bǎ cài dōu chīwánle, měi gè rén dōu chī de hěn bǎo.

Dàjiā chībǎole xiūxi de shíhou, Jīn Hào bǎ wǎn xǐ gānjìng le, Xiǎoyún bǎ chúfáng shōushi hǎo le, bǎ lājī dào le. Xiànzài, tāmen kěyǐ kāixīn de yìqǐ kàn diànyǐng le!

## （二）

小宝和爸爸有一个共同的"爱好"，就是喜欢把家里搞乱。可是刘梅却希望家里永远像宾馆那么干净、整齐。所以他们父子两个常常趁刘梅出差的时候把家里搞乱，等她快回来了，他们就赶紧收拾：把被子叠好，把书、杂志、玩具摆整齐。

今天，刘梅又去出差了。她一走，小宝就十分高兴地说："爸爸，我们把家里搞乱吧！"

Xiǎobǎo hé bàba yǒu yí gè gòngtóng de "àihào", jiù shì xǐhuan bǎ jiāli gǎoluàn. Kěshì Liú Méi què xīwàng jiāli yǒngyuǎn xiàng bīnguǎn nàme gānjìng、zhěngqí. Suǒyǐ tāmen fùzǐ liǎng ge chángcháng chèn Liú Méi chū chāi de shíhou bǎ jiāli gǎoluàn, děng tā kuài huílái le, tāmen jiù gǎnjǐn shōushi: bǎ bèizi diéhǎo, bǎ shū、zázhì、wánjù bǎi zhěngqí.

Jīntiān, Liú Méi yòu qù chū chāi le. Tā yì zǒu, Xiǎobǎo jiù shífēn gāoxìng de shuō: "Bàba, wǒmen bǎ jiāli gǎoluàn ba!"

# 第十五课 大卫把菜洗干净了

## 词语 New Words and Phrases

| | | | |
|---|---|---|---|
| 1. 乡下 | （名） | xiāngxia | countryside, village |
| 2. 做客 | | zuò kè | to be a guest |
| 3. 为了 | （介） | wèile | for, for the sake of, in order to |
| 4. 趟 | （量） | tàng | *measure word for round trips* |
| 5. 许多 | （数） | xǔduō | many |
| 6. 任务 | （名） | rènwu | task, job, assignment |
| 7. 负责 | （动/形） | fùzé | to be responsible for, to be in charge of; conscientious |
| 8. 切 | （动） | qiē | to cut, to chop |
| 9. 碗 | （名） | wǎn | bowl |
| 10. 倒 | （动） | dào | to pour |
| 11. 闻 | （动） | wén | to smell |
| 12. 地 | （助） | de | *used between adjective and verb* |
| 13. 共同 | （形/副） | gòngtóng | shared, common; together |
| 14. 搞 | （动） | gǎo | to do, to make |
| 15. 永远 | （副） | yǒngyuǎn | always, forever |
| 16. 宾馆 | （名） | bīnguǎn | hotel |
| 17. 趁 | （介） | chèn | to make use of, to take advantage of (an opportunity) |
| 18. 被子 | （名） | bèizi | quilt |
| 19. 叠 | （动） | dié | to fold, to pile up |
| 20. 玩具 | （名） | wánjù | toy |

## 注释 Notes

1. "所以他们父子两个常常……"

"父子"的意思是爸爸和儿子。(父子 means father and son.)

2. "小宝高兴地说……"

双音节形容词做状语修饰后面的动词时,一般要加上"地";单音节形容词做状语时不用"地"。(地 usually be used for a disyllable adjective as an adverbial to modify the following verb. It is not necessary to use 地 for a monosyllable adjective as an adverbial.)

(1) 张红认真地告诉小松,以前她太浪费了。

(2) 他们热情地招待我们。

单音节形容词前有其他副词或者重复后修饰动词时,要用"地"。(地 becomes necessary when there are other adverbial before this monosyllable adjective or when it is repeated.)

(3) 她慢慢地跑着。

(4) 他在前面很慢地走着。

注意:这样的句子有很强的描写意味。(Notice that this kind of sentences is often used for description.)

## 语法和句式 Grammar and Sentence Patterns

"把"字句(3) 把 Sentence (3)

S + 把 + O + V + 结果补语

小静 把 菜 买 好了。
大卫 把 菜 洗 干净了。
大家 把 菜 吃 完了。
咱们 把 玩具 摆 整齐吧。
他们 把 家里 搞 乱了。

*关于结果补语可以复习第一课、第二课语法。(Refer to the grammar of Lesson 1 and Lesson 2 for the complement of result.)

## 句型替换 Pattern Drills

（1）林平已经把 <u>菜</u> <u>买</u> 好了。　　（2）大卫把 <u>菜</u> <u>洗</u> 干净了。
　　　　　房间　收拾　　　　　　　　　袜子　洗
　　　　　晚饭　准备　　　　　　　　　地　　拖
　　　　　礼物　买　　　　　　　　　　窗户　擦

（3）大卫把 <u>书</u> <u>摆</u> 整齐了。
　　　　这首歌　学　会
　　　　电话号码　记　错
　　　　手机　找　到

（4）小云正在 <u>开心</u>地 <u>看电影</u>。
　　　　认真　　写作业
　　　　紧张　　等老师叫她的名字
　　　　小心　　抱着电脑往房间里走


## 任务与活动 Tasks / Activities

**小组活动：怎么打扫？　Group Work: How to clean up?**

小王的女朋友下午要来他家，这是她第一次到小王家来。可是小王的家很乱，应该怎么打扫呢？请你帮小王把任务清单写下来，写的时候请注意各项工作的顺序。（Xiao Wang's girlfriend is coming over to Xiao Wang's room this afternoon for the first time. However Xiao Wang's room is a complete mess, how is he going to tidy up in time? Your job is to create a task list and put them in order of importance.）

请把你的清单讲给同学听，同时解释一下为什么有的工作要先做，有的要放在后面做。（Show your list and explain to classmates the reasons, why some tasks superior to other tasks?）

# 第十六课　我不能把电话给你

## 课文 Text

（一）

（天气太热了，小静和小松整天吃水果。）

小静：（开冰箱）西瓜呢？

小松：我已经把西瓜吃了。把葡萄洗洗，拿来吃。

小静：你昨天没把葡萄放进冰箱，恐怕已经不能吃了。

小松：那拿一点儿荔枝来吧。

小静：哥，你好懒啊！自己拿，好不好？

小松：我热死了，一动就出汗。

小静：我也热啊！给！荔枝好像不太好，我挑了几个好的，你吃吧。

小松：你怎么不吃？

小静：我担心有虫子。

小松：这么胆小！

小静：你勇敢，你吃啊！

小松：很好吃……啊，真的有虫子！

推测 Conjecture

(Tiānqì tài rè le, Xiǎojìng hé Xiǎosōng zhěngtiān chī shuǐguǒ.)

Xiǎojìng:　(kāi bīngxiāng) Xīguā ne?

Xiǎosōng: Wǒ yǐjīng bǎ xīguā chī le. Bǎ pútao xǐxi, nálái chī.

Xiǎojìng:　Nǐ zuótiān méi bǎ pútao fàngjìn bīngxiāng, kǒngpà yǐjīng bù néng chī le.

Xiǎosōng: Nà ná yìdiǎnr lìzhī lái ba.

Xiǎojìng:　Gē, nǐ hǎo lǎn a! Zìjǐ ná, hǎo bù hǎo?

Xiǎosōng: Wǒ rèsǐ le, yí dòng jiù chū hàn.

Xiǎojìng:　Wǒ yě rè a! Gěi! Lìzhī hǎoxiàng bú tài hǎo, wǒ tiāole jǐ gè hǎo de, nǐ chī ba.

Xiǎosōng: Nǐ zěnme bù chī?
Xiǎojìng: Wǒ dānxīn yǒu chóngzi.
Xiǎosōng: Zhème dǎnxiǎo!
Xiǎojìng: Nǐ yǒnggǎn, nǐ chī a!
Xiǎosōng: Hěn hǎochī ...à, zhēnde yǒu chóngzi!

(二)

某年级英语系几个班一起上体育课，男生一组，女生一组。下课时，一个高个子男生走到一群女生那儿，对一个长得很漂亮的女生说："你好，很想认识你，可以把你的电话给我吗？"那女生摇摇头，很干脆地说："我不能把电话给你。"

拒绝 Refusing

旁边有几个男生已经开始笑了，那男生的脸一下子红了。可是这时候，女生又说话了："我不能把电话给你，但是可以把电话号码给你。"

为什么她愿意把电话号码告诉他？原来，她一直在偷偷地观察那些男生，对这个主动找她的男生印象很好。他有很多优点：不但学习好，性格好，而且打球的时候挺帅的。最重要的是，别人都胆小，只有他勇敢。

Mǒu niánjí Yīngyǔxì jǐ gè bān yìqǐ shàng tǐyù kè, nánshēng yì zǔ, nǚshēng yì zǔ. Xià kè shí, yí gè gāo gèzi nánshēng zǒudào yì qún nǚshēng nàr, duì yí gè zhǎng de hěn piàoliang de nǚshēng shuō: "Nǐ hǎo, hěn xiǎng rènshi nǐ, kěyǐ bǎ nǐ de diànhuà gěi wǒ ma?" Nà nǚshēng yáoyao tóu, hěn gāncuì de shuō: "Wǒ bù néng bǎ diànhuà gěi nǐ."

Pángbiān yǒu jǐ gè nánshēng yǐjīng kāishǐ xiào le, nà nánshēng de liǎn yíxiàzi hóng le. Kěshì zhè shíhou, nǚshēng yòu shuō huà le: "Wǒ bù néng bǎ diànhuà gěi

nǐ, dànshì kěyǐ bǎ diànhuà hàomǎ gěi nǐ."
　　Wèi shénme tā yuànyì bǎ diànhuà hàomǎ gàosu tā? Yuánlái, tā yìzhí zài tōutōu de guānchá nàxiē nánshēng, duì zhège zhǔdòng zhǎo tā de nánshēng yìnxiàng hěn hǎo. Tā yǒu hěn duō yōudiǎn: búdàn xuéxí hǎo, xìnggé hǎo, érqiě dǎ qiú de shíhou tǐng shuài de. Zuì zhòngyào de shì, biérén dōu dǎnxiǎo, zhǐyǒu tā yǒnggǎn.

## 词语 New Words and Phrases

| | | | | |
|---|---|---|---|---|
| 1. | 整天 | （名） | zhěngtiān | the whole day |
| 2. | 西瓜 | （名） | xīguā | watermelon |
| 3. | 恐怕 | （副） | kǒngpà | perhaps, probably, to be afraid of |
| 4. | 出汗 | | chū hàn | to sweat |
| 5. | 挑 | （动） | tiāo | to choose, to pick out, to select |
| 6. | 虫子 | （名） | chóngzi | insect, worm |
| 7. | 胆小 | （形） | dǎnxiǎo | timid |
| 8. | 勇敢 | （形） | yǒnggǎn | brave |
| 9. | 某 | （代） | mǒu | certain, some |
| 10. | 年级 | （名） | niánjí | grade |
| 11. | 体育 | （名） | tǐyù | physical education |
| 12. | 组 | （名） | zǔ | group |
| 13. | 群 | （量） | qún | (for people or animals) group, herd, flock |
| 14. | 干脆 | （形） | gāncuì | straightforward, simply |
| 15. | 一下子 | （副） | yíxiàzi | at one blow, in a short while, all at once |
| 16. | 观察 | （动） | guānchá | to observe, to watch |
| 17. | 主动 | （形） | zhǔdòng | initiative |
| 18. | 不但 | （连） | búdàn | not only |

## 补充词语 Additional Vocabulary

1. 葡萄　　　（名）　　pútao　　　grape
2. 荔枝　　　（名）　　lìzhī　　　litchi, leechee

## 语法和句式 Grammar and Sentence Patterns

1. "把"字句（4）把 Sentence (4)

  （1）S + 把 + O₁ + V + O₂
     你 把 纸条 给 她。
     小云 把 新号码 告诉了 朋友们。

  （2）S + 把 + O + V + 了
     我 把 西瓜 吃 了。
     我 把 旧衣服 扔 了。

  （3）S + 把 + O + VV
     你 把 葡萄 洗洗。
     你 把 课文 读(一)读。

  注意：在"把"字句中，以下几类词应该放在"把"的前边：(Notice: In the 把 sentence, the following words should be used before 把 :)

  能愿动词（Optative verbs）：要、可以、能……

  否定副词（Adverbs of negation）：没、别、不

  时间词以及表示时间的副词（Time words and adverbs denoting time）：昨天、上午、先、已经……

2. "不但……还 / 而且 / 也……"

  （1）小宝不但想买自行车，还想买足球。
  （2）我不但喜欢画画，而且喜欢弹钢琴。
  （3）不但小孩喜欢这种食品 (shípǐn, food)，老年人也喜欢。

## 句型替换 Pattern Drills

(1) 我把<u>旧衣服</u> <u>扔</u>了。
　　　西红柿　切
　　　菜　　　炒
　　　垃圾　　倒

(2) 你把<u>荔枝</u>　<u>洗洗</u>　吧。
　　　电脑　　修修
　　　语法　　复习复习
　　　情况　　介绍介绍

(3) 你可以把 <u>你的电话</u>　<u>给</u>　<u>我</u> 吗？
　　　　　　答案　　　告诉　我们
　　　　　　我的漫画书　还　　我
　　　　　　那张电影票　给　　我

(4) <u>小宝</u> 不但 <u>想买书</u>，而且/还 <u>想买玩具</u>。
　　他们　　　　卖早餐　　　　　　　卖报纸和杂志
　　小偷　　　　偷了我的钱包　　　　偷了我的手机
　　他们　　　　认识　　　　　　　　是好朋友

(5) 不但 <u>你不认识他</u>，而且 <u>我们大家都不认识他</u>。
　　　我不喜欢这部电影　　　他也不喜欢
　　　服务很好　　　　　　　菜很好吃
　　　交通不方便　　　　　　环境也不好

## 任务与活动 Tasks / Activities

**全班活动：简报　Class Work: Presentation**

请用PPT或图片准备一个简报，向大家介绍一种食物或某件东西的制作过程。在介绍中，请尽量使用之前学过的"把"字句。（Your task is to describe the process by which a type of food or an object has been made, present this in a presentation format, using slideshows or even just pictures. You can use the 把 structures to create your sentences.）

# 第十七课　除了贴春联，还要贴"福"字

## 课文 Text

（一）

春节是中国最重要的传统节日。为了庆祝这个节日，人们从春节前一周、甚至前几周就开始准备：把家里打扫得干干净净，布置得漂漂亮亮，另外，还要准备很多好吃的东西。　　希望 Hoping

在外地工作的人，早早就买好了火车票，只盼着工作结束，回家过年。到了春节前一天的晚上，除了那些没办法回来的人，每个人都要回到家里，跟父母、孩子、兄弟姐妹一起开开心心地吃饭。这顿饭叫"团圆饭"。对中国人来说，这是一年中最重要的一顿饭。

过春节的时候，人们把一些意思很好的话写在红纸上，把红纸贴在门的两边，这就是"贴春联"。除了贴春联，还要贴"福"字。中国人往往喜欢把"福"字倒着贴，因为"到"和"倒"发音一样，说"福倒了"意思就是"福到了"。　　解释 Explaining

在中国文化中，红色代表着热闹、好运，所以，春联、"福"字，还有给孩子们的装着钱的红包，都是红色的。

Chūnjié shì Zhōngguó zuì zhòngyào de chuántǒng jiérì. Wèile qìngzhù zhège jiérì, rénmen cóng Chūnjié qián yì zhōu、shènzhì qián jǐ zhōu jiù kāishǐ zhǔnbèi: bǎ jiāli dǎsǎo de gāngānjìngjìng, bùzhì de piàopiàoliangliang, lìngwài, hái yào zhǔnbèi hěn duō hǎochī de dōngxi.

Zài wàidì gōngzuò de rén, zǎozǎo jiù mǎihǎole huǒchēpiào, zhǐ pànzhe gōngzuò jiéshù, huí jiā guò nián. Dàole Chūnjié qián yì tiān de wǎnshang, chúle nàxiē méi bànfǎ huílái de rén, měi gè rén dōu yào huídào jiāli, gēn fùmǔ、háizi、xiōngdìjiěmèi yìqǐ kāikāixīnxīn de chī fàn. Zhè dùn fàn jiào "tuányuánfàn". Duì Zhōngguórén lái shuō, zhè shì yì nián zhōng zuì zhòngyào de yí dùn fàn.

　　Guò Chūnjié de shíhòu, rénmen bǎ yìxiē yìsi hěn hǎo de huà xiě zài hóng zhǐ shang, bǎ hóng zhǐ tiē zài mén de liǎng biān, zhè jiù shì "tiē chūnlián". Chúle tiē chūnlián, hái yào tiē "fú" zì. Zhōngguórén wǎngwǎng xǐhuan bǎ "fú" zì dàozhe tiē, yīnwèi "dào" hé "dào" fāyīn yíyàng, shuō "fú dào le" yìsi jiù shì "fú dào le".

　　Zài Zhōngguó wénhuà zhōng, hóngsè dàibiǎozhe rènao、hǎoyùn, suǒyǐ, chūnlián、"fú" zì, hái yǒu gěi háizimen de zhuāngzhe qián de hóngbāo, dōu shì hóngsè de.

## （二）

　　以前小马不爱运动，除了羽毛球，别的球类运动他都不感兴趣，羽毛球也是很久才打一次。

　　由于整天在电脑前边工作、上网，他脸色不好，显得很不健康。一个偶然的机会，他和朋友到乒乓球馆玩儿，从此以后就迷上了乒乓球。除了吃饭、睡觉和工作以外，他把所有的时间都花在了打乒乓球上。每天晚上吃完饭以后，他都要到球馆打球。他到哪儿都带着拍子，甚至去外地出差时也带着。自从开始打乒乓球，他比以前健康多了！

　　Yǐqián Xiǎo Mǎ bú ài yùndòng, chúle yǔmáoqiú, biéde qiúlèi yùndòng tā dōu bù gǎn xìngqù, yǔmáoqiú yě shì hěn jiǔ cái dǎ yí cì.

　　Yóuyú zhěngtiān zài diànnǎo qiánbian gōngzuò、shàng wǎng, tā liǎnsè bù hǎo, xiǎnde hěn bú jiànkāng. Yí gè ǒurán de jīhuì, tā hé péngyou dào pīngpāngqiúguǎn wánr, cóngcǐ yǐhòu jiù míshànglc pīngpāngqiú. Chúle chī fàn、shuì jiào hé gōngzuò yǐwài, tā bǎ suǒyǒu de shíjiān dōu huā zài le dǎ pīngpāngqiú shang. Měi tiān wǎnshang chīwán fàn yǐhòu, tā dōu yào dào qiúguǎn dǎ qiú. Tā dào nǎr dōu dàizhe pāizi, shènzhì qù wàidì chū chāi shí yě dàizhe. Zìcóng kāishǐ dǎ pīngpāngqiú, tā bǐ yǐqián jiànkāng duō le!

## 词语 New Words and Phrases

| | | | | |
|---|---|---|---|---|
| 1. | 传统 | (形/名) | chuántǒng | traditional; tradition |
| 2. | 节日 | (名) | jiérì | festival |
| 3. | 庆祝 | (动) | qìngzhù | to celebrate |
| 4. | 另外 | (连/代) | lìngwài | in addition, moreover, besides; other |
| 5. | 外地 | (名) | wàidì | other places in the country |
| 6. | 盼 | (动) | pàn | to hope, to long for |
| 7. | 除了 | (介) | chúle | except |
| 8. | 办法 | (名) | bànfǎ | way, means, measure |
| 9. | 纸 | (名) | zhǐ | paper |
| 10. | 发音 | (名) | fāyīn | pronunciation |
| 11. | 文化 | (名) | wénhuà | culture |
| 12. | 代表 | (动/名) | dàibiǎo | to be on behalf of, to stand for; representative |
| 13. | 类 | (名) | lèi | class, category, kind |
| 14. | 显得 | (动) | xiǎnde | to look, to seem, to appear |
| 15. | 偶然 | (形) | ǒurán | by accident |
| 16. | 机会 | (名) | jīhuì | chance |
| 17. | 迷 | (动/名) | mí | to be keen about; fan, enthusiast, fiend |
| 18. | 所有 | (形) | suǒyǒu | all |
| 19. | 拍子 | (名) | pāizi | bat, racket |

## 补充词语 Additional Vocabulary

| | | | | |
|---|---|---|---|---|
| 1. 团圆 | （动） | tuányuán | to reunion |
| 2. 春联 | （名） | chūnlián | Spring Festival couplets |
| 3. 福 | （名） | fú | good fortune, blessing |
| 4. 乒乓球 | （名） | pīngpāngqiú | table tennis |

## 注释 Notes

### 1. "把家里打扫得干干净净"

一部分形容词可以重叠，表示程度加深，带有描写的意味。形容词重叠有两种形式：单音节形容词重叠（AA）和双音节形容词重叠（AABB）。(Some adjectives can be reduplicated in order to emphasize the description. There are two forms of reduplication: AA for monosyllable adjectives and AABB for disyllable adjectives.)

(1) 这是一个干干净净的房间。
(2) 他一个人来到海边，慢慢地走着。
(3) 小松高高兴兴地回到了办公室。
(4) 大家都听得清清楚楚。

### 2. "跟父母、孩子、兄弟姐妹一起开开心心地吃饭。"

"兄弟姐妹"的意思是哥哥、弟弟、姐姐、妹妹。(兄弟姐妹 means brothers and sisters.)

## 语法和句式 Grammar and Sentence Patterns

### "除了……（以外）"

"除了……（以外），……还/也……"表示前后两者都包括在内，更强调后者。("除了……（以外），……还/也……" indicates both the former and latter are included, emphasizing the latter.)

(1) 我们除了贴春联，还要贴"福"字。
(2) 除了我以外，大卫也参加比赛了。

## 第十七课 除了贴春联,还要贴"福"字

"除了……(以外),……都……"表示不包括前者。("除了……(以外),……都……" indicates that the former is excluded.)

(3) 除了李阳以外,我们班同学都去了。

(4) 除了乒乓球,别的球类运动他都不喜欢。

### 句型替换 Pattern Drills

(1) 除了<u>英语</u>以外,他也/还 <u>学</u> <u>日语</u>。

  音乐　　　　　喜欢　体育
  上海　　　　　去过　北京
  学习　　　　　做　　兼职

(2) 除了<u>奶奶</u>以外,<u>家里人</u> 都 <u>去爬山了</u>。

  小明　　我们班同学　　参加了比赛
  吃饭　　他所有的时间　花在工作上了
  蛋糕　　桌子上的东西　都不好吃

### 任务与活动 Tasks / Activities

1. 小组活动:特别的人和很好的人　Group Work: Special People and Good People

四人一组,每位同学向同组其他同学介绍一个特别的人,比如班里的同学、自己的家人、朋友等。介绍时请用下面的句式,说一说他/她特别的地方。(In groups of four people, introduce someone you believe to be "special", for example, your classmates, family, friends, using the following structure.)

> 除了他/她以外,……都/都不……

再向同组同学介绍一个"很好"的人（可以是自己的同学、家人、朋友）。介绍时请用下面的句式，说说他/她的两个优点。(Please speak about someone you believe to be "good" by using the sentence structures below. Discuss at least 2 good points.)

> 除了他/她以外，……都/都不……
> 除了……以外，他/她也/还……

2. **全班活动：说一说**　Class Work: Introduction

介绍一下你们国家最重要的节日。(Please introduce the most important festival in your country to your classmates.)

# 第十八课 妈妈被他打哭了

## 课文 Text

(一)

　　有一天，小宝哭着回家，原来他被别的小朋友打了。爸爸觉得小孩子打架很正常，妈妈却觉得应该让他更勇敢一点儿。有一次出差时妈妈给小宝买了一把木头剑，小宝就每天在家里拿着剑积极地练"功夫"。练了几天，家里的几个玻璃杯子都被他打破了。

　　不练剑的时候，他就开始拆家里的东西：玩具汽车、玩具飞机、笔，拆各种能拆的东西。妈妈想，小孩子喜欢拆东西，也是正常的吧？所以一直忍着，没管他。可是，最近家里新买了一个闹钟，只用了两天就被他拆坏了。妈妈气得打了他一下，小宝就拿着剑跟妈妈打架，结果，不小心打在妈妈脸上，哎呀，妈妈被他打哭了！

　　Yǒu yì tiān, Xiǎobǎo kūzhe huí jiā, yuánlái tā bèi biéde xiǎopéngyou dǎ le. Bàba juéde xiǎo háizi dǎ jià hěn zhèngcháng, māma què juéde yīnggāi ràng tā gèng yǒnggǎn yìdiǎnr. Yǒu yí cì chū chāi shí māma gěi Xiǎobǎo mǎile yì bǎ mùtou jiàn, Xiǎobǎo jiù měi tiān zài jiāli názhe jiàn jījí de liàn "gōngfu". Liànle jǐ tiān, jiāli de jǐ gè bōli bēizi dōu bèi tā dǎpò le.

　　Bú liàn jiàn de shíhou, tā jiù kāishǐ chāi jiāli de dōngxi: wánjù qìchē、wánjù fēijī、bǐ, chāi gè zhǒng néng chāi de dōngxi. Māma xiǎng, xiǎo háizi xǐhuan chāi dōngxi, yě shì zhèngcháng de ba? Suóyǐ yìzhí rěnzhe, méi guǎn tā. Kěshì, zuìjìn jiāli xīn mǎile yí gè nàozhōng, zhǐ yòngle liǎng tiān jiù bèi tā chāihuài le. Māma qì de dǎle tā yíxià, Xiǎobǎo jiù názhe jiàn gēn māma dǎ jià, jiéguǒ, bù xiǎoxīn dǎ zài māma liǎn shang, āiya, māma bèi tā dǎkū le!

## （二）

小松前些天去北京出差。他早就听说北京气候干燥，春天风大。到了以后，发现果然是这样：空气干燥，还挺冷的。他一出机场，头发就被风吹乱了。他拿出帽子戴上，结果刚戴上就被风吹跑了。他在外面忙了一天回到酒店，皮鞋上都是土。

第二天，风不刮了。小松看见了蓝天和温暖的阳光。他想：如果首都的春天一直这样，还是挺好的。

肯定 Affirming

回到广州，下了飞机，小松马上觉得，广州比北京暖和多了，也潮湿多了。坐上大巴时，忽然开始打雷、下雨。他这才发现自己忘了带伞。他只想着这个季节北京不会下雨，可是忘了广州常常下雨。结果，从车站回家的时候，衣服全被雨淋湿了。

Xiǎosōng qián xiē tiān qù Běijīng chū chāi. Tā zǎo jiù tīngshuō Běijīng qìhòu gānzào, chūntiān fēng dà. Dàole yǐhòu, fāxiàn guǒrán shì zhèyàng: kōngqì gānzào, hái tǐng lěng de. Tā yì chū jīchǎng, tóufa jiù bèi fēng chuīluàn le. Tā náchū màozi dàishang, jiéguǒ gāng dàishang jiù bèi fēng chuīpǎo le. Tā zài wàimian mángle yì tiān huídào jiǔdiàn, píxié shang dōu shì tǔ.

Dì-èr tiān, fēng bù guā le. Xiǎosōng kànjiànle lán tiān hé wēnnuǎn de yángguāng. Tā xiǎng: rúguǒ shǒudū de chūntiān yìzhí zhèyàng, háishi tǐng hǎo de.

Huídào Guǎngzhōu, xiàle fēijī, Xiǎosōng mǎshàng juéde, Guǎngzhōu bǐ Běijīng nuǎnhuo duō le, yě cháoshī duō le. Zuòshang dàbā shí, hūrán kāishǐ dǎ léi, xià yǔ. Tā zhè cái fāxiàn zìjǐ wàngle dài sǎn. Tā zhǐ xiǎngzhe zhège jìjié Běijīng bú huì xià yǔ, kěshì wàngle Guǎngzhōu chángcháng xià yǔ. Jiéguǒ, cóng chēzhàn huí jiā de shíhou, yīfu quán bèi yǔ línshī le.

## 第十八课 妈妈被他打哭了

### 词语 New Words and Phrases

| | | | | |
|---|---|---|---|---|
| 1. 被 | （介） | bèi | by (used in a passive sentence) |
| 2. 打架 | | dǎ jià | to come to blows, to fight |
| 3. 正常 | （形） | zhèngcháng | normal, regular |
| 4. 木头 | （名） | mùtou | wood |
| 5. 剑 | （名） | jiàn | sword |
| 6. 破 | （形） | pò | broken, damaged, torn, worn-out |
| 7. 拆 | （动） | chāi | to take apart, to tear open |
| 8. 闹钟 | （名） | nàozhōng | alarm clock |
| 9. 忍 | （动） | rěn | to bear, to endure, to refrain from |
| 10. 结果 | （连/名） | jiéguǒ | as a result; result |
| 11. 气候 | （名） | qìhòu | climate |
| 12. 干燥 | （形） | gānzào | dry |
| 13. 果然 | （副） | guǒrán | just as expected |
| 14. 空气 | （名） | kōngqì | air |
| 15. 阳光 | （名） | yángguāng | sunshine |
| 16. 土 | （名） | tǔ | soil, earth |
| 17. 首都 | （名） | shǒudū | capital |
| 18. 雷 | （名） | léi | thunder |
| 19. 伞 | （名） | sǎn | umbrella |
| 20. 季节 | （名） | jìjié | season |
| 21. 淋 | （动） | lín | to sprinkle, to drench |
| 22. 湿 | （形） | shī | wet |

## 语法和句式 Grammar and Sentence Patterns

### "被"字句(1) 被 Sentence (1)

"被"字句是介词"被"加宾语放在动词前面做状语,表示被动意义的句子。本课学习的"被"字句的两个基本形式如下:(被 sentence indicates a passive denotation. It is formed by the preposition 被 together with its object, which is used before the verb as an adverbial. The two basic forms of 被 sentence introduced in this lesson are listed as follows:)

(1) S(receiver of the action) + 被 + 施事(doer of the action) + V + 了

小宝　　　被　　　小朋友　　　打了。
闹钟　　　被　　　他　　　　　拆了。

(2) S(receiver of the action) + 被 + 施事(doer of the action) + V + 结果补语 + 了

杯子　　　被　　　他　　　打　破　了。
衣服　　　被　　　雨　　　淋　湿　了。

## 句型替换 Pattern Drills

(1) <u>小宝</u>被<u>小朋友</u><u>打</u>了。
　　钱包　小偷　偷
　　垃圾　我　　倒
　　面包　小宝　吃
　　小狗　他　　卖

(2) <u>玻璃杯子</u>被<u>小宝</u><u>打破</u>了。
　　玩具飞机　他　搞坏
　　菜　　　　她　吃完
　　笔　　　　我　用坏
　　信　　　　妈妈　拆开

(3) 小宝<u>气</u>得<u>想打他</u>。
　　　　急　　哭了
　　　　紧张　什么都忘了
　　　　高兴　又唱又跳

## 任务与活动 Tasks / Activities

**小组活动：房间打扫干净了** Group Work: The Room Has been Cleaned

小王的女朋友来到小王家，发现小王的家非常干净。她不知道这个房间原来是很乱的。请看一看房间原来的样子，用"被"字句把房间打扫前后不同的地方写下来，比如"桌子被小王擦干净了"。(Xiao Wang's girlfriend came to Xiao Wang's room that afternoon, and was pleasantly surprised to find how tidy it was, but she doesn't know how messy it was that morning. Please look at the room used to be like. Write down all the differences between the original state of the room and its current one using 被 sentence, for example, 桌子被小王擦干净了.)

# 复习（三）

## 课文 Text

小松每天八点准时到办公室，小马比他来得早，总是提前到。不过现在小马打算辞职了，所以没有以前来得那么早了。一起吃饭的时候，小马对小松说了下面的话：

"如果你想给老板留下好印象，你就要做到早来晚走。

你千万别给周围的人留下一种经常迟到的坏印象。老板最讨厌迟到的人！你如果想表现得好一点儿，就早一点儿来上班。其实也不用特别早，每天比老板和同事们早到五分钟就够了。跟准时来上班的人相比，早来五分钟能让人看到你对工作严肃认真的态度。你还能利用这几分钟的时间把桌子擦干净，把要做的事情考虑清楚，为全天的工作做好准备。

另外，如果你每天准时下班，老板会觉得你没有别人那么热爱工作，所以最好经常主动加加班。加班时间不用太长，每天比老板晚走10分钟，就能给老板留下认真负责、努力工作的好印象，老板就会把机会给你。

重要的是，你要把这些变成一种习惯。"

最后，小马说："我刚来的时候给自己定了一个目标：在一年之内每个月挣到八千块。现在已经一年了，我的工资涨了两千，但是还没有到八千，所以我要走了。现在，就看你的了。"

Xiǎosōng měi tiān bā diǎn zhǔnshí dào bàngōngshì, Xiǎo Mǎ bǐ tā lái de zǎo, zǒngshì tíqián dào. Búguò xiànzài Xiǎo Mǎ dǎsuàn cí zhí le, suǒyǐ méiyǒu yǐqián lái de nàme zǎo le. Yìqǐ chī fàn de shíhou, Xiǎo Mǎ duì Xiǎosōng shuōle xiàmiàn de huà：

"Rúguǒ nǐ xiǎng gěi lǎobǎn liúxià hǎo yìnxiàng, nǐ jiù yào zuòdào zǎo lái wǎn zǒu.

Nǐ qiānwàn bié gěi zhōuwéi de rén liúxià yì zhǒng jīngcháng chídào de huài yìnxiàng. Lǎobǎn zuì tǎoyàn chídào de rén! Nǐ rúguǒ xiǎng biǎoxiàn de hǎo yìdiǎnr, jiù zǎo yìdiǎnr lái shàng bān. Qíshí yě bú yòng tèbié zǎo, měi tiān bǐ lǎobǎn hé tóngshìmen zǎo dào wǔ fēnzhōng jiù gòu le. Gēn zhǔnshí lái shàng bān de rén xiāngbǐ, zǎo lái wǔ fēnzhōng néng ràng rén kàndào nǐ duì gōngzuò yánsù rènzhēn de tàidù. Nǐ hái néng lìyòng zhè jǐ fēnzhōng de shíjiān bǎ zhuōzi cā gānjìng, bǎ yào zuò de shìqing kǎolǜ qīngchu, wèi quán tiān de gōngzuò zuòhǎo zhǔnbèi.

Lìngwài, rúguǒ nǐ měi tiān zhǔnshí xià bān, lǎobǎn huì juéde nǐ méiyǒu biérén nàme rè'ài gōngzuò, suǒyǐ zuì hǎo jīngcháng zhǔdòng jiā jiā bān. Jiā bān shíjiān bú yòng tài cháng, měi tiān bǐ lǎobǎn wǎn zǒu shí fēnzhōng, jiù néng gěi lǎobǎn liúxià rènzhēn fùzé、nǔlì gōngzuò de hǎo yìnxiàng, lǎobǎn jiù huì bǎ jīhuì gěi nǐ.

Zhòngyào de shì, nǐ yào bǎ zhèxiē biànchéng yì zhǒng xíguàn."

Zuìhòu, Xiǎo Mǎ shuō: "Wǒ gāng lái de shíhou gěi zìjǐ dìngle yí gè mùbiāo: zài yì nián zhīnèi měi gè yuè zhèngdào bāqiān kuài. Xiànzài yǐjīng yì nián le, wǒ de gōngzī zhǎngle liǎngqiān, dànshì hái méiyǒu dào bāqiān, suǒyǐ wǒ yào zǒu le. Xiànzài, jiù kàn nǐ de le."

## 词语 New Words and Phrases

| | | | | |
|---|---|---|---|---|
| 1. | 准时 | (形) | zhǔnshí | punctual, on time |
| 2. | 提前 | (动) | tíqián | to be in advance, ahead of time |
| 3. | 辞职 | | cí zhí | to resign |
| 4. | 千万 | (副) | qiānwàn | be sure to, must |
| 5. | 留 | (动) | liú | to leave |
| 6. | 讨厌 | (动) | tǎoyàn | to dislike, to hate |
| 7. | 其实 | (副) | qíshí | actually, in fact |
| 8. | 利用 | (动) | lìyòng | to use, to utilize, to make use of |
| 9. | 考虑 | (动) | kǎolǜ | to consider, to think over |
| 10. | 热爱 | (动) | rè'ài | to have deep love (or affection) for |
| 11. | 加班 | | jiā bān | to work overtime |

| 12. 定 | （动） | dìng | to decide, to set |
| 13. 之内 | （名） | zhīnèi | within |
| 14. 涨 | （动） | zhǎng | (of water, prices, etc.) to rise, to go up |

## 注释 Notes

"现在，就看你的了。"

这句话的意思是 now see how you will do.（This sentence means: now see how you will do.）

## 语法索引 Summary of Grammar

| | 语法 | 例句 | 课号 |
|---|---|---|---|
| 比较句 | A +（不）像 + B + 这么 / 那么…… | 她像明星那么漂亮！ | 第十三课 |
| | A + 有 + B +（这么 / 那么）+ Adj. | 他有我这么高吗？ | |
| | A + 没有 + B +（这么 / 那么）+ Adj. | 广州没有北京这么冷。 | |
| | S + 有 / 没有 + 数量词组 +（这么 / 那么）+ Adj. | 他没有一米八高。 | |
| | A + 比 + B + 还 / 更 + 心理动词 / 能愿动词 +…… | 姐姐比我更会做饭。 | 第十四课 |
| | A + 没有 + B +（这么 / 那么）+ 心理动词 / 能愿动词 +…… | 男人没有女人那么爱吃水果。 | |
| | A + 比 + B + V 得 + Adj. | 他比我来得早。 | |
| | A + V 得 + 比 + B + Adj. | 他来得比我早。 | |
| | A + 没有 / 不如 + B + V 得 + Adj. | 他没有 / 不如我来得早。 | |
| | A + V 得 + 没有 / 不如 + B + Adj. | 他来得没有 / 不如我早。 | |
| | A + 有 + B + V 得 +（这么 / 那么）+ Adj. | 你有她做得（那么）好吗？ | |
| | A + V 得 + 有 + B +（这么 / 那么）+ Adj. | 你做得有她（那么）好吗？ | |

续表

| 语法 | | 例句 | 课号 |
|---|---|---|---|
| "把"字句 | S+把+O+V+结果补语 | 小静已经把菜买好了。 | 第十五课 |
| | S+把+O₁+V+O₂ | 你把纸条给她。 | 第十六课 |
| | S+把+O+V+了 | 我把西瓜吃了。 | |
| | S+把+O+VV | 你把葡萄洗洗。 | |
| 不但……还/而且/也…… | | 小宝不但想买自行车,还想买足球。 | 第十六课 |
| 除了……(以外),……还/也/都…… | | 我们除了贴春联,还要贴"福"字。 | 第十七课 |
| | | 除了我,大卫也参加比赛了。 | |
| | | 除了李阳以外,我们班同学都去了。 | |
| "被"字句 | S+被+O+V+了 | 小宝被小朋友打了。 | 第十八课 |
| | S+被+O+V+结果补语+了 | 衣服被雨淋湿了。 | |

## 功能总结 Summary of Functions

| 功能 | 例句 | 课号 |
|---|---|---|
| 比较 | 她跟我一样大,个子像你这么高。 | 第十三课 |
| 说明 | 教育部对学生的睡眠时间有规定,分别是:……。 | 第十四课 |
| 解释 | 比别人睡得晚、睡得少的孩子,一般不如别人学得好,因为上课的时候他们总是想睡觉。 | 第十四课 |
| | 说"福倒了"意思就是"福到了"。 | 第十七课 |
| 邀请 | 小静请小云、明河、大卫、金浩去她家做客。 | 第十五课 |
| 推测 | (你昨天没把葡萄放进冰箱,)恐怕已经不能吃了。 | 第十六课 |
| 拒绝 | 我不能把电话给你。 | 第十六课 |
| 希望 | (在外地工作的人,早早就买好了火车票,)只盼着工作结束,回家过年。 | 第十七课 |
| 肯定 | (到了以后,发现)果然是这样。 | 第十八课 |

# 第十九课 有个同学从单杠上掉下来了

## 课文 Text

### （一）

回老家的时候，有一天，李阳和表弟偶然经过滑冰场，看见很多人在那儿滑冰，于是表弟就教李阳滑冰。

李阳坐着穿好冰鞋，然后站了起来。可他刚站起来，就摔了一跤，摔倒在冰场边上的泥上，摔得很疼，还搞脏了裤子。他忍着疼爬起来，刚爬起来就又摔了一次。

为了不再摔倒，他紧紧地拉住表弟，在冰场上慢慢地走。后来他觉得不能这样：一直让别人拉着、扶着，恐怕永远也不可能学会！于是他开始试着自己滑：摔倒了，爬起来；摔倒了，爬起来；摔倒了，爬起来……

几天以后，他终于学会了滑冰。

## （二）

小云和小静要去韩国玩儿，这是她们俩第一次去国外旅行，既开心又紧张。

该出发了。收拾好东西，小云和小静提着行李从楼上走下来。在门口等了几分钟，小松的车就开过来了。汽车刚停好，一个男生从操场跑过来，很着急地对小松说："你好，请帮我们一个忙。有个同学从单杠上掉下来了，摔伤了腿，你能不能把他送到医院去？"

请求 Requesting

小松说："可是我要送朋友去机场……"小云说："你先送他去医院吧，我们打车去。"小松担心地问："机场你们熟悉吗？""放心吧，没问题！"她们回答他。

那个男生马上跑了回去，然后推着一辆自行车向这边走过来。车上坐着那个摔伤了腿的同学，表情痛苦，估计摔得比较厉害。小云和小静连忙跑过去扶他，小松下来帮他们打开了车门。

推测 Conjecture

小云和小静拉着行李走到学校门口，顺利地打到了一辆出租车，半个小时后就到了机场。还有两个多小时，她们就可以到韩国了！

## 词语 New Words and Phrases

| | | | | |
|---|---|---|---|---|
| 1. | 滑冰 | | huá bīng | to skate |
| 2. | 摔 | （动） | shuāi | to fall, to cause to fall and break |
| 3. | 摔跤 | | shuāi jiāo | to tumble |
| 4. | 倒 | （动） | dǎo | to fall over |
| 5. | 泥 | （名） | ní | mud |
| 6. | 紧 | （形） | jǐn | tight |
| 7. | 扶 | （动） | fú | to support with hand |
| 8. | 终于 | （副） | zhōngyú | at (long) last, in the end, finally |
| 9. | 提 | （动） | tí | to carry (in one's hand with the arm down) |
| 10. | 行李 | （名） | xíngli | luggage |
| 11. | 停 | （动） | tíng | to stop |
| 12. | 掉 | （动） | diào | to fall, to drop |
| 13. | 伤 | （动/名） | shāng | to hurt, to injure; wound, injury |
| 14. | 推 | （动） | tuī | to push |
| 15. | 表情 | （名） | biǎoqíng | expression |
| 16. | 痛苦 | （形） | tòngkǔ | painful, miserable, suffering |
| 17. | 估计 | （动） | gūjì | to estimate |
| 18. | 连忙 | （副） | liánmáng | at once, promptly |

## 补充词语 Additional Vocabulary

| | | | | |
|---|---|---|---|---|
| 1. | 冰鞋 | （名） | bīngxié | skating boots |
| 2. | 单杠 | （名） | dāngàng | horizontal bar |

## 注释 Notes

1. "他紧紧地拉住表弟"

    "住"做结果补语，可以表示通过动作使人或事物牢固地停留在某处。如"记住""站住""拉住""抱住"等。(住, when used as a complement of result, indicates that people or things are positioned firmly or securely. For example, 记住, 站住, 拉住, 抱住.)

2. "顺利地打到了一辆出租车"

    "打车"的意思是坐出租车。(打车 means by taxi.)

## 语法和句式 Grammar and Sentence Patterns

### 复合趋向补语（1）Compound Directional Complement (1)

趋向补语用在动词的后面，表示动作的方向。动词"上、下、进、出、回、过、起"后面加上"来"或"去"，用在谓语动词后面，叫复合趋向补语。(Directional complement follows a verb to indicate the direction of the action. Compound directional complements are composed of the verbs 上，下，进，出，回，过，起 with 来 or 去 which are also used after verbs. The commonly used compound directional complements are as follows:)

|  | 来（come） | 去（go） |
|---|---|---|
| 上（up） | 上来（to come up） | 上去（to go up） |
| 下（down） | 下来（to come down） | 下去（to go down） |
| 进（in） | 进来（to come in） | 进去（to go in） |
| 出（out） | 出来（to come out） | 出去（to go out） |
| 过（over） | 过来（to come over） | 过去（to go over） |
| 回（back） | 回来（to come back） | 回去（to go back） |
| 起（up） | 起来（to get up） |  |

例如：(For example:)

(1) 他们从楼上走下来。

(2) 朋友的车开过来了。
(3) 一个男生从图书馆跑出来。

## 句型替换 Pattern Drills

(1) 金浩马上就<u>跑</u> <u>过去</u>了。
　　　　站　起来
　　　　走　下去
　　　　跑　出去
　　　　走　过来

(2) 他从<u>体育馆</u> <u>跑</u> <u>过来</u>。
　　　图书馆　走　出来
　　　外边　　走　进来
　　　树上　　跳　下来
　　　房间里　跑　出去

(3) 有<u>个</u> <u>同学</u>从<u>单杠上</u> <u>掉下来</u>。
　　只　猫　　树上　　跳下来
　　个　人　　外边　　走进来
　　辆　车　　对面　　开过来
　　个　孩子　房间里　跑出去

## 任务与活动 Tasks / Activities

**全班活动：哑剧　Class Work: Mime**

（本活动相关补充内容详见配套教师手册）

　　教师发给每个学生一张小纸条，纸条上有一个句子。拿到纸条的学生不能说话，要用动作把句子表演出来。其他学生要猜一猜该生表演的内容，说出一个句子，句子中应含有复合趋向补语。（Every student will be given a piece of paper, on this paper will be a sentence with compound directional complement written by the teacher. During this task students are required not to speak, but to use their actions instead allowing other students to guess what sentence is.）

# 第二十课 摘下几个苹果来

## 课文 Text

（一）

小时候多么快乐啊！中午趁爸爸妈妈睡觉的时候，我常常偷偷地跑出去，找一群小伙伴一起玩儿。有时我们跑上山去捡石头，有时我们跳进小河里去游泳，玩儿得开心极了！

有时我们也做一点儿坏事，比如：乱扔小石头；乱敲别人家的门；在路上拦住一个女孩子，骗她说要送给她一件礼物，然后从口袋里拿出来一条虫子！苹果熟的时候，我们还常常翻过矮墙，跳进别人家的院子里去，摘下几个苹果来，再迅速地跳出来。

说明 Illustrating

有一次，我们发现一个小伙伴家的门开着，就偷偷地钻了进去，藏在他床底下。等了很久，终于听见他走进房间来。我们忽然大叫了一声，他吓了一大跳，我们却得意得不得了！

## (二)

小时候我常跟妈妈吵架,因为我觉得妈妈对妹妹好,对我不好。

有一次,我想买一个冰淇淋,可是妈妈不给我钱,说要节约,还说吃了冰淇淋会肚子疼。我非常生气,决定离家出走。

我顺着一条大路一直往前走。太阳太晒了,我就闭着眼睛走,结果掉进路边一个很深的洞里去了!附近没有人,我只好自己哭着爬出来,走回家。

这次离家出走的代价是:脸上摔伤了,肿了半个月。从那以后,我再也不敢随便离家出走了。

### 词语 New Words and Phrases

| | | | | |
|---|---|---|---|---|
| 1. 捡 | (动) | jiǎn | to pick up |
| 2. 石头 | (名) | shítou | stone |
| 3. 河 | (名) | hé | river |
| 4. 敲 | (动) | qiāo | to knock |
| 5. 拦 | (动) | lán | to block the way |
| 6. 骗 | (动) | piàn | to deceive, to cheat |
| 骗子 | (名) | piànzi | swindler, deceiver |
| 7. 院子 | (名) | yuànzi | yard |
| 8. 迅速 | (形) | xùnsù | fast, rapid |
| 9. 钻 | (动) | zuān | to get into, to go through, to make one's way into |
| 10. 藏 | (动) | cáng | to hide, to conceal |
| 11. 底(下) | (名) | dǐ(xia) | bottom |

| | | | | |
|---|---|---|---|---|
| 12. 吓 | （动） | xià | to frighten, to scare |
| 13. 跳 | （动） | tiào | to jump, to beat, to bounce, to skip |
| 14. 得意 | （形） | déyì | proud of oneself, complacent |
| 15. 吵架 | | chǎo jià | to quarrel |
| 16. 闭 | （动） | bì | to close, to shut |
| 17. 深 | （形） | shēn | deep |
| 18. 洞 | （名） | dòng | hole, cave |
| 19. 代价 | （名） | dàijià | price, cost |
| 20. 肿 | （动） | zhǒng | to swell, to be swollen |

## 注释 Notes

"我非常生气，决定离家出走。"

"离家出走"的意思是 run away from home。（离家出走 means run away from home.）

## 语法和句式 Grammar and Sentence Patterns

### 复合趋向补语（2）Compound Directional Complement (2)

如果动词带复合趋向补语，同时也带表示处所的宾语，宾语要放在"来"或"去"的前面。(The object must be placed before 来 or 去 when the verb is followed by a compound directional complement and an object of place.)

S ＋ V ＋ 上／下／进／出／回／过／起 ＋ O（place）＋ 来／去

| | | | | |
|---|---|---|---|---|
| 他们 | 跳 | 进 | 别人家的院子里 | 去了。 |
| 我 | 掉 | 进 | 一个很深的洞里 | 去了！ |
| 我们 | 想 | 走回 | 学校 | 去。 |
| 他们 | 跑 | 进 | 房间 | 来。 |

如果动词带复合趋向补语，同时带表示事物的宾语，宾语可以放在"来"或"去"的前面或者后面。(The object can be placed either before or after 来 or 去 when the verb is followed by a directional complement and an object of things.)

```
S + V + 上 / 下 / 进 / 出 / 过 / 回 / 起 + O + 来 / 去
    他 拿          出        一条虫子   来!
    我们 摘         下        几个苹果   来。
S + V + 上 / 下 / 进 / 出 / 过 / 回 / 起 + 来 / 去 + O
    他 拿          出        来 一条虫子!
    我们 摘         下        来 几个苹果。
```

## 句型替换 Pattern Drills

（1）他<u>爬</u> <u>上</u> <u>树</u> 去了。　　（2）他们<u>跳</u>了<u>下来</u>。
　　 掉 进 洞里　　　　　　　　　 跑　进来
　　 跑 回 宿舍　　　　　　　　　 走　过去
　　 走 进 办公室　　　　　　　　 掉　下去

（3）他从 <u>包</u> 里拿出来 <u>一百块钱</u> 。
　　　 口袋　　　　　一个杯子
　　　 抽屉　　　　　一个手机
　　　 书柜　　　　　几本书
　　　 书包　　　　　一些吃的东西

## 任务与活动 Tasks / Activities

**全班活动：站在哪里？**　Class Work: Where shall I stand?
（本活动相关补充内容详见配套教师手册）

　　老师给每个学生发一张纸牌，每张纸牌上写着一个动词或趋向补语。老师手里拿着写有宾语的纸牌站在教室中间。老师会变换自己手上的宾语。拿到动词的学生，如果觉得手中的动词可以和老师的宾语连成一个句子，就站到老师旁边。拿到趋向补语的学生，如果觉得老师手中的宾语可以放在该趋向补语的中间，请抱住老师。（Cards will be distributed to all students, on these cards will be a number of verbs or directional complements. The teacher will have the object standing in the middle of the classroom. Those students who believe they can connect the object with their words can come and stand in the correct position next to the teacher. If those students that have directional complements feel that the object can be placed in the middle of the directional complement, please come forward and hug the teacher.）

# 第二十一课 在那儿吃不吃得到中国菜？

## 课文 Text

(一)

(李阳家邻居的儿子移民到了加拿大，不久前邻居夫妇去了一趟，上周刚回来。李阳奶奶关心地问了他们很多问题。)

奶奶：加拿大怎么样？

邻居：不错，挺发达的。环境很好，气候也不错。

奶奶：消费高不高？

邻居：我们觉得消费挺高的。

奶奶：听得懂他们的话吗？

邻居：我们听不懂，不过孩子听得懂就行了。

安慰 Comforting

奶奶：在那儿吃不吃得到中国菜？

邻居：不用担心，在加拿大到处都吃得到中国菜。

奶奶：买不买得到做菜的材料？

邻居：买得到，不过孩子不让我们经常做饭。他担心上班的时候身上还有炒菜的味道。

## (二)

李阳奶奶的耳朵不好,一直戴着助听器。有一天,她的助听器出了问题,估计修不好了。李阳妈妈就带她去医院,准备重新给她配一个。

医生向李阳妈妈推荐了一款助听器,然后给奶奶戴上测试。戴上以后,医生问奶奶:"这款助听器怎么样?"奶奶没回答,却问医生:"这款多少钱?"医生说:"不贵。"奶奶问:"到底多少钱?""两千八百块。"奶奶连忙说:"这款不好,我听不清楚!"李阳妈妈说:"您别在乎多少钱,最重要的是好用!"可是奶奶就是说助听器不好,她听不见。

追问 Making a detailed inquiry

李阳妈妈没有办法,只好选了一款八百多元的普通助听器,让医生给奶奶测试。测试完以后,医生说:"老太太,这回听见了?"奶奶点点头:"听见了!"

### 词语 New Words and Phrases

| | | | | |
|---|---|---|---|---|
| 1. 邻居 | (名) | línjū | neighbor |
| 2. 移民 | (动/名) | yímín | to migrate; emigrant or immigrant |
| 3. 夫妇 | (名) | fūfù | husband and wife, couple |

| | | | | |
|---|---|---|---|---|
| 4. 发达 | (形) | fādá | developed |
| 5. 消费 | (动) | xiāofèi | to consume |
| 6. 懂 | (动) | dǒng | to understand |
| 7. 材料 | (名) | cáiliào | material |
| 8. 耳朵 | (名) | ěrduo | ear |
| 9. 出 | (动) | chū | to arise, to make (mistakes) |
| 10. 配 | (动) | pèi | to find sth. to fit or replace sth. else |
| 11. 推荐 | (动) | tuījiàn | to recommend |
| 12. 款 | (名/量) | kuǎn | pattern, style, design; *measure word for goods which have certain patterns or models* |
| 13. 测试 | (动) | cèshì | to test |
| 14. 在乎 | (动) | zàihu | to care about, to mind |
| 15. 好用 | (形) | hǎoyòng | good, suitable |
| 16. 选 | (动) | xuǎn | to choose, to select |
| 17. 回 | (量) | huí | time(s) |
| 18. 点(头) | (动) | diǎn(tóu) | to nod (one's head) |

## 专名 Proper Nouns

| 加拿大 | | Jiānádà | Canada |
|---|---|---|---|

## 补充词语 Additional Vocabulary

| 助听器 | (名) | zhùtīngqì | hearing aid |
|---|---|---|---|

## 注释 Notes

### "老太太,这回听见了?"

"老太太"是对老年女性的称呼。(老太太 means old lady, be used to address an old woman.)

## 语法和句式 Grammar and Sentence Patterns

### 可能补语(1) Potential Complement (1)

动词和结果补语中间加上结构助词"得",就构成了"可能补语",表示客观或主观条件允许做某个动作,或能实现动作的结果。(When 得 is inserted between the verbal predicate and the result complement, it indicates some action is possible to perform and the preferred result is possible to be achieved.)

| V + 结果补语 | V + 可能补语 |
| --- | --- |
| 买到 | 买得到 |
| 看见 | 看得见 |
| 吃完 | 吃得完 |
| 看清楚 | 看得清楚 |
| 洗干净 | 洗得干净 |

例如:(For example:)

(1) 他听得懂他们的话。
(2) 在美国买得到这种药吗?

可能补语的否定形式是用"不"代替"得"。(The negative form for the potential complements is composed by replacing 得 with 不.)

| 肯定式 | 否定式 |
| --- | --- |
| 买得到 | 买不到 |
| 看得见 | 看不见 |
| 吃得完 | 吃不完 |

| 看得清楚 | 看不清楚 |
| --- | --- |
| 洗得干净 | 洗不干净 |

例如：(For example:)

(3) 太吵了，我听不清楚！

(4) 我们吃不完这么多菜。

可能补语的正反疑问句形式为：(Affirmative-negative Question：)

V 不 V 得……：你们找不找得到我家？

肯定式＋否定式：我说的话你听得见听不见？

## 句型替换 Pattern Drills

(1) 你 听 得 懂 英语 吗？
　　　看　　见　黑板上的字
　　　喝　　完　这些啤酒
　　　吃　　完　三碗饭
　　　买　　到　汉英词典

(2) 我 听 不 清楚 你说什么。
　　　修　　好　这辆车
　　　学　　会　滑冰
　　　用　　完　这些钱
　　　记　　住　电话号码

(3) 你 在广州 吃不吃得到 法国菜 ？
　　半个小时 看　看　完 这篇文章
　　在外边　 听　听　见 我说话
　　一个人　 找　找　着 我家

(4) 那些字 你 看得见 看不见 ？
　　这些酒　　喝得完　喝不完
　　这些饭　　吃得完　吃不完
　　我的话　　听得懂　听不懂
　　这款电脑　买得到　买不到

## 任务与活动 Tasks / Activities

双人活动：钱买得到什么？　　Pair Work: Do you need money to obtain them?

填写下面的表格，然后和你的同桌进行讨论。（Please fill in the boxes below, and then discuss with your partner.）

> 你想要的10件事/东西是什么？
> （快乐？健康？汽车？朋友？房子？……）

上面的这些东西，哪些是用钱买得到的？哪些是钱买不到的？（Out of these things, which of them can be obtained by money, and which cannot?）

| 钱买得到什么？ | 钱买不到什么？ |
| --- | --- |
|  |  |

上面的10件事/东西，如果只能得到3件，你选哪3件？它们是用钱买得到的吗？（Out of the 10 things above, if you could only pick 3, which 3 would you pick? Can they be obtained by money?）

# 第二十二课 她们说有事来不了了

## 课文 Text

(一)

有的人随随便便就取消约会,实在让人感到很生气。

上个月,拍广告时认识的几个女孩子说要请林平吃饭,还说饭后一起去唱卡拉OK。可是快到吃饭时间的时候,她们说有事来不了了,卡拉OK当然也唱不成了。

上周,报社的朋友约林平写一篇关于环保的文章。为了写这篇文章,林平提前约了一个摄影师和他一起去采访一位已经退休的老先生。摄影师答应得好好的,说保证准时来。可是到了那天,林平忽然发高烧,难受极了,起不了床。于是他给那位摄影师打电话,通知他自己去不了了。可是摄影师说:"我也去不了了。""为什么?你也生病了吗?""没有,我在火车上。""火车上?"林平感到很吃惊,摄影师却不在乎地回答说:"没错,我要去上海!"

肯定 Affirming

## （二）

刘梅家养了一只猫。这只猫经常跑出去玩儿，有时两三天都不回家。

有一天，它从外面回来，家里没人，进不了门，它就跑到邻居家去玩儿。看到洗衣篮里堆了一堆衣服，它就钻到衣服堆里，舒舒服服地睡着了。这家的女主人起床以后，也没仔细看，就把这堆衣服全部扔到洗衣机里去洗，然后就去吃早饭了。

吃完早饭，她开始打扫房间。忽然，她听到了猫叫声，可是到处找都找不到。后来，她打开洗衣机，吃惊地发现了这只小猫。<u>幸运的是</u>，小猫没有死，只是暂时走不了路。

庆幸 Rejoicing

## 词语 New Words and Phrases

| | | | |
|---|---|---|---|
| 1. 取消 | （动） | qǔxiāo | to cancel |
| 2. 约会 | （名） | yuēhuì | date, appointment |
| 3. 实在 | （副） | shízài | indeed, really, truly |
| 4. 感到 | （动） | gǎndào | to feel |
| 5. 了 | （动） | liǎo | used after the verb to express possibility |

| | | | | |
|---|---|---|---|---|
| 6. 报社 | （名） | bàoshè | newspaper office |
| 7. 环保 | （名） | huánbǎo | environmental protection |
| 8. 摄影师 | （名） | shèyǐngshī | cameraman |
| 摄影 | （动） | shèyǐng | to take a photograph, to shoot a picture, to take a picture |
| 9. 采访 | （动） | cǎifǎng | (of a journalist) to cover (some event), to have an interview with |
| 10. 答应 | （动） | dāying | to promise, to agree; to answer, to respond |
| 11. 吃惊 | | chī jīng | to be surprised, to be astonished |
| 12. 养 | （动） | yǎng | to raise, to keep, to grow |
| 13. 猫 | （名） | māo | cat |
| 14. 篮（子） | （名） | lán(zi) | basket |
| 15. 堆 | （动/量） | duī | to pile up, to heap up; heap, pile |
| 16. 主人 | （名） | zhǔrén | host, owner, master |
| 17. 洗衣机 | （名） | xǐyījī | washing machine |
| 18. 幸运 | （形） | xìngyùn | lucky |
| 19. 暂时 | （名） | zànshí | for the moment |

## 注释 Notes

1. "卡拉 OK 当然也唱不成了。"

"V＋得/不＋成"表示已经计划好的事情是否有可能实现，否定式较常见。"V得成"常用于疑问句中。（V＋得/不＋成 indicates whether it is possible to complete what is planned. The negative form V不成 is commonly used while the affirmative form V得成 is often used in questions.）

(1) 下雨了，我们去得成吗？
(2) 没买着票，我们看不成电影了。

## 2. "林平忽然发高烧"

"发高烧"的意思是 have a high fever。(发高烧 means have a high fever.)

## 3. "有时两三天都不回家"

在汉语中,除了九和十以外,相邻的两个数字连用可以表示概数。(In Chinese, two adjacent numbers together can be used to indicate an approximate number except 九 and 十.)

一两个月　七八本书　十四五个人　二三十张桌子　七八百块钱

## 语法和句式 Grammar and Sentence Patterns

### 可能补语(2) Potential Complement(2)

"V + 得 / 不 + 了"表示有没有可能做某事。如:(V + 得 / 不 + 了 indicates whether it is possible to perform the action. For example:)

(1) 他去不了北京了。
(2) 他们进不了门。
(3) 小猫暂时走不了路。

此外,也表示能不能全部完成。在这种情况下,"了"后面通常会加上数量词组。如:(It indicates whether the action is possible to complete. In this case, there is usually a numeral phrase after 了. For example:)

(4) 我一个人吃不了那么多菜。
(5) 我们坐车去,用不了三个小时。

## 句型替换 Pattern Drills

(1) 你<u>起</u>得了<u>床</u>吗?
　　做　　这个工作
　　帮　　她
　　教　　这些孩子

(2) <u>停电了</u>,用不了<u>电脑</u>。
　　手摔伤了　拿　　笔
　　没有冰鞋　滑　　冰
　　雨太大　　骑　　自行车

(3) 我吃不了 两碗饭 。　　　　(4) 我们今天唱不成卡拉OK了。
　　 喝　　三瓶啤酒　　　　　　　　明天　去　　　北京
　　 记　　那么多生词　　　　　　　晚上　看　　　电影
　　 跑　　4000米　　　　　　　　　今天　打　　　牌

## 任务与活动 Tasks / Activities

**双人活动：5000元去得了哪里？** Pair Work: Where can 5000 yuan take me to?

如果你和你的朋友现在各有5000元（RMB），可以去哪个国家旅行呢？请把旅行计划写下来。你们可以上网搜索相关信息。（You and your friend both have 5000RMB, where would you like to travel? Please write a travel plan below. You can refer to some on-line informations.）

讨论一下你们的旅行，讨论时可使用下面的句子。（Discuss your travel plan by using the following sentences.）

```
                        旅行计划
    时间：____年____月____日—____年____月____日
    地点：
    费用：
    (1) 交通：机票 / 车票（2张），从____到____，共____元
    (2) 住宿：
    (3) 吃饭：
    (4) 其它：
```

(1) 5000元去得了这个地方吗？
(2) 玩儿得了……天吗？
(3) 住得了这个酒店吗？
(4) 用得了……元吗？

## 第二十三课　妈妈你拎得动这些书吗？

### 课文 Text

（一）

李阳家在郊区买了一栋别墅。这栋别墅位置很好，靠着湖，周围有大片的树林。

别墅一共有两层，有五个卧室，四个洗手间，有一个超过一百平方米的花园，还有一个车库。一楼有一个大餐厅和一个小餐厅，大餐厅的餐桌坐得下二十个人。二楼的阳台面积很大，有十多平方米，完全放得下一张书桌和几个书柜。这里光线很好，远处的风景也不错，看得见湖和山。李阳希望把它变成一个书房。

有了车库，当然要买车。李阳每天催爸爸妈妈。但是他们却并不考虑买车，他们说对车没兴趣，还说车库里已经没地方了。李阳跑去看，惊讶地发现车库已经成了杂物房，堆了很多东西，根本放不下一辆汽车！

不喜欢 Disapproving

（二）

刘梅和小宝从书店出来，本来想打车回家，可是实在打不到，只好走回去。刘梅买了几本书,包里装不下,就用手拎着。小宝自己拿着给他买的几本薄薄的故事书。

走了一会儿,刘梅担心小宝走累了。她问:"小宝,你走得动吗?""妈妈,我走得动。""你拿得动你的书吗?""我拿不动,给你拿着吧。"

过了一会儿,小宝问:"妈妈你拎得动这些书吗?"刘梅觉得很感动:啊,小宝知道关心妈妈了!她温柔地说:"拎得动。"小宝继续问:"如果你抱着我还拎得动吗?"

## 词语 New Words and Phrases

| | | | | |
|---|---|---|---|---|
| 1. 拎 | (动) | līn | to carry (in one's hand with the arm down) |
| 2. 郊区 | (名) | jiāoqū | suburb |
| 3. 栋 | (量) | dòng | *measure word for house or building, block* |
| 4. 别墅 | (名) | biéshù | villa, house |
| 5. 湖 | (名) | hú | lake |
| 6. 层 | (量) | céng | storey, floor |
| 7. 平方米 | (量) | píngfāngmǐ | square meter |
| 8. 面积 | (名) | miànjī | the measure of area; square measure |
| 9. 完全 | (副) | wánquán | completely, fully, entirely |
| 10. 光线 | (名) | guāngxiàn | ray, light |
| 11. 远处 | (名) | yuǎnchù | 很远的地方 |

| 12. 催 | （动） | cuī | to hasten, to urge |
| 13. 根本 | （副/形） | gēnběn | (not)at all; fundamental |
| 14. 本来 | （副/形） | běnlái | originally; original |
| 15. 感动 | （形/动） | gǎndòng | touched; to move, to touch |
| 16. 温柔 | （形） | wēnróu | gentle and soft |

## 补充词语 Additional Vocabulary

| 1. 车库 | （名） | chēkù | garage |
| 2. 杂物房 | （名） | záwùfáng | store room |

## 语法和句式 Grammar and Sentence Patterns

### 可能补语(3) Potential Complement (3)

1. V + 得 / 不 + 下

动词 "下" 常用在 "坐、站、住、装、吃、写" 等动词后面，"V + 得 / 不 + 下" 表示能否容纳某数量的人或物。如：(The verb 下 is often used after the verbs like 坐，站，住，装，吃，写, to form a potential complement V + 得 / 不 + 下 indicating that if space is big enough to contain a certain number of people or things.)

(1) 阳台很大，放得下一张书桌和几个书柜。

(2) 这张餐桌坐得下 20 个人。

(3) 书太大了，包里装不下。

2. V + 得 / 不 + 动

动词 "动" 常用在 "走、拿、搬、拎、跑、推" 等动词后面，"V + 得 / 不 + 动" 表示能否使人或物体移动。(The verb 动 is often used after the verbs like 走，拿，搬，拎，跑，推 to form a potential complement V + 得 / 不 + 动 indicating whether it is possible to move certain people or things.)

(4) 你走得动吗？

(5) 妈妈你拎得动这些书吗？

(6) 电视太重了，我搬不动。

## 第二十三课 妈妈你拎得动这些书吗？

### 句型替换 Pattern Drills

(1) 我<u>走</u>不动。
　　　推
　　　抱
　　　搬

(2) 你<u>拿</u>得动 <u>那个包</u> 吗？
　　　搬　　冰箱
　　　拎　　这些水果
　　　推　　这个书柜

(3) <u>房间</u>很大，<u>放</u>得下 <u>这张大床</u>。
　　书房　　摆　　三个书架
　　卧室　　放　　两个大衣柜
　　餐桌　　坐　　12个人

(4) 这里<u>放</u>不下 <u>一张床</u>。
　　站　　那么多人
　　坐　　500人
　　摆　　10把椅子

### 任务与活动 Tasks / Activities

**全班活动：站得下几个人？** Class Work: How many people can it hold?

（本活动相关补充内容详见配套教师手册）

　　老师在地上画几个圈，请学生们站到圈里，看看这个圈里能站几个人。然后请学生用"站得下""站不下"说句子。（The teacher will draw several circles on the ground, students should then stand in the circle, and see how many people the circle can hold. Use 站得下 / 站不下 to make sentences.）

## 第二十四课 爬得过去吗？

### 课文 Text

(一)

李阳家最近在装修他们的别墅。按照计划，今天要去那儿打扫一下卫生。他们提前约好了清洁工，早上起床以后，李阳就匆忙赶到那里等清洁工来。

*意外 Surprising*

没想到，到了别墅以后，李阳的这把钥匙却打不开门。他只好给爸爸妈妈打电话。爸爸临时有事去外地了，回不来；妈妈正在开会，走不开。清洁工们按时来了，可是却进不去。怎么办呢？

李阳想了半天，有了一个主意：干脆从隔壁邻居的阳台上爬过去！他去跟邻居商量，邻居担心地问："爬得过去吗？""爬得过去。"李阳说。"千万要注意安全啊！"邻居对他说。

*要求 Demanding*

他很容易地就从邻居家的阳台爬到了自己家的阳台上，但是却发现自己家阳台上的窗和门都关得紧紧的，打不开。他在阳台上，进不去也下不来，楼下的清洁工都等得很不耐烦。

最后，还是妈妈打电话找来了有钥匙的装修工人，才打开门让大家进去了。

## (二)

林平小时候,有一段时间跟爷爷奶奶一起住在乡下。那时候他长得又瘦又小,其他孩子总是看不起他、笑话他。

有一天,他和几个孩子一起去摘苹果吃。来到树下,一个孩子拦住林平说:"你别爬了,你肯定爬不上去,上去了也下不来。"林平不服气,就表演给他们看。他像一只小猴子一样飞快地爬上树去,不但爬得快,而且爬得高。摘完苹果以后,他蹬了一下树枝,飞了出去,然后安全地落在地上。孩子们全都看呆了。

从那以后,他们再也不笑话他了。

### 词语 New Words and Phrases

| | | | | |
|---|---|---|---|---|
| 1. | 按照 | (介) | ànzhào | according to |
| 2. | 卫生 | (名/形) | wèishēng | hygiene, sanitation; sanitary |
| 3. | 清洁工 | (名) | qīngjiégōng | cleaner |
| | 清洁 | (形) | qīngjié | clean |
| 4. | 匆忙 | (形) | cōngmáng | hasty, in a hurry |
| 5. | 赶 | (动) | gǎn | to catch up with, to overtake |
| 6. | 临时 | (副/形) | línshí | temporarily, for the occasion; temporary, provisional |
| 7. | 按时 | (副) | ànshí | on time |

| 8. 隔壁 | （名） | gébì | next door |
| --- | --- | --- | --- |
| 9. 工人 | （名） | gōngrén | worker |
| 10. 看不起 | | kànbuqǐ | look down on |
| 11. 笑话 | （动/名） | xiàohua | to laugh at; joke |
| 12. 服气 | （动） | fúqì | to be convinced |
| 13. 猴子 | （名） | hóuzi | monkey |
| 14. 飞快 | （形） | fēikuài | very fast |
| 15. 蹬 | （动） | dēng | to press down with foot |
| 16. 树枝 | （名） | shùzhī | branch |
| 17. 落 | （动） | luò | to drop, to fall |
| 18. 呆 | （形） | dāi | dumbfounded |

## 补充词语 Additional Vocabulary

| 装修 | （动） | zhuāngxiū | to decorate |
| --- | --- | --- | --- |

## 注释 Notes

"没想到，……"

"没想到"的意思是 unexpected。（没想到 means unexpected.）

## 语法和句式 Grammar and Sentence Patterns

### 可能补语(4) Potential Complement (4)

谓语动词和趋向补语（简单/复合）中间加上结构助词"得"，也可以构成可能补语，表示条件允许实现某个动作，或动作的趋向。（得 can be inserted between the predicate verb and the directional complement to form a potential complement, indicating whether a certain action is permitted to perform as well as the direction of the action.)

| V + 趋向补语 | V + 可能补语（肯定式 / 否定式） |
|---|---|
| 回来 | 回得来 / 回不来 |
| 上去 | 上得去 / 上不去 |
| 进去 | 进得去 / 进不去 |
| 爬上去 | 爬得上去 / 爬不上去 |
| 跳过来 | 跳得过来 / 跳不过来 |
| 站起来 | 站得起来 / 站不起来 |
| 扔进去 | 扔得进去 / 扔不进去 |
| 借出来 | 借得出来 / 借不出来 |

例如：(For example:)

(1) 我没有钥匙，进不去。

(2) 门很宽，沙发抬得进来。

(3) 树太高了，你可能爬不上去。

## 句型替换 Pattern Drills

(1) 工作那么忙，他回得来吗？
　　没有钥匙　你进　去
　　山那么高　你爬　上去
　　河那么宽　你游　过去

(2) 钥匙坏了，李阳进不去。
　　树太高　　弟弟　下　来
　　路太窄　　汽车　开　过来
　　洗衣机太重　他们　抬　起来

窄 zhǎi, narrow

（3）没想到， <u>钥匙打不开门</u> 。
　　　　　　　这儿这么繁华
　　　　　　　装修花了这么多钱
　　　　　　　航班取消了
　　　　　　　花都落了

航班 hángbān, scheduled flight

## 任务与活动 Tasks / Activities

**全班活动：小调查** Class Work: Small Investigation

下面的事你做得了吗？请完成下面的表格。（Please complete the table. Are you able to do the things listed below?）

|  | 能 | 不能 |
|---|---|---|
| 今年回国 | ☐ 回得去 | ☐ 回不去 |
| 游过一条70米宽的河 | ☐ 游得过去 | ☐ 游不过去 |
| 爬一座2000米高的山 | ☐ 爬得上去 | ☐ 爬不上去 |
| 拎20公斤重的行李上楼 | ☐ 拎得上去 | ☐ 拎不上去 |

问一问你的同学，看一看上面的事情有多少人可以做，有多少人做不了。（Ask around, how many people in the class can do the things listed above in the table.）

# 复习（四）

## 课文 Text

在英国，灯泡的包装纸上都写着这样一句话："不要把灯泡放进嘴里！"我问一个印度朋友为什么，他说，据说灯泡放进嘴里以后会卡住，拿不出来。

对此，我十分怀疑。我认为灯泡那么光滑，如果能放进去，也绝对拿得出来。我决定试一试，不然怎么知道他们说得对不对呢？

我买回来一瓶油，然后小心地把灯泡放进嘴里。不到一秒，灯泡就滑进了嘴里，看样子要拿出来绝对没有问题。接着，我把嘴张得大大的，慢慢往外拉灯泡。不好，真的卡住拿不出来了！没关系，还有一瓶油呢！

三十分钟后，我倒了大半瓶油，出了很多汗，可是灯泡还是拿不出来。我只好打电话求救。拿起电话，我才想起嘴里有个灯泡，说不出话来，只好写了一张纸条，请隔壁的邻居帮忙。她看见我，呆了一下，然后就大笑起来。十五分钟后，她替我叫来了一辆出租车。司机看见我，吃惊地睁大了眼睛，然后也开始大笑，笑得半天开不了车。他还不停地说我的嘴实在太小了，如果是他就没有问题。

他的嘴真的很大，完全放得下一个更大的灯泡，但是我想告诉他千万不要试！可是我说不了话！

在医院，医生把棉花放进我嘴里，然后轻轻地把灯泡打碎，一片一片地拿了出来。

当我离开医院时，迎面来了一个人，是刚才那个司机——他的嘴里含着一个灯泡！

## 词语 New Words and Phrases

| | | | |
|---|---|---|---|
| 1. 灯泡 | （名） | dēngpào | light bulb |
| 2. 包装 | （名/动） | bāozhuāng | packing; to pack |
| 3. 卡 | （动） | qiǎ | to get stuck |
| 4. 此 | （代） | cǐ | this |
| 5. 怀疑 | （动） | huáiyí | to doubt, to suspect |
| 6. 光滑 | （形） | guānghuá | smooth, glossy |
| 7. 绝对 | （副） | juéduì | absolutely |
| 8. 秒 | （量） | miǎo | second |
| 9. 滑 | （动/形） | huá | to slide, to slip; smooth, slippery |
| 10. 张 | （动） | zhāng | to open |
| 11. 求救 | （动） | qiújiù | to ask for help |
| 12. 替 | （动） | tì | to take the place of, to be on behalf of |
| 13. 棉花 | （名） | miánhuā | cotton |
| 14. 碎 | （动） | suì | to break to pieces |
| 15. 迎面 | | yíng miàn | head-on |
| 16. 含 | （动） | hán | to keep in the mouth |

## 专名 Proper Nouns

印度　　　　　　　　　Yìndù　　　　　India

## 注释 Notes

"当我离开医院时，……"

"当……时"或"当……的时候"意思是"at the time when…"。(当……时 or 当……的时候 means "at the time when…".)

(1) 当我遇到困难的时候，朋友们给了我很多帮助。
(2) 当你不愉快的时候，跟朋友聊聊天就会感觉好一点儿。
(3) 当我来到火车站时，火车已经开了。

## 语法索引 Summary of Grammar

| | 语法 | 例句 | 课号 |
|---|---|---|---|
| 复合趋向补语 | V + 上 / 下 / 进 / 出 / 回 / 过 / 起 + 来 / 去 | 他们从楼上走下来。 | 第十九课 |
| | V + 上 / 下 / 进 / 出 / 回 / 过 / 起 + 宾语 + 来 / 去 | 他们跳进别人家的院子里去。 | 第二十课 |
| | | 他们搬进一台电视来。 | 第二十课 |
| | V + 上 / 下 / 进 / 出 / 回 / 过 / 起 + 来 / 去 + 宾语 | 他从口袋里拿出来一条虫子! | 第二十课 |
| 可能补语 | V + 得 / 不 + 结果补语 | 买得到 / 买不到 | 第二十一课 |
| | V + 得 / 不 + 了 | 他去不了北京了。 | 第二十二课 |
| | | 我一个人吃不了那么多菜。 | 第二十二课 |
| | V + 得 / 不 + 下 | 阳台很大，放得下一张书桌和几个书柜。 | 第二十三课 |
| | | 书太大了，包里装不下。 | |

续表

| 语法 | 例句 | 课号 |
|---|---|---|
| V + 得 / 不 + 动 | 你走得动吗？ | 第二十三课 |
| | 电视太重了，我搬不动。 | |
| V + 得 / 不 + 趋向补语 | 门很宽，沙发抬得进来。 | 第二十四课 |
| | 树太高了，你可能爬不上去。 | |

## 功能总结 Summary of Functions

| 功能 | 例句 | 课号 |
|---|---|---|
| 请求 | 你能不能把他送到医院去？ | 第十九课 |
| 推测 | (他)表情痛苦，估计摔得比较厉害。 | 第十九课 |
| 说明 | 有时我们也做一点儿坏事，比如，乱扔小石头；乱敲别人家的门…… | 第二十课 |
| 安慰 | 不用担心，在加拿大到处都吃得到中国菜。 | 第二十一课 |
| 追问 | 到底多少钱？ | 第二十一课 |
| 肯定 | 没错，我要去上海！ | 第二十二课 |
| 庆幸 | 幸运的是，小猫没有死，只是暂时走不了路。 | 第二十二课 |
| 不喜欢 | 他们说对车没兴趣。 | 第二十三课 |
| 意外 | 没想到，到了别墅以后，李阳的这把钥匙却打不开门。 | 第二十四课 |
| 要求 | 千万要注意安全啊！ | 第二十四课 |

# 第二十五课　她连一句话都没说过

## 课文 Text

（一）

早上起来，看了看日历，小美发现自己已经十天没有下楼了。在这十天里，她连一个朋友都没见过，一句话都没说过，一顿饭也没做过，只吃方便面和水果。如果不是临时决定出去配眼镜，她恐怕还会一直这样过下去。

*比较 Comparing*　　*推测 Conjecture*

朋友说："小美，你怎么能这样生活呢？"小美说："怎么不能？这种生活多自由啊！跟这种生活相比，谈恋爱多累啊！"

对小美这种人来说，不谈恋爱、不去约会没关系，没有朋友、不和人交流也没关系，但是不能没有电脑和网络。有了电脑和网络就有了一切。在网上不但可以看新闻、看电影，还可以聊天，可以买东西。现在她买什么东西都不用出门，连牙刷也从网上买。

大概半个月以前的一天，她出去了一趟，买回来一本书，可是到现在为止连一页也没看过。她所有的时间都在网上度过，哪儿有时间看书呢？

*否定 Negating*

## (二)

女人常常可以一心多用：她可以同时用手玩儿四到五个球；她可以一边用电脑，一边接电话，并且在整个过程中不停地喝咖啡，同时连别人在门外说的话也听得清清楚楚。

男人往往在同一时间里只能干一件事：当男人在看地图的时候，他必须把收音机关上；当男人在开车的时候，要是女人和他说话，他绝对会错过出口；当电话铃响的时候，男人总是要求大家安静，然后再去接电话。有些成功的男人，甚至连一边走路一边嚼口香糖都不会。

### 词语 New Words and Phrases

| | | | | |
|---|---|---|---|---|
| 1. 连 | （介） | lián | even |
| 2. 日历 | （名） | rìlì | calendar |
| 3. 方便面 | （名） | fāngbiànmiàn | instant noodle |
| 4. 谈 | （动） | tán | to talk |
| 5. 恋爱 | （名/动） | liàn'ài | love affairs; to be in love |
| 6. 交流 | （动） | jiāoliú | to communicate, to exchange |
| 7. 网络 | （名） | wǎngluò | network |
| 8. 一切 | （代） | yíqiè | everything |
| 9. 牙刷 | （名） | yáshuā | toothbrush |
| 10. 为止 | （动） | wéizhǐ | up to, till |

| 11. 页 | （量） | yè | page |
|---|---|---|---|
| 12. 度过 | （动） | dùguò | to spend (time), (of time) to pass |
| 13. 同时 | （连） | tóngshí | at the same time |
| 14. 并且 | （连） | bìngqiě | also, and |
| 15. 整个 | （形） | zhěnggè | whole, entire, all |
| 16. 过程 | （名） | guòchéng | course, process |
| 17. 收音机 | （名） | shōuyīnjī | radio |
| 18. 错过 | （动） | cuòguò | to miss |
| 19. 铃 | （名） | líng | bell, ring |
| 20. 成功 | （形/动） | chénggōng | successful; to succeed |
| 21. 嚼 | （动） | jiáo | to chaw |

## 补充词语 Additional Vocabulary

| 口香糖 | （名） | kǒuxiāngtáng | chewing gum |
|---|---|---|---|

## 注释 Notes

### "怎么不能？" "哪儿有时间看书呢？"

"怎么""哪儿/哪里"常用在反问句中。"怎么不能"的意思是"能"，"哪儿有时间看书呢"的意思是"没有时间看书"。除了这种使用"怎么""哪儿"等疑问代词的反问句，还有一种常见的反问句是"不是……吗？"，如"你不是有手机吗？"意思是"你有手机"，"我刚才不是回答了吗？"意思是"我刚才回答了"。(怎么, 哪儿/哪里 are often used in rhetorical questions. 怎么不能 means 能, 哪儿有时间看书呢 means 没有时间看书. In addition to using question pronouns for rhetorical questions, the structure "不是……吗？" is another common way of rhetorical questions, for example, "你不是有手机吗？" means "你有手机, 我刚才不是回答了吗？" means "我刚才回答了".)

## 语法和句式 Grammar and Sentence Patterns

### 1. "连……也/都……"

介词"连"后面引出强调的内容,表示所强调的人或事物是如此,其他的就更是如此了。强调的内容后边要用"也"或"都"呼应。如:(The preposition 连 is used to introduce what to be emphasized, indicating that a particular person or thing is so, not to mention the others. 也 or 都 is used for what to be emphasized accordingly.)

(1) 这么简单的字,连小孩子都认识。
(2) 他在北京住了4年,连长城都没去过!

"连一……也/都……"与"没、不"等否定词连用,表示连"一"这个最小的数量都达不到,强调"没有"。句子中的"连"可以省略。("连一……也/都……", must be used with negative words like 没,不 to indicate that even one, the minimum, does not exist. It is used to emphasize there is not even one. 连 can be omitted.)

(3) 我连一个人都不认识。
(4) 她(连)一次饭也没做过。

### 2. "下去"的引申意义 The Extended Sense of 下去

趋向补语"下去"除了放在动词后表示动作由上往下(如:坐下去),还可以放在动词或形容词后面,表示动作继续进行或情况继续存在。(The directional complement 下去, besides being used after a verb to indicate a downward direction of the action, e.g. 坐下去, can also be used after a verb or adjective to indicate a continuation of an action or situation.)

(1) 要是再热下去,我真受不了了!
(2) 你不能这样生活下去。
(3) 这本小说没意思,我看不下去。

注意:如果动词带了表示引申意义的"下去"做补语,动词后面通常不能再带宾语。(When a verb is followed by 下去 as a complement for extended meaning, it cannot take an object.)

## 句型替换 Pattern Drills

（1）这个问题太容易了，连　<u>小学生</u>　都　<u>会</u>　。
　　　那个地方很难找　　　　当地人　　　　不知道
　　　这个汉字太难了　　　　老师　　　　　不认识
　　　整个过程非常简单　　　三岁的孩子　　能记住

（2）他连 <u>爸爸妈妈</u> 也 <u>不爱</u>。　　（3）　<u>你</u>　<u>说</u>下去。
　　　　觉　　　　　不睡　　　　　　　　咱们　　唱
　　　　吃饭的钱　　没有了　　　　　　　你们　　写
　　　　最小的字　　能看见　　　　　　　天气可能会　冷

（4）<u>她</u>（连）<u>一个</u>　<u>人</u>　都<u>没见过</u>。
　　　她　　　　件　漂亮的衣服　没有
　　　我　　　　个　生词　　　　记不住
　　　她　　　　个　电话　　　　不打

## 任务与活动 Tasks / Activities

**双人活动：刚来中国的时候**　Pair Work: When I First Arrived in China

你刚来中国的时候情况怎么样？请写下5个否定的句子。（What was it like when you first came to China? Please write down 5 negative sentences.）

　　例：我没有朋友。

把你写的5个句子改成用"（连）一……都/也……"的句子。（Change the sentences above so that they include "（连）一……都/也……".）

　　例：我没有朋友。→我（连）一个朋友也没有。

现在，你的情况和刚来中国时一样吗？请把不同的地方写下来。（What differences have you noticed since you first arrived in China? Please write down the differences.）

　　例：我没有朋友。→我（连）一个朋友也没有。→我现在有很多朋友。

# 第二十六课　把废纸捡起来

## 课文 Text

（一）

（在机场的安检处）

工作人员A：这位女士，请到这边来，把行李拿过来。里边有电脑吗？

刘　　梅：有。

工作人员A：请把电脑拿出来，放在篮子里。随身背的小包也放在篮子里。

（刘梅放好了电脑和小包）

工作人员A：请把外套脱下来。

（刘梅脱下外套，放在篮子里，然后站到旁边接受检查。）

工作人员B：请过来一下。把小包打开。

（刘梅打开了她的包，工作人员翻看包里的物品，拿起一个瓶子，打开看了看，又闻了闻。）

刘　　梅：这是洗面奶。

工作人员B：(很有礼貌地) 女士您好，您的洗面奶虽然只有一点儿，但是瓶子的容量超过了一百毫升，按照规定，不能带进去。

刘　　梅：我把洗面奶倒出来，装进塑料袋里，瓶子不要了，可以带进去吗？

工作人员B：不行。

拒绝 Refusing

（二）

某个公司招聘工作人员。面试的那天，在每个考生进来以前，负责招聘的人都会故意把几张废纸扔到门口，在旁边放一个垃圾桶，然后观察考生进门后的反应。

结果他们发现，每个人的表现都不一样：有的考生直接走到椅子前坐下，根本没有注意到地上的废纸；有的考生虽然一进门就发现了废纸，但是犹豫了半天也没把它们捡起来；有的考生犹豫了一会儿，然后把废纸捡起来，扔进了垃圾桶；有一个考生发现地上的废纸后立即把它们捡起来，扔进垃圾桶去了。

你认为，这个公司会要哪一个人呢？

## 词语 New Words and Phrases

| | | | | |
|---|---|---|---|---|
| 1. | 废纸 | (名) | fèizhǐ | waste paper |
| 2. | 女士 | (名) | nǚshì | lady, madam |
| 3. | 随身 | (形) | suíshēn | (carry) on one's person |
| 4. | 外套 | (名) | wàitào | coat, outerwear |
| 5. | 脱 | (动) | tuō | to take off |
| 6. | 接受 | (动) | jiēshòu | to accept |
| 7. | 检查 | (动) | jiǎnchá | to check |
| 8. | 物品 | (名) | wùpǐn | article, goods |
| 9. | 虽然 | (连) | suīrán | although |
| 10. | 塑料 | (名) | sùliào | plastic |
| 11. | 招聘 | (动) | zhāopìn | to give public notice of vacancies to be filled |
| 12. | 考生 | (名) | kǎoshēng | examinee |
| 13. | 故意 | (副) | gùyì | intentionally, on purpose |
| 14. | 桶 | (名) | tǒng | bucket |
| 15. | 反应 | (名/动) | fǎnyìng | reaction, response; to react |
| 16. | 直接 | (形) | zhíjiē | direct |
| 17. | 犹豫 | (形) | yóuyù | hesitate |
| 18. | 立即 | (副) | lìjí | immediately, at once |

## 补充词语 Additional Vocabulary

| | | | | |
|---|---|---|---|---|
| 1. | 安检 | (名) | ānjiǎn | security check |
| 2. | 洗面奶 | (名) | xǐmiànnǎi | cleansing cream |
| 3. | 容量 | (名) | róngliàng | capacity |
| 4. | 毫升 | (量) | háoshēng | milliliter |

## 语法和句式 Grammar and Sentence Patterns

### 1. "把"字句(5) 把 Sentence (5)

(1) S + 把 + O + V + 来 / 去

把 手机 拿 来！
我们 把 小狗 带 去吧！

(2) S + 把 + O + V + 复合趋向补语

他 把 废纸 捡 起来了。
她 把 足球 扔 出去了。

如果动词后有复合趋向补语，又有表示处所的宾语，表示处所的宾语要放在"来"或"去"的前面。(The object must be placed before 来 or 去 when the verb is followed by a compound directional complement and an object of place.)

他把废纸放进垃圾桶去了。

### 2. "虽然……但是……"

连词"虽然"和"但是"用在复句中表示让步和转折，"但是"可以用"可是、可"等代替。(The conjunctions 虽然 and 但是 indicate a transition in a compound sentence, 可是, 可 may also be used instead of 但是.)

(1) 他虽然看见她了，但是没有跟她打招呼。
(2) 她虽然吃得很多，但是并不胖。
(3) 虽然妈妈批评了他，可是他并不生气。

"虽然"不能单独使用，"但是、可是"可以单独使用。(虽然 cannot be used alone, but 但是, 可是 can.)

(4) 他注意到了地上的废纸，但是没有把它捡起来。

## 句型替换 Pattern Drills

(1) 他们把 废纸 捡 起来了。
　　　　车　　开　过来
　　　　钥匙　扔　下来
　　　　洗衣机 抬　进去

(2) 他们把 废纸 放 进 垃圾桶 去了。
　　　　垃圾　提 下　楼　　　去
　　　　水　　背 上　山　　　来
　　　　桌子　抬 进　房间　　来

（3）他虽然<u>注意到了地上的废纸</u>，但是<u>没有把它捡起来</u>。

    挣了很多钱      并不快乐
    提醒我了       我忘了
    不如小李温柔      比小李勤快
    对他们不满意      什么也没说

## 任务与活动 Tasks / Activities

**小组活动：我为什么喜欢/不喜欢　Group Work: Why I Like/Dislike**

  教师先出示一个人物/事物的图片，按照学生对人物/事物的态度（喜欢/不喜欢）把他们分成两个组，然后学生开始陈述自己喜欢/不喜欢该人物/事物的原因。陈述中要使用"虽然……，但是……"。(The teacher will give students a picture of a person or an object, and then students will be divided into 2 groups: one group for like, and another for dislike. And then students will be required to use 虽然……，但是…… when debating over this particular image.)

  例如：关于麦当劳

| 喜欢 | 不喜欢 |
|---|---|
| 同学A：虽然它很方便，但是它很不健康。 | 同学B：虽然它不健康，但是它很流行（popular）。 |
| 同学C：虽然它很流行，但是它的肉不新鲜（fresh）。 | 同学D：虽然它的肉不新鲜，但是很好吃。 |
| 同学E：虽然它很好吃，但是吃了很容易胖。 | 同学F：虽然吃了很容易胖，但是…… |

## 第二十七课　牛仔裤被我妈洗得干干净净

### 课文 Text

（一）

小云的表姐买了一套面积比较大的房子，马上就要搬家了。搬家之前她收拾了很久。墙上的照片都被摘了下来，和衣服、杂志等东西一起装进箱子里去了。有一些衣服看起来还很新，可是她嫌样式不好看，都送给了乡下的亲戚。还有一些不要的东西，她或者扔掉，或者放在楼下，让想要的人拿走了。

选择 Making a choice

搬家那天，小云被叫过去帮忙。几个男的负责从楼上往下搬东西，小云就负责在下面看着。

他们刚把沙发和茶几搬下来，小云就觉得肚子疼，赶紧上楼去上厕所。等她再下来的时候，就发现茶几不见了，找了半天也没找着。他们怀疑茶几给人偷偷搬走了，都很生气，大声嚷着："谁把茶几搬走了？"

把所有的东西都搬到新家以后，他们又回来看有没有落下的东西。忽然，他们在楼下发现了茶几，上面还贴着一张纸条："对不起，刚才茶几叫我搬回去了。我以为这是被你们扔掉的。"

道歉 Making an apology

## (二)

我上大学的时候,有一段时间流行穿有破洞的牛仔裤。穿这种裤子的人,会让人觉得很酷。我想装酷,又觉得花钱去买一条破裤子实在不值得,于是我找了条旧牛仔裤,用剪刀剪了好几个大口子。看,几乎和买的一样,多省钱啊!

有一次回家,我妈帮我把裤子洗了。等我回到学校拿出来穿时,惊讶地发现,不但牛仔裤被我妈洗得干干净净,那些口子也被我妈缝得整整齐齐。

### 词语 New Words and Phrases

| | | | | |
|---|---|---|---|---|
| 1. 之前 | (名) | zhīqián | before, ago |
| 2. 等 | (助) | děng | and so on, etc. |
| 3. 箱子 | (名) | xiāngzi | chest, trunk |
| 4. 嫌 | (动) | xián | to dislike, to complain of |
| 5. 样式 | (名) | yàngshì | a type, a style, a pattern |
| 6. 看 | (动) | kān | to keep under surveillance, to keep an eye on, to look after |
| 7. 茶几 | (名) | chájī | a small side table, a tea table |
| 8. 厕所 | (名) | cèsuǒ | toilet |
| 9. 嚷 | (动) | rǎng | to yell, to shout |

| 10. 落 | （动） | là | to leave out, to be missing, to leave behind |
| 11. 流行 | （动） | liúxíng | to prevail, to be in vogue |
| 12. 牛仔裤 | （名） | niúzǎikù | jean |
| 13. 酷 | （形） | kù | cool |
| 14. 装 | （动） | zhuāng | to pretend |
| 15. 值得 | （动） | zhíde | to be worth |
| 16. 剪刀 | （名） | jiǎndāo | scissors |
| 17. 口子 | （名） | kǒuzi | opening, hole |
| 18. 几乎 | （副） | jīhū | almost |
| 19. 省 | （动） | shěng | to economize, to save |
| 20. 缝 | （动） | féng | to sew |

## 注释 Notes

### 1. "有一些衣服看起来还很新"

"看起来"的意思是 it seems or appears, it looks as if, look。（看起来 means it seems or appears, it looks as if, look.）

(1) 这个小区离学校不远，风景也好，看起来不错。

类似的还有"听起来"，如：(听起来 is similar to 看起来, for example:)

(2) 这件事听起来容易，可是实际上麻烦得很。

### 2. "她或者扔掉，……"

"掉"用在动词后做结果补语，表示"除去"，如"扔掉""洗掉""擦掉""忘掉""花掉"等。（掉, when used after a verb, is a complement of result, indicating removal, for instance 扔掉，洗掉，擦掉，忘掉，花掉, etc.）

(1) 衣服上的脏东西洗掉了吗？
(2) 我把两千块钱都花掉了。
(3) 小静把荔枝扔掉了。
(4) 学过的生词都忘掉了。

## 3. "让想要的人拿走了"

"走"是结果补语,表示通过动作使人或物离开。(走 here is a complement of result to indicate removal of people or things.)

搬走桌子　抬走冰箱　带走他

## 4. "用剪刀剪了好几个大口子"

"好几个"的意思是 quite a few。(好几个 means quite a few.)

# 语法和句式 Grammar and Sentence Patterns

### "被"字句(2) 被 Sentence (2)

本课要学习"被"字句的以下两种形式:(In this lesson, we will learn the following two forms of 被 sentence:)

S(receiver of the action)+ 被 + 施事(doer of the action)+ V + 得 + 情态补语

　　皮肤　　　　被　　　　太阳　　晒　得　　很黑。
　　房间　　　　被　　　　我妈　　收拾　得　干干净净。

S(receiver of the action)+ 被 + 施事(doer of the action)+ V + 趋向补语

　　画报　　　　被　　　　小宝　　拿　　去了。
　　苹果　　　　被　　　　我们　　摘　　下来了。

注意:(Notice:)

不能说、不需要说,或不知道具体施事者时,"被"的宾语可以省略,或者用"人"代替。(When the doer of the action, i.e. the object of 被, is either unknown, unnecessary or cannot be mentioned, it can be omitted or replaced by 人.)

(1) 前些天表姐搬家,小云被叫过去帮忙。

(2) 茶几被人搬走了。

否定副词(没有、不)或能愿动词(能、可以等)要放在"被"的前面。(The negative adverb 没有, 不, or optative verb, for example 能, 可以, etc., must be used before 被.)

(3) 外套不会被人偷走吧?

在口语中,"被"字可以用介词"让""叫""给"来代替。(In everyday conversations, 被 can be replaced by prepositions 让, 叫 or 给.)

使用"让"和"叫"时,后面必须有宾语(施事者)或"人";使用"给"时,可以省略宾语(施事者),也可以用"人"作为宾语。(When 让 or 叫 is used, it must be followed by an object (doer) or 人. When 给 is used, the object (doer) can be omitted or replaced by 人.)

(4) 那双鞋叫表姐扔了!

(5) 我新买的手机叫人偷了!

(6) 小云让人撞倒了。

(7) 杯子给(他)打破了。

## 句型替换 Pattern Drills

(1) <u>房间</u>被他们<u>搞</u>得<u>非常脏</u>。
　　书　　　搞　　很乱
　　厕所　　打扫　很干净
　　书　　　摆　　整整齐齐

(2) <u>书包</u>被小云<u>找回来</u>了。
　　词典　　　　拿去
　　箱子　　　　搬下来
　　球　　　　　扔下去

(3) <u>他的车</u>被(人)<u>偷走</u>了。
　　面包　　　　吃完
　　剪刀　　　　拿走
　　我　　　　　推倒

(4) <u>他</u>给(人)<u>打伤</u>了。
　　空调　　　搞坏
　　椅子　　　碰倒
　　房间　　　打扫干净

(5) <u>手机</u>让/叫<u>弟弟</u> <u>搞坏</u>了。
　　闹钟　　　小宝　　拆坏
　　姐姐　　　车　　　撞伤
　　衣服　　　妈妈　　洗干净

空调 kōngtiáo, air conditioner
撞 zhuàng, to knock

## 任务与活动 Tasks / Activities

**全班活动：哑剧　Class Work: Mime**

（本活动相关补充内容详见配套教师手册）

每个学生都会得到一张小纸条，纸条上有一个老师写的"被"字句。学生拿到纸条后不能说话，要用动作把纸条上的内容表演出来，其他学生要猜一猜她/他表演的是什么，用"被"字句说出她/他表演的内容。（Every student will be given a piece of paper, on this paper will be a 被 sentence written by the teacher. During this task students are required not to speak, but to use their actions instead allowing other students to guess what the 被 sentence is.）

> S（receiver of the action）+ 被 + 施事（doer of the action）+ V + 得 + 情态补语
> S（receiver of the action）+ 被 + 施事（doer of the action）+ V + 趋向补语

# 第二十八课 在餐厅中间跳起舞来

## 课文 Text

（一）

（林平和小华去西藏玩儿了一趟，回来以后林平写了一篇文章，下面的内容是其中的一部分。）

车开了一段时间，远处的雪山多起来。不久，像蓝宝石一样的纳木错湖就出现在我们眼前。我们一下子兴奋起来，都拿出相机来拍照。早就听说纳木错湖不错，果然美极了。

在湖边，我们沿着沙滩走着，看着远处的雪山与头上的蓝天，感觉好像忘了世界上的一切。太阳下山了，冷起来了，我们开始往回走。刚到住的地方，就突然下起冰雹来。我们穿上了厚厚的外套，喝着热热的酥油茶，才感觉暖和一点儿。

饭后，餐厅里响起了

好听的藏族音乐，几个藏族姑娘在餐厅中间跳起舞来。这个民族几乎每个人都会唱歌跳舞，这是他们生活中很重要的一部分。我们跟在藏族姑娘身后学着跳。这是藏族的传统舞蹈，虽然看起来很简单，可是学起来却那么难。我们傻傻地、兴奋地又唱又跳，度过了一个愉快的晚上。

（二）

**否定 Negating**

在一个QQ群里，几个妈妈在谈自己要考高中的孩子。一个说："儿子小的时候盼他长大，现在长大了，却总是跟我吵架。"一个说："我女儿挺用功的，但是一点儿也不自信。"一个说："我儿子总是不理我，问他学习上的事，他总是扔给我一句'烦死了'。"还有一个说："我女儿根本不想学习，连书都不想碰。她还说：'学的越多，知道的越多；知道的越多，忘的越多；忘的越多，知道的越少……到底为什么要学啊？'"

**建议 Advising**

现在孩子们要考高中了，家长们不能不着急。孩子们的班主任给出了自己的建议。她说："许多家长最大的问题是说得太多。这个时候最好什么都不要说。"她说，十五六岁的中学生通常都喜欢和家长"对着干"，家长说得越多，他们心里越烦。家长平时应该多观察孩子的行动、表情，只在需要提醒他们的时候才说，并且说一两遍就够了。不要担心孩子不重视，因为他们虽然表面上显得不在乎，其实心里是能听进去的。

## 词语 New Words and Phrases

| | | | | |
|---|---|---|---|---|
| 1. 姑娘 | (名) | gūniang | girl |
| 2. 部分 | (名) | bùfen | part |
| 3. 宝石 | (名) | bǎoshí | precious stone, gem |
| 4. 兴奋 | (形) | xīngfèn | excited |
| 5. 沿 | (介) | yán | along |
| 6. 沙滩 | (名) | shātān | sand beach |
| 7. 与 | (连) | yǔ | 和，跟 |
| 8. 突然 | (形) | tūrán | sudden, abrupt |
| 9. 厚 | (形) | hòu | thick |
| 10. 民族 | (名) | mínzú | nation |
| 11. 跟 | (动) | gēn | to follow |
| 12. 舞蹈 | (名) | wǔdǎo | dance |
| 13. 傻 | (形) | shǎ | foolish, stupid |
| 14. 自信 | (形) | zìxìn | self-confident |
| 15. 烦 | (形) | fán | be annoyed |
| 16. 家长 | (名) | jiāzhǎng | parent, guardian of a child |
| 17. 通常 | (副) | tōngcháng | usually |
| 18. 行动 | (名) | xíngdòng | action, behavior |
| 19. 重视 | (动) | zhòngshì | to pay attention to, to take something seriously |
| 20. 表面 | (名) | biǎomiàn | surface |

## 专名 Proper Nouns

| | | |
|---|---|---|
| 1. 西藏 | Xīzàng | Tibet |
| 2. 纳木错湖 | Nàmùcuò Hú | Namtso Lake |
| 3. 藏族 | Zàngzú | the Zang (Tibetan) nationality |

## 补充词语 Additional Vocabulary

| | | | |
|---|---|---|---|
| 1. 冰雹 | (名) | bīngbáo | hailstone |
| 2. 酥油茶 | (名) | sūyóuchá | Tibetan buttered tea |
| 3. 班主任 | (名) | bānzhǔrèn | head teacher |

## 注释 Notes

### "太阳下山了"

"太阳下山了"的意思是 the sun sets。(太阳下山了 means the sun sets.)

## 语法和句式 Grammar and Sentence Patterns

### 1. "起来"的引申意义 The Extended Sense of 起来

趋向补语"起来"除了放在动词后表示动作由下往上(如"站起来"),还可以放在动词或形容词后面,表示动作或情况开始并继续。如:(The directional complement 起来, in addition to indicate an upward direction, can also be used after a verb or adjective to indicate the start and continuation of an action or situation. For example:)

(1) 听了他的话,大家都笑起来了。
(2) 车开了一段时间,远处的雪山多起来。

如果动词有宾语,宾语一定要放在"起"和"来"的中间。(When the verb takes an object, the object must be placed between 起 and 来.)

(3) 他们讨论起旅行计划来。
(4) 我们高兴地唱起歌来。
(5) 几个藏族姑娘跳起舞来。

### 2. "越……越……"

"越……越……"常常连接动词或形容词,表示后面的情况或程度随着前边条件的变化而变化。如:(越……越…… is used to link verbs or adjectives, indicating that the following situation or degree changes according to the previous conditions.)

(1) 他们越跑越快。
(2) 这首歌我越听越爱听。

"越……越……"可以连接前后两个不同的主语。如：(越……越…… can be used to link two different subjects. For example:)

(3) 家长说得越多，他们心里越烦。

注意："越……越……"已经含有程度高的意思，"越"后边的形容词或心理动词前不能加程度副词（如"很、非常"），如不能说"他们越跑越很快""家长说得越多，他们心里越很烦"。(Notice: As 越……越…… implies a high degree, the adjective or mental verb will not take a degree adverb before it, like 很 and 非常. For example, we will never say 他们越跑越很快, or 家长说得越多，他们心里越很烦.)

## 句型替换 Pattern Drills

（1）好听的藏族音乐　响　起来。
　　　我们　　　　　笑
　　　他　　　　　　犹豫
　　　身上　　　　　暖和
　　　奶奶的身体　　好

（2）他们跳起舞来。
　　　　吵　架
　　　　聊　天
　　　　写　小说
　　　　学　法语

（3）他越想越烦。
　　　走　快
　　　长　高
　　　看　想看
　　　想　难过

（4）房子越大越贵。
　　　钱　多　好
　　　辣椒　小　辣
　　　网速　快　好
　　　离家　近　好

辣椒 làjiāo, hot pepeer

## 任务与活动 Tasks / Activities

**全班活动：有意义的句子　Class Work: Sentences That Make Sense**
（本活动相关补充内容详见配套教师手册）

教师手里有一些写着形容词/动词的纸牌，教师随意抽出两张，学生应想一想是否可以用"越……越……"把它们变成有意义的句子。(The teacher will have a bunch of cards with both verbs and adjectives on them, and pick 2 out at random; students will have to think how to connect these two words using 越……越…… to make a sentence that makes sense.)

## 第二十九课　什么舒服穿什么

### 课文 Text

（一）

我哥哥不太在乎吃和穿，妈妈做什么他吃什么，什么舒服穿什么。他的性格也很好，从来不生气。不过，他有个缺点，就是懒。

在我们家，谁最后吃完饭谁洗碗，而哥哥最后吃完的时候总是不洗碗。天气寒冷的冬天，他总是嫌冷不去倒垃圾，一吃完饭就直接上床玩儿电脑。我决定惩罚这个大懒虫。怎么惩罚呢？举行一个抽奖活动，规定谁抽到"大奖"谁就去倒垃圾。大家都同意了。

我把几张写了字的纸条放在小盒子里，故意让哥哥先抽。哥哥挑了半天，拿起一张纸条来，小心地打开："真倒霉！我中奖了！"他只好下床去倒垃圾。等他倒了垃圾回来，我叫他再抽，他一连抽了三张，都是"祝贺你，中大奖了！"这时他才明白，我在每张纸上都写了一样的话。

祝贺 Congratulating　　　　不满意 Unsatisfying

## (二)

(林平的表姐去医院看望生病的奶奶,托林平暂时照顾一下孩子。林平从来没照顾过小孩儿,不知道该怎么办,只好打电话问小华。)

林平:他一直在地上爬,哪儿脏他去哪儿。我怎么让他停下来啊?

小华:你得跟着他,他爬到哪儿你跟到哪儿。

(两分钟后)

林平:刚才他一连撕坏了三本书,撕碎了一张十块钱,现在他又看中了我的茶叶!

小华:没关系,反正你的茶叶多,就让他玩儿吧。

(一分钟后)

林平:唉,他现在突然哭起来了!怎么办啊?怎么让他睡着啊?我好想出去啊!

小华:你千万不能出去!你表姐什么时候回来你什么时候出去吧!

(三十秒后)

林平:我想哭!

小华:别哭,对孩子要保持微笑。

## 词语 New Words and Phrases

| | | | | |
|---|---|---|---|---|
| 1. | 缺点 | （名） | quēdiǎn | shortcoming, defect |
| 2. | 而 | （连） | ér | but |
| 3. | 寒冷 | （形） | hánlěng | cold |
| 4. | 惩罚 | （动） | chéngfá | to punish |
| 5. | 懒虫 | （名） | lǎnchóng | lazybones |
| 6. | 抽奖 | | chōu jiǎng | lottery draw |
| 7. | 同意 | （动） | tóngyì | to agree, to permit |
| 8. | 盒子 | （名） | hézi | box |
| 9. | 倒霉 | （形） | dǎoméi | bad luck |
| 10. | 中奖 | | zhòng jiǎng | to win a lottery |
| 11. | 一连 | （副） | yìlián | in succession |
| 12. | 祝贺 | （动） | zhùhè | to congratulate |
| 13. | 看望 | （动） | kànwàng | to call on, to visit, to see |
| 14. | 托 | （动） | tuō | to entrust, to ask (somebody to do something) |
| 15. | 照顾 | （动） | zhàogù | to take care of |
| 16. | 撕 | （动） | sī | to tear |
| 17. | 看中 | | kàn zhòng | to take a liking to |
| 18. | 反正 | （副） | fǎnzhèng | in any case, at any rate, anyway |
| 19. | 唉 | （叹） | ài | oh, ah (to express pity or grief) |
| 20. | 保持 | （动） | bǎochí | to keep, to maintain |

## 语法和句式 Grammar and Sentence Patterns

### 1. 疑问代词的活用(2) Special Usages of Interrogative Pronouns (2)

疑问代词用在复句中，如果前后两个分句用同一个疑问代词做主语或定语等成分，第二分句中的疑问代词所指的人或事物就是前一分句提到的。第二分句中一般用副词"就"连接。(When an interrogative pronoun is used in a compound sentence, if both clauses in the compound sentence use the same interrogative pronoun as a part of speech like subject or attributive, the interrogative pronoun in the second clause indicates the person or thing mentioned in the first clause. The adverb 就 is often used in the second clause for collocation.)

(1) 谁想参加比赛，谁就参加。
(2) 谁骂人，我就批评谁。
(3) 在家里，妈妈做什么，小松就吃什么。
(4) 什么水果好吃，我就买什么。
(5) 哪儿好玩儿，我就去哪儿。
(6) 哪种茶好喝，她就买哪种。

有些复句的紧缩形式中，中间没有逗号，副词"就"也会省略。如：(In some elliptical forms of compound sentences, no comma is used and 就 is omitted. For example:)

(7) 在我们家，谁最后吃完谁洗碗。
(8) 什么贵他买什么。
(9) 你喜欢哪个我买哪个。

## 2. "而" (1)

"而"可以表示对照与转折。(而 indicates contrast or transition.)

(1) 妈妈很想买个大冰箱，而爸爸却不同意。
(2) 我们都在紧张地准备考试，而他却每天都出去玩儿。


## 句型替换 Pattern Drills

（1）谁<u>抽到大奖</u>，谁就 <u>去倒垃圾</u> 。　　（2）谁 <u>骂人</u> ，我就<u>批评</u>谁。
　　　　见到他　　　通知他一下　　　　　　　有困难　　　帮助
　　　　有时间　　　帮他一下　　　　　　　　想知道　　　告诉
　　　　最后离开　　负责关灯　　　　　　　　有名　　　　采访

（3）<u>妈妈做</u>什么，他<u>吃</u>什么。
　　　　小宝喜欢　　　　买
　　　　你需要　　　　　给你
　　　　领导说　　　　　做

（4）什么 <u>水果好吃</u>，<u>我</u> 就<u>买</u>什么。
　　　　话题有意思　我们　聊
　　　　茶好喝　　　我　　喝
　　　　电影好　　　我　　下载

（5）_____<u>他喜欢吃面条</u>_____，而 <u>我喜欢吃米饭</u>。
　　　　比赛输了我很难过　　　　他却不在乎
　　　　这里已经是温暖的春天了　北方还在下雪
　　　　怎么学不是一个小问题　　是一个大问题

## 任务与活动 Tasks / Activities

**全班活动：哪个是你的选择？　Class Work: Which is your choice?**
（本活动相关补充内容详见配套教师手册）

　　同学们会看到一些商品目录，上面有图片和价格。学生选出最喜欢的，用"哪个/哪种……就……"说句子提示其他同学，让大家猜一猜自己选的是哪种商品。（Students will be given some commodity lists, on these lists will be some pictures and price tags. Students are required to choose their favourite items, and give the others a hint by using 哪个/哪种……就……. The other students must find out his/her choice.）

## 第三十课 无论离家多近,她都会迷路

### 课文 Text

(一)

《西游记》是中国著名的古典小说。在中国,不论大人还是小孩儿,都知道《西游记》。在世界上,除了中国人,还有许多国家的人也都知道《西游记》里的孙悟空。

孙悟空是一只猴子,他没有父母,是从石头里跳出来的。他有很多本领,能变成动物、植物、人和其它各种东西。他能一下子飞到几万公里远的地方,还能钻到很深的海底。无论天上还是地下,他哪儿都能去。

在《西游记》里,孙悟空和他的几个同伴共同保护唐僧去西天取佛经。天上的神仙为了考验他们,一路上给他们安排了很多种困难。但是,无论困难多大,孙悟空都能找出解决的办法;无论遇到的妖怪变成什么东西,孙悟空的眼睛都能立即看出来。

故事的最后,他们克服了所有的困难,到了西天,取到了佛经,而且全部成了神仙。

## (二)

小苏擅长记电话号码,任何一个电话号码,她看过一遍就能记住。她还很擅长猜谜语,不论多难的谜语,她都能很快猜出来。

但是,上帝是公平的。天才肯定在某些方面有缺点。小苏的缺点就是:记不住路。如果让她走有两个以上路口的路,无论离家多近,她都会迷路。有一次我们一起开车去采访,在一个路口,司机不能肯定该往哪边拐,小苏很自信地向右一指:"往这边拐。我今年来了好几次了,上周刚来过!错不了!"结果,我们走错了。

后来,我们发现,无论遇到多么复杂的路口,"天才"的小苏,总是能迅速地选出那个与正确方向相反的路线!

相信 Believing

### 词语 New Words and Phrases

| 1. 著名 | (形) | zhùmíng | famous |
| 2. 古典 | (形) | gǔdiǎn | classical |
| 3. 无(不)论 | (连) | wú(bú)lùn | no matter what, how, etc. |
| 4. 本领 | (名) | běnlǐng | ability, skill, the power |
| 5. 植物 | (名) | zhíwù | plant |
| 6. 公里 | (量) | gōnglǐ | kilometre |

| 7. 同伴 | （名） | tóngbàn | companion, fellow, partner |
| --- | --- | --- | --- |
| 8. 保护 | （动） | bǎohù | to protect |
| 9. 神仙 | （名） | shénxiān | supernatural being |
| 10. 考验 | （动） | kǎoyàn | to test, to trial |
| 11. 解决 | （动） | jiějué | to solve, to resolve, to settle |
| 12. 克服 | （动） | kèfú | to overcome, to conquer, to surmount |
| 13. 妖怪 | （名） | yāoguài | monster, goblin, demon |
| 14. 任何 | （代） | rènhé | any |
| 15. 谜语 | （名） | míyǔ | riddle |
| 16. 上帝 | （名） | Shàngdì | God |
| 17. 公平 | （形） | gōngpíng | fair, impartial |
| 18. 天才 | （名） | tiāncái | genius, talent |
| 19. 迷路 | | mí lù | to lose one's way, to get lost |
| 20. 指 | （动） | zhǐ | to point |
| 21. 复杂 | （形） | fùzá | complex, complicated |
| 22. 正确 | （形） | zhèngquè | correct |
| 23. 相反 | （形） | xiāngfǎn | opposite, reverse |
| 24. 路线 | （名） | lùxiàn | route, itinerary, path |

## 专名 Proper Nouns

| 1. 孙悟空 | Sūn Wùkōng | 《西游记》里一只猴子的名字 |
| --- | --- | --- |
| 2. 唐僧 | Táng Sēng | a famous monk in Tang Dynasty |
| 3. 西天 | Xītiān | (of Buddhism) Western Paradise |
| 4. 苏 | Sū | 中国人的姓 |

## 补充词语 Additional Vocabulary

| 佛经 | （名） | fójīng | the Buddhist Scripture |

## 语法和句式 Grammar and Sentence Patterns

### 1. "无（不）论……都……"

"无论"后面必须带有疑问代词（"怎么""什么""多少"等）或疑问句式（如"A还是B""A不A"），说明某种不确定的情况；"都"引出结果，强调结果不会因为前面的情况而改变。（无论 must be followed by an interrogative pronoun, 怎么, 什么, 多少, etc. or a question form, e.g. A 还是 B, A 不 A, to indicate a certain indefinite situation, while 都 introduces the result, emphasizing that the result does not change because of the situation mentioned before.）

(1) 无论谁问他，他都不回答。
(2) 无论遇到多少困难，我都不怕。
(3) 无论刮风还是下雨，她都准时来上课。

### 2. "出来"的引申意义　The Extended Sense of 出来

趋向补语"出来"除了放在动词后表示动作使事物由里到外（如：拿出来），还可以表示辨认或动作使事物从无到有，从隐蔽到显现。（When used after a verb, the directional complement 出来, in addition to indicating the outward direction from inside, e.g. 拿出来, indicates that things develop from nothing or appear from shelter after recognition or action.）

(1) 这是什么茶？我喝不出来。
(2) 这个好办法是谁想出来的？

## 句型替换 Pattern Drills

(1) 无论 ___多难___ ，她都 会继续学习 。

　　　雨下得多大　　　　　会来上课
　　　工作忙还是不忙　　　一定来
　　　东西贵还是不贵　　　要买

（2）无论你<u>怎么说</u>，我都<u>不会再去了</u>。

    说什么　　　　不相信了
    去哪儿　　　　跟着你
    买什么　　　　喜欢

（3）无论<u>明天天气</u> <u>好</u> 还是 <u>不好</u>，我都 <u>会去</u>。

    工作　　忙　　不忙，　　来
    东西　　贵　　不贵　　　要买
    你　　　爱听　不爱听　　要说

（4）这是<u>什么味道</u>？我<u>闻</u>不出来。

    什么菜　　　吃
    什么意思　　猜
    什么字　　　看

## 任务与活动 Tasks / Activities

**小组活动：建议** Group Work: Suggestions

  教师将全班分成几组，每组学生一起思考怎样用"无（不）论……都……"和下表中的疑问代词组成句子，给大家一些建议。如：关于在中国生活／旅行的建议、关于学汉语的建议、关于找工作的建议等。(Students will be divided into several groups. Each group will have to think about how to combine both "无（不）论……都……" and the question words in the table to make a suggestion. The suggestion should be about living or travelling in China, learning Chinese, finding a job, etc.)

|  | 建议 |
| --- | --- |
| 怎么 | 无论怎么忙，都要给爸妈打电话。 |
| 什么 |  |
| 多少 |  |
| 谁 |  |
| A 还是 B |  |
| A 不 A |  |

# 复习（五）

## 课文 Text

2014年9月9日，我和老公顺利地领到了结婚证。这是又幸福又激动的一天！

不过，幸福和激动在第二天就被打破了。

我们两个人性格都很强，脾气都不好，但谁都不想改变。之前我们也有过矛盾，不过不严重。领证后，接下来的几天里我们一直忙着装修房子，在装修的问题上，我们的矛盾爆发了。

9月10日，因为电脑摆放位置的问题，我们吵了一架，最后他生气地把电脑从卧室里搬出去了。

9月11日，我们去买洗衣机，我看中了一款，他嫌不好，不同意买。我们又吵了一架，结果没买成。

9月12日，我们去买冰箱，我想要朋友推荐的一个牌子，而他为了省钱，坚持要另一个牌子。最后，又没买成。

9月13日，因为一连吵了几天，两个人谁也不理谁，在家待着，哪儿也没去。

9月14日，我们一起去买抽油烟机。我看中了一台最新款的，坚持要买，但是他嫌样式不好，坚决不要。结果我们又吵起来了。他还说我不会做饭，也从来不做饭，买抽油烟机跟我没有关系！

离婚！必须离婚！这样的日子过不下去了！

结婚以前他说我不会做饭没关系，他保证天天做给我吃！而现在，说过的话全忘了！再说，天天吵架有什么意思？！

9月15日上午，我们又来到几天前领结婚证的地方。离婚比结婚简单得多，前后不到五分钟，我们就各自拿到了离婚证。走出大门，他向右，我向左……

## 词语 New Words and Phrases

| | | | | |
|---|---|---|---|---|
| 1. 老公 | （名） | lǎogōng | husband |
| 2. 领 | （动） | lǐng | to receive, to draw, to get |
| 3. 激动 | （形） | jīdòng | excited, flushed |
| 4. 强 | （形） | qiáng | strong, powerful; better |
| 5. 脾气 | （名） | píqi | temper |
| 6. 矛盾 | （名） | máodùn | contradiction, conflict |
| 7. 严重 | （形） | yánzhòng | serious |
| 8. 爆发 | （动） | bàofā | to break out, to erupt |
| 9. 牌子 | （名） | páizi | brand |
| 10. 坚持 | （动） | jiānchí | to insist on, to stick to |
| 11. 待 | （动） | dāi | to stay |
| 12. 坚决 | （形） | jiānjué | firm, resolute, determined |
| 13. 关系 | （名） | guānxì | relation |

| 14. 离婚 |  | lí hūn | to divorce |
| --- | --- | --- | --- |
| 15. 日子 | （名） | rìzi | day |
| 16. 再说 | （连） | zàishuō | what's more, besides |
| 17. 各自 | （代） | gèzì | each, respective |

## 补充词语 Additional Vocabulary

| 1. 结婚证 | （名） | jiéhūnzhèng | marriage certificate |
| --- | --- | --- | --- |
| 2. 抽油烟机 | （名） | chōuyóuyānjī | smoke exhauster |

## 注释 Notes

1. "接下来的几天里……"

"接下来的几天"的意思是 the following days afterwards。(接下来的几天 means the following days afterwards.)

2. "……，再说，天天吵架有什么意思？！"

"再说"用来补充说明原因或理由，使用"再说"时，格式一般为："原因1+再说+原因2+结论"。(再说 is used to introduce a further statement of cause or reason. The structure is as follows: 原因1 + 再说 + 原因2 + 结论.)

(1) 我周末要去看朋友，再说，那儿我以前去过一次，所以这次就不去了。

(2) 那么远，再说环境也不好，为什么要在那儿买房子？

## 语法索引 Summary of Grammar

| 语法 | | 例句 | 课号 |
|---|---|---|---|
| （连）……也/都…… | | 这么简单的字，连小孩子都认识。 | 第二十五课 |
| 虽然……但是…… | | 他虽然看见她了，但是没有跟她打招呼。 | 第二十六课 |
| 越……越…… | | 他们越跑越快。 | 第二十八课 |
| | | 家长说得越多，他们心里越烦。 | |
| 无（不）论……都…… | | 无论谁问他，他都不回答。 | 第三十课 |
| "下去"的引申义 | | 你不能这样生活下去。 | 第二十五课 |
| "起来"的引申意义 | | 听了他的话，大家都笑起来了。 | 第二十八课 |
| | | 我们高兴地唱起歌来。 | |
| "出来"的引申意义 | | 这是什么茶？我喝不出来。 | 第三十课 |
| "把"字句 | S+把+O+V+来/去 | 我们把小狗也带去吧！ | 第二十六课 |
| | | 他们把书架搬上楼来。 | |
| | S+把+O+V+复合趋向补语 | 他把废纸捡起来了。 | |
| | | 他把废纸放进垃圾桶去了。 | |
| "被"字句 | S+被+O+V+得+情态补语 | 皮肤被太阳晒得很黑。 | 第二十七课 |
| | S+被+O+V+趋向补语 | 画报被小宝拿去了。 | |
| 疑问代词的活用（2） | | 谁想参加比赛，谁就参加。 | 第二十九课 |
| | | 在家里，妈妈做什么，小松就吃什么。 | |
| "而"表示转折 | | 妈妈很想买个大冰箱，而爸爸却不同意。 | 第二十九课 |

# 功能总结 Summary of Functions

| 功能 | 例句 | 课号 |
|---|---|---|
| 推测 | （如果不是临时决定出去配眼镜，）她恐怕还会一直这样过下去。 | 第二十五课 |
| 比较 | 跟这种生活相比，谈恋爱多累啊！ | 第二十五课 |
| 否定 | 她所有的时间都在网上度过，哪儿有时间看书呢？ | 第二十五课 |
| | 我女儿挺用功的，但是一点儿也不自信。 | 第二十八课 |
| 请求 | 这位女士，请到这边来，…… | 第二十六课 |
| 拒绝 | （女士您好，你的洗面奶……）按照规定，不能带进去。 | 第二十六课 |
| 选择 | 还有一些不要的东西，她或者扔掉，或者放在楼下，让想要的人拿走了。 | 第二十七课 |
| 道歉 | 对不起，刚才茶几叫我搬回去了。 | 第二十七课 |
| 建议 | 这个时候最好什么都不要说。 | 第二十八课 |
| 不满意 | 真倒霉！我中奖了！ | 第二十九课 |
| 祝贺 | 祝贺你，中大奖了！ | 第二十九课 |
| 相信 | （我今年来了好几次了，上周刚来过！）错不了！ | 第三十课 |

# 第三十一课 既然选择了，就不要后悔

## 课文 Text

（一）

我有个大学同学叫张强，是一个非常优秀的人。大学毕业时他有两个选择，一个是读研究生，另一个是去一家工资很高的公司工作。据说他的父母、亲戚都劝他选择公司，我们也以为他非去公司不可，都

羡慕他的幸运。但是，让大家感到惊讶的是，张强最后选择了读研究生。

毕业一年以后，我去上海出差，见到了一些同学，包括张强。谈到各自的工作和生活，我说我不太满意现在的工作，想去读研究生，但又不太想放弃工作，所以一直在犹豫。有人说："既然对工作不满意，就去读书吧。"也有人说："既然还是想工作，就干下去吧。"

张强的话给我留下了深刻的印象。他说："开始读研究生没多久，我遇到一些困难，突然想放弃了。那时候我有点儿后悔。我想，要是我

选择去公司工作，收入肯定已经很高了。但现在，我已经不再犹豫了，我想我会坚持读下去。人生有很多选择，但你既然选择了，就不要后悔，因为生命不可能重新再来。最怕的是，你走着现在的路，还想着另一条路，很多时间就在犹豫中被浪费掉了。"

（二）

昨天晚上我买了东西坐公交车回家。上车时人已经满了，我挤上车后只能紧贴车门站着。

到下一站后，车门打开了，又挤上来两位。这下我几乎没地方站了，心里很生气。这时，忽然车外边又有一个小伙子飞快地冲过来，我连忙喊道："别上了！实在站不下了！"而他完全不顾我脸上的不高兴，拼命往上挤，还说："我非上不可，非上不可！""坐下一辆吧，真的站不下了！"我尽量客气地说。但他仍然往上挤，我一生气，朝前面嚷道："关门，关门！"刚说完，车门就"砰"地一声关上了。我终于松了一口气。

> 强调 Emphasizing

> 释然 Feeling relieved

车继续朝前开。到站停车时，司机突然大声喊道："售票员！售票员哪儿去了？"

## 第三十一课　既然选择了，就不要后悔

### 词语 New Words and Phrases

| | | | | |
|---|---|---|---|---|
| 1. 优秀 | （形） | yōuxiù | excellent, outstanding |
| 2. 选择 | （动） | xuǎnzé | to choose |
| 3. 劝 | （动） | quàn | to persuade, to advise |
| 4. 非 | （副） | fēi | not |
| 5. 包括 | （动） | bāokuò | to include |
| 6. 放弃 | （动） | fàngqì | to give up, to abandon |
| 7. 既然 | （连） | jìrán | since, as |
| 8. 深刻 | （形） | shēnkè | deep, profound |
| 9. 后悔 | （动） | hòuhuǐ | to regret |
| 10. 收入 | （名） | shōurù | income |
| 11. 生命 | （名） | shēngmìng | life |
| 12. 公交车 | （名） | gōngjiāochē | bus |
| 13. 小伙子 | （名） | xiǎohuǒzi | young man, chap |
| 14. 冲 | （动） | chōng | to rush |
| 15. 道 | （动） | dào | to say |
| 16. 顾 | （动） | gù | to attend to, to take into consideration |
| 17. 拼命 | （副） | pīnmìng | desperately |
| 18. 尽量 | （副） | jǐnliàng | as ... as possible |
| 19. 客气 | （形） | kèqi | polite, modest |
| 20. 仍然 | （副） | réngrán | still |
| 21. 朝 | （介） | cháo | towards |
| 22. 松 | （动） | sōng | to loose, to relax |

## 补充词语 Additional Vocabulary

1. 售票员　　（名）　　shòupiàoyuán　　ticket seller
2. 砰　　　　（拟声）　pēng　　　　　　bang

## 注释 Notes

### 1. "这下我几乎没地方站了"

"这下"的意思是 in this situation。（这下 means in this situation.）

### 2. "我一生气，朝前面嚷道：……"

介词"朝"和后面的词语组成介词短语，用于动词前，表示动作的方向。(Preposition 朝, together with the following phrase as a prepositional phrase, is used before a verb to indicate the direction of the action.)

朝 + 宾语(O) + 动词(V)

汽车继续　朝　　前　　　开。
他　　　朝　　我　　　挥了挥手。

### 3. "我终于松了一口气。"

"松了一口气"的意思是 have a breathing spell。（松了一口气 means have a breathing spell.）

## 语法和句式 Grammar and Sentence Patterns

### 1. "非……不可"

"非……不可"用来表达一种肯定语气，这种肯定语气比一般的肯定句更强。它的意思和"一定"比较相似。具体而言，"非……不可"有以下三种意思：(The structure 非……不可 denote a stronger affirmative tone than an ordinary affirmative sentence. It is similar to 一定. Specifically, 非……不可 denotes the following three meanings:)

A. "一定要"，这里的"要"表示主观意志。(It is similar to 一定要. 要 here indicates a subjective or personal willing.)

(1) 我非去不可。(意思是"我"一定要去。)

(2) 小雪非买这件衣服不可。(意思是小雪一定要买这件衣服。)

B. "一定得"，表示"事实上或情理上必要"，即"必须"。(It is similar to 一定得, indicating a necessity by fact or ration.)

(3) 他病得很重，非住院不可。(意思是"他"一定得住院。)

C. "一定会"，是说话人对事情发生的可能性所做的肯定的判断。(It is similar to 一定会, indicating an affirmative possibility judged by the speaker.)

(4) 你的狗和他的猫见了面非打架不可。(意思是猫和狗见了面一定会打架。)

(5) 今天非下雨不可。(意思是今天一定会下雨。)

## 2. "既然……就……"

"既然……就……"用于连接两个小句，前一小句提出已成为现实的或者已经肯定的前提，后一小句根据这个前提推出结论。(既然……就…… is used to connect two clauses, the first clause indicate an assumption that either is a fact or is confirmed, the next clause conducts a conclusion based on this assumption.)

(1) 你既然这么想家，就回去看看吧。

(2) 既然大家都去过长城，我就不再多介绍了。

## 句型替换 Pattern Drills

(1) 既然 你喜欢 ，就 送给你吧 。　　(2) 我非 去 不可。
　　　来中国了　　学学汉语吧　　　　　　买
　　　没钱　　　　不要买了　　　　　　　吃
　　　不想去　　　别去了　　　　　　　　喝
　　　卖完了　　　去别的地方买　　　　　辞职

(3) 你的狗和他的猫 非 打架 不可。
　　　妈妈要是知道　　生气
　　　穿这么少　　　　生病
　　　他参加比赛的话　赢
　　　今天　　　　　　下雨

## 任务与活动 Tasks / Activities

**小组活动：我的梦想 I　Group Work: My Dream I**

2—3个同学一组，互相说说自己的梦想是什么，为什么有这样的梦想。注意尽可能使用"非……不可"。（In groups of two or three, tell the classmates in your group what your dream is, and why. You will be required to use 非……不可.）

# 第三十二课　只要坚持，就会实现梦想

## 课文 Text

(一)

有个年轻人在自行车店打工。有人送来一辆坏了的自行车，年轻人仔细地检查了一遍，不但把车修好了，还把车子擦得干干净净。其他人都笑他给自己找麻烦。他们没想到，车的主人把自行车拿回去的第二天，就请年轻人到他的公司上班。这个故事告诉我们，做任何事情，只要比别人认真，比别人多做一点儿，就会得到更好的机会。

有一个人去应聘工作时，随手把走廊里的废纸捡了起来，放进了垃圾桶，被经过的面试官看到了，他因此得到了这份工作。原来给人留下好印象很简单，只要养成好习惯就可以了。

有个年轻人一直梦想研究古代文字。为了这个梦想，他克服了很多困难。他当过工人，卖过烟，蹬过三轮车。只要有时间，他就去图书馆研究古文字。终于，一个著名的古文字学家注意到了他的文章。38岁的时候，他离开了他

的三轮车，来到了上海，成了一名博士研究生。这个故事告诉我们，只要坚持，就会实现自己的梦想。

## （二）

以下是科学家的一些发现，你相信吗？

久坐使人变老。

睡觉会使人变聪明。

睡眠不足会使人脾气变坏，使体重增加。

写日记可以使人心情变好。

运动使人年轻，每天只要快走三十分钟就能保持健康。

什么东西可以使一个人快乐？是钱？朋友？还是天天游山玩水？

有位英国科学家认为，工作使人快乐。

推论 Inferring

选择 Making a choice

## 词语 New Words and Phrases

| | | | | |
|---|---|---|---|---|
| 1. 梦想 | （名） | mèngxiǎng | dream |
| 2. 打工 | | dǎ gōng | to do manual work(for sb. temporarily), to work part-time |
| 3. 得到 | （动） | dédào | to get, to obtain, to receive |
| 4. 只要 | （连） | zhǐyào | as long as, if only, provided |

| 5. 应聘 | （动） | yìngpìn | 参加工作面试或者笔试 |
| 6. 随手 | （副） | suíshǒu | conveniently |
| 7. 走廊 | （名） | zǒuláng | corridor, passage |
| 8. 份 | （量） | fèn | *a measure word for job, newspaper, breakfast, etc.* |
| 9. 养成 | （动） | yǎngchéng | to form, to acquire, to cultivate |
| 10. 古代 | （名） | gǔdài | ancient times |
| 11. 文字 | （名） | wénzì | character, letter |
| 12. 博士 | （名） | bóshì | doctor (an academic degree) |
| 13. 实现 | （动） | shíxiàn | to come true, to achieve |
| 14. 以下 | （名） | yǐxià | the following, below |
| 15. 相信 | （动） | xiāngxìn | to believe |
| 16. 使 | （动） | shǐ | to make |
| 17. 不足 | （形） | bùzú | not enough |
| 18. 增加 | （动） | zēngjiā | to increase, to raise, to add |
| 19. 日记 | （名） | rìjì | diary |
| 20. 心情 | （名） | xīnqíng | mood |

## 补充词语 Additional Vocabulary

| 1. 面试官 | （名） | miànshìguān | interviewer, examiner |
| 2. 三轮车 | （名） | sānlúnchē | tricycle |

## 注释 Notes

"……，还是天天游山玩水？"

"游山玩水"的意思是 wandering about to enjoy the beauties of nature。（游山玩水 means wandering about to enjoy the beauties of nature.）

## 语法和句式 Grammar and Sentence Patterns

### 1. 动词"使" The Verb 使

S₁ ＋ 使＋宾语（O=S₂）＋ Adj/V

| | | | |
|---|---|---|---|
| 睡觉 | 使 | 人 | 变聪明。 |
| 运动 | 使 | 人 | 年轻。 |
| 这个消息 | 使 | 我 | 很高兴。 |
| 她的介绍 | 使 | 我 | 了解了很多情况。 |

### 2. "只要……就……"

"只要……就……"用在条件复句中，"只要"引出充分的条件，"就"后面表示具备了这个条件后所产生的情况或结果。（只要……就…… is used in a conditional compound sentence. 只要 introduces the necessary conditions or factors while 就 introduces the situation or result when the conditions are met.）

(1) 只要你比别人多做一点儿，就会得到更好的机会。
(2) 只要有时间，他就去图书馆看书。
(3) 只要坚持，你就会实现自己的梦想。

## 句型替换 Pattern Drills

(1) <u>睡觉</u> 使我们 <u>更聪明</u>。
　　运动　　　　身体健康
　　听音乐　　　心情愉快
　　他的话　　　很生气
　　这件事　　　很不开心

(2) <u>旅游</u> <u>可以</u> 使你 <u>高兴</u>。
　　游泳　　能　　　保持身材
　　读书　　会　　　心情愉快
　　睡眠不足　会　　体重增加
　　恋爱　　会　　　变漂亮

(3) 只要 <u>努力</u>，你就 <u>会成功</u>。
　　有时间　他　看书
　　坚持　　你　会实现梦想
　　喜欢　　他　非买不可
　　努力　　你　一定会有进步

## 任务与活动 Tasks / Activities

**1. 小组活动：好的品质　Group Work: Good Qualities**

3—4 人一组，各小组一起学习下面的词，然后讨论一下，这些好品质可以给自己带来什么。(In groups of 3 or 4, look up the following words. Think about how these good qualities benefit people.)

```
勤奋使人_____
乐观使人_____
诚实使人_____
大方使人_____
谦虚使人_____
```

**2. 小组活动：我的梦想 II　Group Work: My Dream II**

2—3 个同学一组，说说自己的梦想是什么、能不能实现，以及打算怎样去实现它。注意使用"只要……就……"句式。(In groups of 2 or 3, tell the classmates in your group what your dream is, whether or not you think you can realise this dream, as well as how do you plan on doing so. You will be required to use 只要……就…….)

# 第三十三课 尽管他非常努力

## 课文 Text

(一)

有一个年轻人,好不容易得到一份工作。半年过去了,尽管他非常努力,但是一点儿成绩都没有。他感觉很失败,于是告诉总经理他想辞职。

"为什么?难道你不喜欢这份工作吗?"

"我不是不喜欢,而是觉得自己不适合这份工作。"

"我觉得你适合。我相信你的能力。"

总经理的话使年轻人很感动,他决定好好儿干下去。

过了一年,年轻人取得了很大的成绩,成了一个部门经理。他想知道,当初总经理为什么那么相信他。总经理说:"当初招聘时,尽管应聘的人有一百多个,但是最后只要了你一个。如果接受你的辞职,说明我当初要你是错的。我相信,不是我们选错了人,而是你需要机会和时间。我相信自己,也相信你。"

## (二)

随着工业的发展,环境问题越来越严重。全球变暖就是大家经常谈到的环境问题之一。尽管很多人都知道全球变暖,但是大多数人都不知道全球变暖对人类的影响到底是什么。

总的来说,全球变暖的影响有三个方面。第一,海平面升高,住在海边的人必须搬到其他地方生活。第二,温度的升高会使一些动物和植物从地球上消失。第三,温度升高会带来更多的疾病,人类的健康会受到影响。

现在,也有人说,地球不是在变暖,而是在变冷,因为一些国家一连几年都是非常寒冷的冬天。科学家说,尽管这样,总的来说,地球表面的温度还是比以前升高了。

概括 Summarizing

不论变暖还是变冷,可以肯定的是,在世界各地,不正常的天气在增加,这说明地球的环境在发生变化。生活在地球上的每个人都会受到这种变化的影响。因此,我们每个人都应该关心环境问题。

## 词语 New Words and Phrases

| | | | | |
|---|---|---|---|---|
| 1. 尽管 | (连) | jǐnguǎn | in despite of, although |
| 2. 失败 | (动) | shībài | to fail, to lose |
| 3. 总经理 | (名) | zǒngjīnglǐ | general manager |

| | | | | |
|---|---|---|---|---|
| 4. 难道 | （副） | nándào | | (used to give force to a rhetorical question) could it be said that |
| 5. 适合 | （动） | shìhé | | to suit, to adapt to |
| 6. 能力 | （名） | nénglì | | ability, capability |
| 7. 取得 | （动） | qǔdé | | to acquire, to obtain |
| 8. 部门 | （名） | bùmén | | department |
| 9. 当初 | （名） | dāngchū | | originally |
| 10. 说明 | （动） | shuōmíng | | to show, to prove, to explain, to illustrate |
| 11. 随着 | （介） | suízhe | | along with |
| 12. 工业 | （名） | gōngyè | | industry |
| 13. 发展 | （动） | fāzhǎn | | to develop |
| 14. 之 | （助） | zhī | | of |
| 15. 人类 | （名） | rénlèi | | mankind |
| 16. 升高 | （动） | shēnggāo | | to go up, to raise |
| 17. 温度 | （名） | wēndù | | temperature |
| 18. 地球 | （名） | dìqiú | | the earth |
| 19. 消失 | （动） | xiāoshī | | to disappear, to vanish |
| 20. 疾病 | （名） | jíbìng | | disease, illness |
| 21. 发生 | （动） | fāshēng | | to happen, to occur, to take place |
| 22. 受 | （动） | shòu | | to receive, to accept |

## 注释 Notes

1. "好不容易得到一份工作。"

"好不容易"和"好容易"意思一样，都表示"很不容易"，常跟"才"一起使用。(好不容易 and 好容易 denote the same meaning, indicating 很不容易. They are usually used with 才.)

（1）好不容易才挤上车。=好容易才挤上车。(意思都是"很不容易，但是挤上车了"。)

(2) 好不容易才说清楚。= 好容易才说清楚。(意思都是"很不容易，但是说清楚了"。)

2. "总的来说，全球变暖的影响有三个方面：……"

"总的来说"的意思是 on the whole, overall。"全球变暖"的意思是 global warming。(总的来说 means on the whole, overall. 全球变暖 means global warming.)

3. "海平面升高"

"海平面"的意思是 sea level。(海平面 means sea level.)

## 语法和句式 Grammar and Sentence Patterns

1. "尽管……但是……"

"尽管……但是……"用在复句中，"尽管"先承认某种事实，"但是"表示转折。"但是"有时可以用"可是、而、却"代替。(尽管……但是…… is used in a compound sentence. 尽管 introduces concession, that is to admit a fact, while 但是 denotes a transition. 但是 is sometimes replaced by 可是, 而, 却.)

(1) 尽管他非常努力，但是一点儿成绩都没有。

(2) 尽管应聘的人有 100 多个，但是最后只要了他一个。

有时"尽管"可用于后一分句，前一分句不用"但是"，即："……，尽管……"。(Sometimes 尽管 is used in the second clause. In this case, 但是 is not used in the first clause, i.e. ……，尽管……。)

(3) 我这半年一点儿成绩都没有，尽管我已经很努力了。

2. "不是……而是……"

"不是……而是……"用在复句中，表示否定前者、肯定后者，并且强调后面肯定的部分。(不是……而是…… is used in a compound sentence, negating the former, affirming the latter, and emphasizing the latter.)

(1) 他不是要去英国，而是要去美国。

(2) 我不是不想回答，而是时间不够。

## 句型替换 Pattern Drills

（1）尽管他 <u>非常认真</u>，但是 <u>一点儿成绩都没有</u>。
　　　　　很努力　　　　　　考试还是没有通过
　　　　　不想去　　　　　　仍然去了
　　　　　得到了很多钱　　　并不高兴

（2）不是 <u>我不喜欢</u>，而是 <u>这件衣服太贵了</u>。
　　　　我不想时髦　　　这条裙子不适合我
　　　　我不想参加　　　妈妈不同意我参加
　　　　我讨厌他　　　　他嫌我不温柔

（3）难道 <u>你不明白</u> 吗？
　　　　你今天不睡觉了
　　　　你们都忘了
　　　　这就是爱情

## 任务与活动 Tasks / Activities

**全班活动：写小诗　Class Work: Write a Poem**
（本活动相关补充内容详见配套教师手册）

　　全班学生分成几组，每组一起写一首诗，题目叫《生活是不完美的》。诗中应使用"尽管……但是……"不少于四次。（Students will be divided into several groups. Each group will write a poem named *Life Is Not Perfect*. You will be required to use 尽管……但是…… more than four times in your poem.）

## 第三十四课　即使没座位，我也能睡得很香

### 课文 Text

（一）

随着现代社会的发展，失眠的人越来越多。

失眠是生活中的常见病，全世界大约三分之一的成年人患失眠。其中，女性失眠患者是男性的两倍。在中国，根据网上的调查结果，白领们的睡眠普遍不好：63.57%的人偶尔失眠，21.21%的人经常失眠，只有15.22%的人从来不失眠。

转述 Refering

除了工作太紧张以外，生活中的烦恼也是失眠的原因之一。如果在房子、恋爱、与同事的关系等方面遇到问题，很多人就会失眠。

失眠对生活和工作的影响很大，但并没有受到白领们的重视。

尽管他们常常抱怨睡不好，但是很多人并不把这当回事。即使有很严重的睡眠问题，他们也不愿意看病或用药；即使去看病，也不说睡眠方面的问题。这对身体健康是非常不好的。

## (二)

这个世界太不公平了,有那么多人失眠,也有那么多人那么能睡。看看这些能睡的人吧:

小王:我哥哥不论在什么地方,随时都能在两秒钟内睡着,让我这个通常要超过半个小时才能睡着的人羡慕死了。

> 羡慕 Admiring

小张:我初中的时候养成了在车上睡觉和上课睡觉的习惯。在车上,我一闭眼就能马上睡着。即使没座位,我也能睡得很香。在学校,上什么课我都能睡着,有一次我居然在体育课上睡着了。

小刘:我上中学的时候,白天上课时至少有一半时间在睡觉。即使考试我也会睡着,而且越重要的考试越能睡。有一次我睡得太香了,居然摔倒在过道上。我一下子摔醒了,看看周围,爬起来就大声喊:"谁推我?!谁?!"

### 词语 New Words and Phrases

| | | | | |
|---|---|---|---|---|
| 1. 现代 | (名) | xiàndài | modern times, the contemporary age (era) |
| 2. 社会 | (名) | shèhuì | society |
| 3. 失眠 | | shī mián | to lose sleep |
| 4. 大约 | (副) | dàyuē | about, approximately |
| 5. 成年 | (动) | chéngnián | to grow up, to come of age |
| 6. 患 | (动) | huàn | to suffer from |

| 7. 女性 | （名） | nǚxìng | female |
| 8. 男性 | （名） | nánxìng | male |
| 9. 倍 | （量） | bèi | times |
| 10. 根据 | （介） | gēnjù | according to |
| 11. 调查 | （动） | diàochá | to investigate |
| 12. 白领 | （名） | báilǐng | white-collar (worker) |
| 13. 普遍 | （形） | pǔbiàn | universal, general, widespread |
| 14. 偶尔 | （副） | ǒu'ěr | once in a while, occasionally |
| 15. 烦恼 | （形） | fánnǎo | vexed |
| 16. 原因 | （名） | yuányīn | reason |
| 17. 抱怨 | （动） | bàoyuàn | to complain |
| 18. 即使 | （连） | jíshǐ | even if |
| 19. 随时 | （副） | suíshí | at any time, at all times |
| 20. 至少 | （副） | zhìshǎo | at least |
| 21. 居然 | （副） | jūrán | unexpectedly, to one's surprise |
| 22. 过道 | （名） | guòdào | aisle |

## 语法和句式 Grammar and Sentence Patterns

1. "即使……也……"

"即使"后面先假设某种情况，然后用"也"引出某种结果，强调结果不会因为前面的情况而改变。（即使 introduces concession or assumption while 也 in the second clause introduces a certain result, emphasizing it does not change no matter what the situation is.）

(1) 即使有很严重的睡眠问题，他们也不愿意看病。
(2) 即使没座位，我也能睡得很香。

2. 小数、分数和百分数　Decimal Number, Fractional Number and Percentage

小数：如果数字有小数位，小数点用"点"表示，后面的数字直接念出。
(Decimal: When a number has a decimal place, it is spoken as 点, and the numbers

following it are spoken digit by digit with no number place words.)

  63.57 读作：六十三点五七  21.21 读作：二十一点二一
  15.22 读作：十五点二二

  分数：用"×（分母）分之×（分子）"表示。如"四分之三"（$\frac{3}{4}$）。(Fraction: The form is "denominator 分之 numerator".)

  $\frac{3}{4}$ 读作：四分之三

  百分数："%"读作"百分之"，后面加数字。(Percentage: % is spoken as 百分之 which is followed by a number.)

  30% 读作：百分之三十

### 3. 倍数的表达　Expression of Multiple

  数词后面加"倍"可以表示倍数，形式如"A 是 B 的 N 倍"。(When a number is followed by 倍, it indicates multiple. The structure is A 是 B 的 N 倍.)

  (1) 二十八是七的四倍。
  (2) 他的体重是一般人的两倍。
  (3) 三的六倍是多少？

## 句型替换 Pattern Drills

（1）即使<u>没座位</u>，我也<u>　能睡得很香　</u>。
   下雨    坚持锻炼
   很困难   一定要把事情做好
   很冷    只穿一件衣服

（2）我即使<u>　不睡觉　</u>，也要把这件事做完。
   不打扮   很漂亮
   不休息   做不完作业
   中了大奖  高兴不起来
   考试    能睡着

## 任务与活动 Tasks / Activities

**全班活动：国家简介** Class Work: A Brief Introduction of My Country

每个学生制作一张海报，向大家介绍自己的国家。海报中要有图片和说明文字，说明文字中应用上倍数、小数、分数和百分数。（Please give a brief description of your country, ensure that you use multiples, decimals, fractions and percentages. As well as some pictures, we can then create a beautiful poster and put it up on classroom wall.）

## 第三十五课 只有方法对了，效果才会更好

### 课文 Text

**（一）**

无论做什么，方法都很重要。只有方法对了，效果才会更好。吃水果也是这样。谁都知道水果好吃，水果既可以美容，又可以减肥，水果的好处多得说不完。但是我们要知道的是，只有正确地吃水果才能达到你想要的效果。

建议 Advising

想减肥的人，应该在饭前一两个小时吃点儿水果。但是消化不好的人最好在饭后一小时再吃水果。一天应该至少吃两个以上的水果。在选择水果的时候，尽量选择不同颜色的水果，这样就可以得到不同的营养。有些水果不应该空着肚子吃，包括西红柿、香蕉、桔子、荔枝等，它们可能会使你的胃不舒服。

**（二）**

前年暑假，我脚受了伤，基本上天天在家里躺着，不是看书就是睡觉，无聊死了。去年暑假，我去

选择 Making a choice

当了奥运志愿者。当志愿者很辛苦,要随时准备回答各种问题,帮助人们解决各种困难,可是比在家待着有意思多了。

有的外国观众很爱开玩笑,他们常常逗我们,不是朝我们做鬼脸,就是故意把票藏起来不给我们看。

有一天,有个欧洲人匆忙来到我面前,用很不标准的普通话说"厕所",我一下子没反应过来这是哪国的语言,直到他说"toilet"的时候我才明白。

还有一次,我看到一位外国女士在努力学习用筷子,就走过去问她要不要刀叉,她拒绝了,非要用筷子。可是她花了很长时间才用筷子把一口米饭送到嘴里。最后她无奈地对我说道:"还是给我刀叉吧。"

## 词语 New Words and Phrases

| | | | |
|---|---|---|---|
| 1. 方法 | (名) | fāngfǎ | method, way, means |
| 2. 只有 | (连) | zhǐyǒu | no other than |
| 3. 效果 | (名) | xiàoguǒ | effect |
| 4. 美容 | (动) | měiróng | to improve one's looks |
| 5. 好处 | (名) | hǎochù | advantage, benefit |
| 6. 达到 | (动) | dádào | to achieve, to reach |

| 7. 消化 | （动） | xiāohuà | to digest |
| 8. 营养 | （名） | yíngyǎng | nutrition |
| 9. 胃 | （名） | wèi | stomach |
| 10. 脚 | （名） | jiǎo | foot |
| 11. 基本上 | （副） | jīběnshàng | mainly, on the whole, in the main |
| 基本 | （形） | jīběn | basic, essential, fundamenta |
| 12. 志愿者 | （名） | zhìyuànzhě | volunteer |
| 13. 观众 | （名） | guānzhòng | audience |
| 14. 逗 | （动） | dòu | to amuse |
| 15. 鬼脸 | （名） | guǐliǎn | funny face, grimace |
| 16. 标准 | （形/名） | biāozhǔn | standard |
| 17. 筷子 | （名） | kuàizi | chopsticks |
| 18. 刀叉 | （名） | dāochā | knife and fork |
| 19. 拒绝 | （动） | jùjué | to refuse |
| 20. 无奈 | （动） | wúnài | to have no alternative; to have no choice |

## 专名 Proper Nouns

| 欧洲 | Ōuzhōu | Europe |

## 注释 Notes

"还是给我刀叉吧。"

"还是"用来表示经过比较，选择"还是"后边所表示的人、事物或情况。（还是 is used for the preferred choosing after comparison. For example:）

(1) A：你想好了没有？星期天去还是星期六去？

B：星期天有别的安排，还是星期六去吧。

(2) 试了几条，还是这条裙子最好看。

## 语法和句式 Grammar and Sentence Patterns

### 1. "只有……才……"

"只有……才……"用在复句中，"只有"后面是唯一的、必须的条件，"才"引出在这个条件下能够出现的情况或结果。如：(只有……才…… is used in a compound sentence. 只有 introduces a particular, necessary condition while 才 in the second clause introduces the state or result appearing on the provided condition. For example:)

(1) 只有方法对了，效果才会更好。
(2) 只有努力才能取得成功。

### 2. "不是……就是……"

"不是……就是……"用在复句中，用来说明只有两种可能性，说话人认为两者之中肯定有一个是正确的。(不是……就是…… is used in a compound sentence, denoting the only two alternatives, one of which is definitely true.)

(1) 他天天在家里躺着，不是看书就是睡觉，感觉非常无聊。
(2) 他这几天都没来，不是病了，就是有事。

## 句型替换 Pattern Drills

(1) 只有___方法对了___，效果才___会更好___。
　　　　大家一起努力　　我们　　　能成功
　　　　见面谈一谈　　　你们　　　能把事情说清楚
　　　　吃饱了　　　　　你　　　　有力气

(2) 只有这种药才___有用___。
　　　　你　　　能解决问题。
　　　　聪明人　　能读懂
　　　　你　　　能帮助他们
　　　　上帝　　知道

（3）　　我　　不是　看书　就是　睡觉　。
　　　　他们　　　　玩儿游戏　　　看电影
　　　　今天　　　　星期一　　　　星期二。
　　　　他的生日　　5月2号　　　　5月3号
　　　　火车　　　　七点开　　　　九点开

## 任务与活动 Tasks / Activities

**小组活动：只有他/她才会……**　Group Work: Only he/she can...

每个人都有好朋友，哪些话是只有好朋友才会说的呢？哪些事是只有好朋友才会做的呢？请一起讨论，用"只有……才……"句式把讨论的结果写下来，读给全班同学听。（Everyone has good friends, but what things would only good friends say? What things would only good friends do? Please discuss and use the sentence structure below.）

> 只有好朋友才会这样说：生病了还到处走，想死啊？
> 只有好朋友才会这样说：你怎么能跟他在一起？你们不合适。
> 只有好朋友才会这样做：在你生病的时候，帮你买饭。
> 只有好朋友才会这样做：在你不开心的时候，一直陪着你。
> 只有好朋友才会这样做：无论工作多忙，只要你需要，就一定会在你身边。
> ……

# 第三十六课 简单而快乐的童年

### 课文 Text

（一）

每当我心情不好的时候，就会想起童年的生活。

我的童年过得简单而快乐，有许多值得回忆的事。上小学的时候，有一次我们班组织春游，地点在距离学校十几公里的山上。就在我们为怎样去而发愁的时候，有一个同学竟然借来了一辆公交车！就在我

惊讶 Surprising

们为有这样的车而感到兴奋的时候，有一个同学却告诉我们他不坐车。他不顾父母的反对，竟然骑了一匹马来！

我们坐在车里，他骑着一匹高大的马走在旁边，得意极了。

好笑的事情还在后边。由于他的马没有马鞍，所以他的屁股被磨破了。后来有很长一段时间，我们班都有一个人站着上课。

现在我已经长大了，成了一名白领，常常会因为拼命工作而感到烦

恼、疲劳，但是每当回忆起童年的趣事，我的烦恼和疲劳就消失了。

## （二）

小王是个刚工作的老师，年轻而时尚，总是穿着最流行的衣服。不过他有个毛病：太喜欢抽烟，基本上每天都要抽一包。他抽着烟进学校的时候，会受到很多学生的注意，他们都对他佩服得不得了。

有一天，一个染了黄头发的女生站在他面前，害羞地说道："你可以做我的男朋友吗？"小王张大了嘴望着她。"我最喜欢又酷又时尚的男生。我见过你好几次，你每次都没有穿校服，而且敢抽着烟进学校！你好有个性啊，我喜欢！"小王听了，一屁股坐在了地上！

称赞 Praising

### 词语 New Words and Phrases

| | | | | |
|---|---|---|---|---|
| 1. | 每当 | | měidāng | whenever |
| 2. | 童年 | （名） | tóngnián | childhood |
| 3. | 回忆 | （动） | huíyì | to call to mind |
| 4. | 组织 | （动） | zǔzhī | to organize |
| 5. | 春游 | （名） | chūnyóu | spring outing |
| 6. | 地点 | （名） | dìdiǎn | place, site |
| 7. | 距离 | （动/名） | jùlí | to be apart (away) from; distance |
| 8. | 发愁 | | fā chóu | to worry, to be anxious |

| | | | | |
|---|---|---|---|---|
| 9. 反对 | （动） | fǎnduì | to oppose, to be opposed to, to object to |
| 10. 竟然 | （副） | jìngrán | unexpectedly, to one's surprise |
| 11. 匹 | （量） | pǐ | *measure word for horse* |
| 12. 好笑 | （形） | hǎoxiào | funny, amusing |
| 13. 屁股 | （名） | pìgu | hip, buttocks |
| 14. 磨 | （动） | mó | to abrade |
| 15. 疲劳 | （形） | píláo | fatigue, tired, weary |
| 16. 时尚 | （形/名） | shíshàng | fashionable; fashion |
| 17. 染 | （动） | rǎn | to dye |
| 18. 害羞 | （形） | hàixiū | shy |
| 19. 望 | （动） | wàng | to look |
| 20. 佩服 | （动） | pèifú | to admire |
| 21. 个性 | （名） | gèxìng | individual character, personality |

## 补充词语 Additional Vocabulary

| | | | |
|---|---|---|---|
| 马鞍 | （名） | mǎ'ān | saddle |

## 注释 Notes

1. "想起童年的生活" "回忆起童年的趣事"

"起"用在动词"想""记""回忆"等后做结果补语，表示这个动作使后边的人或事物由隐到现。(起, when used after verbs like 想, 记, 回忆, is a complement of result, denoting the action causes a person or event appears from the past.)

(1) 我常常想起小时候一起玩儿的小伙伴。
(2) 他们回忆起了很多开心的事。
(3) 我忽然记起妈妈说过的一句话。

## 2."你每次都没有穿校服"

"校服"是学生在学校时穿的衣服。(校服 is the uniform which a student wears in the school.)

## 语法和句式 Grammar and Sentence Patterns

### 1."而"(2): A₁ 而(又)A₂

连词"而"除了表示转折外,还常用在书面语中,连接两个并列的形容词或形容词词组,表示互相补充。有时会与"又"连用,意义相同。(The conjunction 而, in addition to denoting a transition, is often used in bookish writing to link two adjectives or adjective phrases, denoting mutual complementary. Sometimes 又 is used to collocated with it.)

(1) 我的童年过得简单而快乐。

(2) 她是个年轻而又时尚的女孩子。

### 2."而"(3)

A. 因(为)……而……:"因(为)"后面表示某动作的原因,"而"后面表示某动作。"为"可以省略。("因(为)" introduces a cause of the action while "而" introduces the result of the action. "为" can be omitted.)

(1) 我常常因为找不到工作而感到烦恼。

(2) 世界因为有爱而变得美丽。

B. 为(了)……而……:"为(了)"后面表示某动作的目的,"而"后面表示某动作。("为(了)" introduces the purpose of an action, while "而" introduces an action.)

(3) 我们为怎样去而发愁。

(4) 我们为有这样的车而感到高兴。

(5) 他为了提前完成工作而晚睡早起。

## 句型替换 Pattern Drills

（1）我们的生活 简单 而（又）快乐。
　　　她的房间　干净　　　　舒服
　　　新来的老师　年轻　　　时尚
　　　这种水果　好吃　　　　便宜

（2）他常常因（为）　拼命工作　而感到特别疲劳。
　　　　　　　　成绩不好　　　　不高兴
　　　　　　　　要照顾生病的奶奶　迟到
　　　　　　　　记不住生词　　　烦恼
　　　　　　　　失眠　　　　　　没精神

（3）我们为　怎样去　而　发愁　。
　　　　有你这样的好朋友　感到高兴
　　　　涨了工资　　　　　开心
　　　　不能通过考试　　　担心
　　　　怎样学好英语　　　发愁

（4）他为了　提前完成工作　而　晚睡早起　。
　　　　陪女朋友留学　　　来到美国
　　　　更好地了解中国　　研究中国历史
　　　　实现自己的梦想　　努力工作


## 任务与活动 Tasks / Activities

**小组活动：错事　Group Work: Something Wrong**

想一想你做过的错事，把它们写下来，然后写下做错事的原因。（Think about the things you have done wrong in the past, and write down the reason why you did it.）

| 做错的事 | 做错事的原因 |
| --- | --- |
| 偷了爸爸十块钱 | 想买玩具 |
|  |  |
|  |  |

用"因(为)……而……/为了……而……"把上面的内容连成正确的句子。
（Use "因(为)……而……/为了……而……" to connect the content written above.）

小时候，我因为想买玩具而偷了爸爸十块钱。

# 复习（六）

## 课文 Text

孔子是中国古代著名的思想家和教育家。

孔子生于公元前551年。孔子三岁的时候，他的父亲就去世了。他的母亲非常辛苦地把他养大。孔子17岁的时候，他的母亲也去世了。从那以后，为了生活，他干过很多累活、重活。只要是人们需要的工作，他都能做。劳动和对体育的爱好使他长成一个高大强壮的小伙子。

孔子很勤奋，也非常好学，即使是在非常辛苦的劳动中，他也从来没有放弃学习。他总是向不同的人学习，对各种知识都非常有兴趣。当时的人认为没有他不知道的事情。尽管如此，孔子仍然非常谦虚，他说，如果有三个人在一起，那么其中一定有一个人可以做他的老师。

二十多岁的时候，孔子开始办学校。他的学生不但有年轻人，还有年纪大的人；不但有普通人，而且有非常有地位的人。只要有人愿意学，他就愿意教，即使没钱也没关系。他能根据每个学生的特点采用不同的教育方法，因此教出了很多很优秀的学生。据说他有三千个学生，其中非常优秀的有72个。

孔子思想中最重要的一点就是"爱人"，他认为人应该爱别人，有同情心。无论在生活中还是在政治上，他都非常重视道德。

孔子关心政治，关心国家大事，但是他在政治上很不顺利，他的政治理想一直不能实现。孔子到过很多国家。68岁的时候，他回到鲁国继续他的教育工作，并且编辑、整理了很多书籍，73岁时去世。

## 词语 New Words and Phrases

| | | | |
|---|---|---|---|
| 1. 思想 | （名） | sīxiǎng | thought, thinking |
| 2. 于 | （介） | yú | in, at |
| 3. 公元 | （名） | gōngyuán | the Gregorian calendar |
| 4. 去世 | （动） | qùshì | to pass away |
| 5. 劳动 | （名） | láodòng | physical labor |
| 6. 高大 | （形） | gāodà | tall and big |
| 7. 强壮 | （形） | qiángzhuàng | strong, able-bodied |
| 8. 勤奋 | （形） | qínfèn | diligent, industrious |
| 9. 好学 | （形） | hàoxué | studious |
| 10. 知识 | （名） | zhīshi | knowledge |
| 11. 如此 | （代） | rúcǐ | so |
| 12. 谦虚 | （形） | qiānxū | modest, humble |
| 13. 办 | （动） | bàn | to deal with, to do or to handle something; to set up and run (an organization or activity) |
| 14. 地位 | （名） | dìwèi | position, place, status |
| 15. 采用 | （动） | cǎiyòng | to adopt, to use |
| 16. 同情 | （动/名） | tóngqíng | to sympathize, to show sympathy for; sympathy |

| | | | |
|---|---|---|---|
| 17. 政治 | （名） | zhèngzhì | politics |
| 18. 道德 | （名） | dàodé | morality, ethics, morals |
| 19. 理想 | （名） | lǐxiǎng | dream, ideal |
| 20. 编辑 | （动／名） | biānjí | to edit; editor |
| 21. 书籍 | （名） | shūjí | books |

## 专名 Proper Nouns

| | | |
|---|---|---|
| 鲁国 | Lǔ Guó | the state of Lu in the Zhou Dynasty of China |

## 语法索引 Summary of Grammar

| 语法 | 例句 | 课号 |
|---|---|---|
| 非……不可 | 我非去不可。<br>他病得很重，非住院不可。<br>今天非下雨不可。 | 第三十一课 |
| 既然……就…… | 你既然这么想家，就回去看看吧。 | 第三十一课 |
| 只要……就…… | 只要有时间，他就去图书馆看书。 | 第三十二课 |
| 尽管……但是…… | 尽管他非常努力，但是一点儿成绩都没有。 | 第三十三课 |
| 不是……而是…… | 我不是不想回答，而是时间不够。 | 第三十三课 |
| 即使……也…… | 即使没座位，我也能睡得很香。 | 第三十四课 |
| 只有……才…… | 只有方法对了，效果才会更好。 | 第三十五课 |
| 不是……就是…… | 他这几天都没来，不是病了，就是有事。 | 第三十五课 |
| $A_1$ 而（又）$A_2$ | 我的童年过得简单而快乐。 | 第三十六课 |

续表

| 语法 | 例句 | 课号 |
|---|---|---|
| 因（为）……而……<br>为（了）……而…… | 世界因为有爱而变得美丽。<br>他为了提前完成工作而晚睡早起。 | 第三十六课 |
| 动词"使" | 睡觉使人变聪明。 | 第三十二课 |
| 数字的表达：小数、分数、百分数 | 十五点二二<br>四分之三<br>百分之三十 | 第三十四课 |
| 倍数的表达 | 他的体重是一般人的两倍。 | 第三十四课 |

## 功能总结 Summary of Functions

| 功能 | 例句 | 课号 |
|---|---|---|
| 强调 | 我非上不可，非上不可！ | 第三十一课 |
| 释然 | 我终于松了一口气。 | 第三十一课 |
| 选择 | 什么东西可以使一个人快乐？是钱？朋友？还是天天游山玩水？ | 第三十二课 |
| | 我……基本上天天在家里躺着，不是看书就是睡觉。 | 第三十五课 |
| 推论 | 有位英国科学家认为，工作使人快乐。 | 第三十二课 |
| 概括 | 总的来说，地球表面的温度还是比以前升高了。 | 第三十三课 |
| 转述 | 在中国，根据网上的调查结果，白领们的睡眠普遍不好。 | 第三十四课 |
| 羡慕 | 让我这个通常要超过半个小时才能睡着的人羡慕死了。 | 第三十四课 |
| 建议 | 想减肥的人，应该在饭前一两个小时吃点水果。 | 第三十五课 |
| 惊讶 | 有一个同学竟然借来了一辆公交车！ | 第三十六课 |
| 称赞 | 你好有个性啊，我喜欢！ | 第三十六课 |

# 词语表 VOCABULARY

| | | | **A** | |
|---|---|---|---|---|
| 阿姨 | (名) | āyí | aunt | 13 |
| 矮 | (形) | ǎi | short | 复习二 |
| 唉 | (叹) | ài | oh, ah(to express pity or grief) | 29 |
| 安慰 | (动) | ānwèi | to console | 7 |
| 按时 | (副) | ànshí | on time | 24 |
| 按照 | (介) | ànzhào | according to | 24 |
| | | | **B** | |
| 把 | (介) | bǎ | *a preposition* | 10 |
| 白领 | (名) | báilǐng | white-collar (worker) | 34 |
| 摆 | (动) | bǎi | to display, to put, to place | 9 |
| 办 | (动) | bàn | to deal with, to do or to handle something; to set up and run (an organization or activity) | 复习六 |
| 办法 | (名) | bànfǎ | way, means, measure | 17 |
| 办公室 | (名) | bàngōngshì | office | 9 |
| 帮助 | (动) | bāngzhù | to help | 6 |
| 包括 | (动) | bāokuò | to include | 31 |
| 包装 | (名/动) | bāozhuāng | packing; to pack | 复习四 |
| 薄 | (形) | báo | thin | 4 |
| 保持 | (动) | bǎochí | to keep, to maintain | 29 |
| 保护 | (动) | bǎohù | to protect | 30 |
| 宝石 | (名) | bǎoshí | precious stone, gem | 28 |
| 保证 | (动) | bǎozhèng | to guarantee, to ensure, to promise | 11 |

| 抱 | （动） | bào | to hold or carry in the arms, to embrace, to hug | 3 |
|---|---|---|---|---|
| 爆发 | （动） | bàofā | to break out, to erupt | 复习五 |
| 报社 | （名） | bàoshè | newspaper office | 22 |
| 抱怨 | （动） | bàoyuàn | to complain | 34 |
| 倍 | （量） | bèi | times | 34 |
| 被 | （介） | bèi | by (used in a passive sentence) | 18 |
| 被子 | （名） | bèizi | quilt | 15 |
| 本来 | （副/形） | běnlái | originally; original | 23 |
| 本领 | （名） | běnlǐng | ability, skills, the power | 30 |
| 比 | （介/动） | bǐ | than; to compare | 7 |
| 闭 | （动） | bì | to close, to shut | 20 |
| 编辑 | （动/名） | biānjí | to edit; editor | 复习六 |
| 标准 | （形/名） | biāozhǔn | standard | 35 |
| 表 | （名） | biǎo | a form, a list | 1 |
| 表姐 | （名） | biǎojiě | cousin (a daughter of father's sister or of mother's brother or sister, who is older than oneself) | 7 |
| 表面 | （名） | biǎomiàn | surface | 28 |
| 表情 | （名） | biǎoqíng | expression | 19 |
| 表现 | （名/动） | biǎoxiàn | performance; to show, to display | 9 |
| 别墅 | （名） | biéshù | villa, house | 23 |
| 宾馆 | （名） | bīnguǎn | hotel | 15 |
| 并（不/没） | （副） | bìng (bù/méi) | *a modal adverb to emphasize the negation* | 复习二 |
| 并且 | （连） | bìngqiě | also, and | 25 |
| 玻璃 | （名） | bōli | glass | 1 |
| 博士 | （名） | bóshì | doctor (an academic degree) | 32 |
| 不但 | （连） | búdàn | not only | 16 |
| (不)耐烦 | （形） | (bú)nàifán | (im)patient | 11 |

# 词语表 VOCABULARY

| 部 | （名） | bù | ministry | 14 |
|---|---|---|---|---|
| 不得了 | （形） | bùdéliǎo | extremely/desperately serious | 6 |
| 部分 | （名） | bùfen | part | 28 |
| 部门 | （名） | bùmén | department | 33 |
| 不然 | （连） | bùrán | otherwise | 10 |
| 不如 | （动） | bùrú | to be not equal to, to be not as good as, to be inferior to | 8 |
| 布置 | （动） | bùzhì | to arrange, to decorate | 10 |
| 不足 | （形） | bùzú | not enough | 32 |
| C | | | | |
| 才 | （副） | cái | (preceded by an expression of time) not until | 5 |
| 材料 | （名） | cáiliào | material | 21 |
| 采访 | （动） | cǎifǎng | (of a journalist) to cover (some event), have an interview with | 22 |
| 采用 | （动） | cǎiyòng | to adopt, to use | 复习六 |
| 藏 | （动） | cáng | to hide, to conceal | 20 |
| 测试 | （动） | cèshì | to test | 21 |
| 厕所 | （名） | cèsuǒ | toilet | 27 |
| 层 | （量） | céng | storey, floor | 23 |
| 查 | （动） | chá | to search, to check, to look up | 复习一 |
| 茶几 | （名） | chájī | a small side table, a tea table | 27 |
| 差 | （形） | chà | not up to standar; poor | 3 |
| 差不多 | | chàbuduō | almost, nearly, about the same, similar | 5 |
| 拆 | （动） | chāi | to take apart, to tear open | 18 |
| 超过 | （动） | chāoguò | to outstrip, to surpass, to exceed | 14 |
| 朝 | （介） | cháo | towards | 31 |
| 潮湿 | （形） | cháoshī | moist, damp | 13 |
| 吵架 | | chǎo jià | to quarrel | 20 |

215

| | | | | |
|---|---|---|---|---|
| 趁 | （介） | chèn | to make use of, to take advantage of (an opportunity) | 15 |
| 成 | （动） | chéng | to become, to turn into | 11 |
| 惩罚 | （动） | chéngfá | to punish | 29 |
| 成功 | （形/动） | chénggōng | successful; to succeed | 25 |
| 成年 | （动） | chéngnián | to grow up, to come of age | 34 |
| 城市 | （名） | chéngshì | city | 3 |
| 吃惊 | | chī jīng | to be surprised, to be astonished | 22 |
| 冲 | （动） | chōng | to rush | 31 |
| 重复 | （动） | chóngfù | to repeat | 11 |
| 重新 | （副） | chóngxīn | again, afresh | 10 |
| 虫子 | （名） | chóngzi | insect, worm | 16 |
| 抽奖 | | chōu jiǎng | lottery draw | 29 |
| 抽屉 | （名） | chōuti | drawer | 10 |
| 出 | （动） | chū | to arise, to make (mistakes) | 21 |
| 出汗 | | chū hàn | to sweat | 16 |
| 出现 | （动） | chūxiàn | to appear | 6 |
| 初中 | （名） | chūzhōng | middle school | 14 |
| 厨房 | （名） | chúfáng | kitchen | 8 |
| 除了 | （介） | chúle | except | 17 |
| 传统 | （形/名） | chuántǒng | traditional; tradition | 17 |
| 窗户 | （名） | chuānghu | window | 1 |
| 春游 | （名） | chūnyóu | spring outing | 36 |
| 词典 | （名） | cídiǎn | dictionary | 2 |
| 辞职 | | cí zhí | to resign | 复习三 |
| 此 | （代） | cǐ | this | 复习四 |
| 匆忙 | （形） | cōngmáng | hasty, in a hurry | 24 |
| 聪明 | （形） | cōngmíng | smart, clever | 7 |

| | | | | | |
|---|---|---|---|---|---|
| 催 | (动) | cuī | to hasten, to urge | | 23 |
| 存 | (动) | cún | to deposit | | 1 |
| 错过 | (动) | cuòguò | to miss | | 25 |
| **D** | | | | | |
| 答应 | (动) | dāying | to promise, to agree, to answer, to respond | | 22 |
| 答案 | (名) | dá'àn | answer | | 14 |
| 达到 | (动) | dádào | to achieve, to reach | | 35 |
| 打工 | | dǎ gōng | to do manual work(for sb. temporarily), to work part-time | | 32 |
| 打架 | | dǎ jià | to come to blows, to fight | | 18 |
| 打招呼 | | dǎ zhāohu | to say hello | | 4 |
| 打字 | | dǎ zì | to typewrite | | 7 |
| 大多数 | (名) | dàduōshù | great majority, vast majority | | 复习二 |
| 大约 | (副) | dàyuē | about, approximately | | 34 |
| 呆 | (形) | dāi | dumbfounded | | 24 |
| 待 | (动) | dāi | to stay | | 复习五 |
| 戴 | (动) | dài | to wear | | 1 |
| 袋 | (量) | dài | *measure word for bag* | | 11 |
| 代表 | (动/名) | dàibiǎo | to be on behalf of, to stand for; representative | | 17 |
| 代价 | (名) | dàijià | price, cost | | 20 |
| 单位 | (名) | dānwèi | unit (often refer to workplace) | | 11 |
| 胆小 | (形) | dǎnxiǎo | timid | | 16 |
| 但是 | (连) | dànshì | but | | 复习一 |
| 当初 | (名) | dāngchū | originally | | 33 |
| 刀叉 | (名) | dāochā | knife and fork | | 35 |
| 倒 | (动) | dǎo | to fall over | | 19 |
| 倒霉 | (形) | dǎoméi | bad luck | | 29 |

| | | | | |
|---|---|---|---|---|
| 倒 | （动） | dào | to pour | 15 |
| 道 | （动） | dào | to say | 31 |
| 到处 | （副） | dàochù | everywhere | 9 |
| 道德 | （名） | dàodé | morality, ethic, morals | 复习六 |
| 到底 | （副） | dàodǐ | on earth (used for emphasis in questions) | 14 |
| 地 | （助） | de | *used between adjective and verb* | 15 |
| 得到 | （动） | dédào | to get, to obtain, to receive | 32 |
| 得意 | （形） | déyì | proud of oneself, complacent | 20 |
| 得 | （能愿） | děi | have to | 2 |
| 蹬 | （动） | dēng | to press down with foot | 24 |
| 灯泡 | （名） | dēngpào | light bulb | 复习四 |
| 等 | （助） | děng | and so on, etc. | 27 |
| 低 | （动/形） | dī | to bow one's head; low | 2 |
| 底(下) | （名） | dǐ(xia) | bottom | 20 |
| 递 | （动） | dì | to hand over, to pass, to give | 10 |
| 地 | （名） | dì | ground, field | 2 |
| 地板 | （名） | dìbǎn | floor | 5 |
| 地点 | （名） | dìdiǎn | place, site | 36 |
| 地球 | （名） | dìqiú | the earth | 33 |
| 地位 | （名） | dìwèi | position, place, status | 复习六 |
| 点(头) | （动） | diǎn(tóu) | to nod (one's head) | 21 |
| 电梯 | （名） | diàntī | elevator, lift | 8 |
| 掉 | （动） | diào | to fall, to drop | 19 |
| 调查 | （动） | diàochá | to investigate | 34 |
| 叠 | （动） | dié | to fold, to pile up | 15 |
| 订 | （动） | dìng | to order, to book | 复习一 |
| 定 | （动） | dìng | to decide, to set | 复习三 |

| | | | | |
|---|---|---|---|---|
| 懂 | （动） | dǒng | to understand | 21 |
| 洞 | （名） | dòng | hole, cave | 20 |
| 栋 | （量） | dòng | measure word for house or building, block | 23 |
| 逗 | （动） | dòu | to amuse | 35 |
| 度过 | （动） | dùguò | to spend (time), (of time) to pass | 25 |
| 短袖 | （名） | duǎnxiù | short-sleeve shirt | 12 |
| 段 | （量） | duàn | a measure word for segment of time, road, article, etc. | 复习二 |
| 堆 | （动/量） | duī | to pile up, to heap up; heap, pile | 22 |
| 对面 | （名） | duìmiàn | opposite side | 1 |
| 顿 | （量） | dùn | measure word for meals (breakfast, lunch, supper, etc.) | 3 |
| 多数 | （名） | duōshù | majority | 复习二 |
| | | **E** | | |
| 而 | （连） | ér | but | 29 |
| 耳朵 | （名） | ěrduo | ear | 21 |
| | | **F** | | |
| 发表 | （动） | fābiǎo | to deliver, to utter, to publish | 7 |
| 发愁 | | fā chóu | to worry, to be anxious | 36 |
| 发达 | （形） | fādá | developed | 21 |
| 发生 | （动） | fāshēng | to happen, to occur, to take place | 33 |
| 发音 | （名） | fāyīn | pronunciation | 17 |
| 发展 | （动） | fāzhǎn | to develop | 33 |
| 翻 | （动） | fān | to turn over | 5 |
| 烦 | （形） | fán | be annoyed | 28 |
| 繁华 | （形） | fánhuá | bustling, flourishing | 12 |
| 烦恼 | （形） | fánnǎo | vexed | 34 |
| 反对 | （动） | fǎnduì | to oppose, to be opposed to, to object to | 36 |

| | | | | |
|---|---|---|---|---|
| 反应 | (名/动) | fǎnyìng | reaction, response; to react | 26 |
| 反正 | (副) | fǎnzhèng | in any case, at any rate, anyway | 29 |
| 方便面 | (名) | fāngbiànmiàn | instant noodle | 25 |
| 方法 | (名) | fāngfǎ | method, way, means | 35 |
| 房租 | (名) | fángzū | rent, room charge | 8 |
| 放弃 | (动) | fàngqì | to give up, to abandon | 31 |
| 放心 | | fàng xīn | to set one's mind at rest, be at ease | 11 |
| 非 | (副) | fēi | not | 31 |
| 飞 | (动) | fēi | to fly | 9 |
| 飞快 | (形) | fēikuài | very fast | 24 |
| 废纸 | (名) | fèizhǐ | waste paper | 26 |
| 分别 | (副/动) | fēnbié | respectively; to part, to leave each other | 14 |
| 份 | (量) | fèn | *a measure word for job, newspaper, breakfast, etc.* | 32 |
| 缝 | (动) | féng | to sew | 27 |
| 夫妇 | (名) | fūfù | husband and wife, couple | 21 |
| 扶 | (动) | fú | to support with hand | 19 |
| 服气 | (动) | fúqì | to be convinced | 24 |
| 服务 | (名/动) | fúwù | service; to serve | 13 |
| 复杂 | (形) | fùzá | complex, complicated | 30 |
| 负责 | (动/形) | fùzé | to be responsible for, to be in charge of; conscientious | 15 |

**G**

| | | | | |
|---|---|---|---|---|
| 该死 | (动) | gāisǐ | damn (used to express anger, irritation, or disappointment) | 12 |
| 改 | (动) | gǎi | to revise, to correct | 4 |
| 改变 | (动) | gǎibiàn | to change | 10 |
| 干脆 | (形) | gāncuì | straightforward, simply | 16 |
| 干燥 | (形) | gānzào | dry | 18 |

| | | | | |
|---|---|---|---|---|
| 赶 | (动) | gǎn | to catch up with, to overtake | 24 |
| 感(兴趣) | (动) | gǎn(xìngqù) | to feel (interested) | 9 |
| 感到 | (动) | gǎndào | to feel | 22 |
| 感动 | (形/动) | gǎndòng | touched; to move, to touch | 23 |
| 赶紧 | (副) | gǎnjǐn | hasten, without losing time | 11 |
| 高大 | (形) | gāodà | tall and big | 复习六 |
| 搞 | (动) | gǎo | to do, to make | 15 |
| 隔壁 | (名) | gébì | next door | 24 |
| 个性 | (名) | gèxìng | individual character, personality | 36 |
| 各自 | (代) | gèzì | each, respective | 复习五 |
| 个子 | (名) | gèzi | height(of a person) | 13 |
| 跟 | (动) | gēn | to follow | 28 |
| 根本 | (副/形) | gēnběn | (not)at all; fundamental | 23 |
| 根据 | (介) | gēnjù | according to | 34 |
| 功夫 | (名) | gōngfu | Kungfu | 4 |
| 公交车 | (名) | gōngjiāochē | bus | 31 |
| 公里 | (量) | gōnglǐ | kilometre | 30 |
| 公平 | (形) | gōngpíng | fair, impartial | 30 |
| 工人 | (名) | gōngrén | worker | 24 |
| 工业 | (名) | gōngyè | industry | 33 |
| 公元 | (名) | gōngyuán | the Gregorian calendar | 复习六 |
| 工资 | (名) | gōngzī | wages, salary, pay | 7 |
| 共同 | (形/副) | gòngtóng | shared, common; together | 15 |
| 估计 | (动) | gūjì | to estimate | 19 |
| 姑娘 | (名) | gūniang | girl | 28 |
| 古代 | (名) | gǔdài | ancient times | 32 |
| 古典 | (形) | gǔdiǎn | classical | 30 |
| 古迹 | (名) | gǔjì | historic site | 13 |

| 顾 | （动） | gù | to attend to, to take into consideration | 31 |
| --- | --- | --- | --- | --- |
| 故意 | （副） | gùyì | intentionally, on purpose | 26 |
| 挂 | （动） | guà | to hang | 9 |
| 观察 | （动） | guānchá | to observe, to watch | 16 |
| 关系 | （名） | guānxì | relation | 复习五 |
| 关于 | （介） | guānyú | about | 4 |
| 观众 | （名） | guānzhòng | audience | 35 |
| 光滑 | （形） | guānghuá | smooth, glossy | 复习四 |
| 光线 | （名） | guāngxiàn | ray, light | 23 |
| 规定 | （动/名） | guīdìng | to stipulate; rule, regulation | 14 |
| 鬼脸 | （名） | guǐliǎn | funny face, grimace | 35 |
| 果然 | （副） | guǒrán | just as expected | 18 |
| 果园 | （名） | guǒyuán | orchard | 6 |
| 过程 | （名） | guòchéng | course, process | 25 |
| 过道 | （名） | guòdào | aisle | 34 |

## H

| 海报 | （名） | hǎibào | poster | 10 |
| --- | --- | --- | --- | --- |
| 害羞 | （形） | hàixiū | shy | 36 |
| 含 | （动） | hán | to keep in the mouth | 复习四 |
| 寒冷 | （形） | hánlěng | cold | 29 |
| 好处 | （名） | hǎochù | advantage, benefit | 35 |
| 好笑 | （形） | hǎoxiào | funny, amusing | 36 |
| 好用 | （形） | hǎoyòng | good, suitable | 21 |
| 好奇 | （形） | hàoqí | curious | 13 |
| 好学 | （形） | hàoxué | studious | 复习六 |
| 河 | （名） | hé | river | 20 |
| 盒子 | （名） | hézi | box | 29 |
| 猴子 | （名） | hóuzi | monkey | 24 |

| | | | | |
|---|---|---|---|---|
| 厚 | (形) | hòu | thick | 28 |
| 后悔 | (动) | hòuhuǐ | to regret | 31 |
| 湖 | (名) | hú | lake | 23 |
| 蝴蝶 | (名) | húdié | butterfly | 9 |
| 护照 | (名) | hùzhào | passport | 1 |
| 滑 | (动/形) | huá | to slide, to slip; smooth, slippery | 复习四 |
| 滑冰 | | huá bīng | to skate | 19 |
| 怀疑 | (动) | huáiyí | to doubt, to suspect | 复习四 |
| 坏 | (形) | huài | broken, bad | 1 |
| 环保 | (名) | huánbǎo | environmental protection | 22 |
| 环境 | (名) | huánjìng | environment | 8 |
| 患 | (动) | huàn | to suffer from | 34 |
| 挥(手) | (动) | huī(shǒu) | to wave (hand) | 1 |
| 回 | (量) | huí | time(s) | 21 |
| 回答 | (动) | huídá | to answer | 复习二 |
| 回忆 | (动) | huíyì | to call to mind | 36 |
| 活 | (动) | huó | to live, to be alive | 14 |
| 活泼 | (形) | huópō | lively, active | 8 |
| 伙伴 | (名) | huǒbàn | fellow, friend | 3 |
| | | **J** | | |
| 基本 | (形) | jīběn | basic, essential, fundamenta | 35 |
| 基本上 | (副) | jīběnshàng | mainly, on the whole, in the main | 35 |
| 激动 | (形) | jīdòng | excited, flushed | 复习五 |
| 几乎 | (副) | jīhū | almost | 27 |
| 机会 | (名) | jīhuì | chance | 17 |
| 积极 | (形) | jījí | positive, active, energetic | 13 |
| 疾病 | (名) | jíbìng | disease, illness | 33 |
| ~极了 | | jí le | extremely | 6 |

| 即使 | (连) | jíshǐ | even if | 34 |
| 既 | (连) | jì | not only | 12 |
| 寄 | (动) | jì | to mail, to post | 4 |
| 季节 | (名) | jìjié | season | 18 |
| 既然 | (连) | jìrán | since, as | 31 |
| 记者 | (名) | jìzhě | reporter, journalist | 9 |
| 加班 | | jiā bān | to work overtime | 复习三 |
| 家乡 | (名) | jiāxiāng | hometown | 3 |
| 家长 | (名) | jiāzhǎng | parent, guardian of a child | 28 |
| 价钱 | (名) | jiàqián | price | 复习一 |
| 坚持 | (动) | jiānchí | to insist on, to stick to | 复习五 |
| 坚决 | (形) | jiānjué | firm, resolute, determined | 复习五 |
| 兼职 | | jiān zhí | to hold two or more posts concurrently; part-time job | 9 |
| 捡 | (动) | jiǎn | to pick up | 20 |
| 检查 | (动) | jiǎnchá | to check | 26 |
| 剪刀 | (名) | jiǎndāo | scissors | 27 |
| 剑 | (名) | jiàn | sword | 18 |
| 建设 | (动/名) | jiànshè | to construct; construction | 13 |
| 建议 | (动/名) | jiànyì | to advise; advice | 2 |
| 交流 | (动) | jiāoliú | to communicate, to exchange | 25 |
| 郊区 | (名) | jiāoqū | suburb | 23 |
| 胶水 | (名) | jiāoshuǐ | glue | 10 |
| 嚼 | (动) | jiáo | to chaw | 25 |
| 脚 | (名) | jiǎo | foot | 35 |
| 教育 | (名/动) | jiàoyù | education; to educate | 14 |
| 接受 | (动) | jiēshòu | to accept | 26 |
| 结果 | (连/名) | jiéguǒ | as a result; result | 18 |

| | | | | | |
|---|---|---|---|---|---|
| 节日 | (名) | | jiérì | festival | 17 |
| 节约 | (动) | | jiéyuē | to economize, to save | 复习一 |
| 解决 | (动) | | jiějué | to solve, to resolve, to settle | 30 |
| 紧 | (形) | | jǐn | tight | 19 |
| 尽管 | (连) | | jǐnguǎn | in despite of, although | 33 |
| 尽量 | (副) | | jǐnliàng | as ... as possible | 31 |
| 经过 | (动/名) | | jīngguò | to pass; process, course | 2 |
| 惊讶 | (形) | | jīngyà | surprised | 4 |
| 竟然 | (副) | | jìngrán | unexpectedly, to one's surprise | 36 |
| 酒吧 | (名) | | jiǔbā | bar | 复习二 |
| 居然 | (副) | | jūrán | unexpectedly, to one's surprise | 34 |
| 拒绝 | (动) | | jùjué | to refuse | 35 |
| 距离 | (动/名) | | jùlí | to be apart (away) from; distance | 36 |
| 绝对 | (副) | | juéduì | absolutely | 复习四 |

**K**

| | | | | | |
|---|---|---|---|---|---|
| 卡 | (名) | | kǎ | card | 1 |
| 看 | (动) | | kān | to keep under surveillance, to keep an eye on, to look after | 27 |
| 看不起 | | | kànbuqǐ | look down on | 24 |
| 看法 | (名) | | kànfǎ | personal opinion or idea about something | 7 |
| 看望 | (动) | | kànwàng | to call on, to visit, to see | 29 |
| 看中 | | | kàn zhòng | to take a liking to | 29 |
| 考虑 | (动) | | kǎolǜ | to consider, to think over | 复习三 |
| 考生 | (名) | | kǎoshēng | examinee | 26 |
| 考验 | (动) | | kǎoyàn | to test, to trial | 30 |
| 靠 | (动) | | kào | to lean against, to lean on, to get near, to depend on | 10 |
| 渴 | (形) | | kě | thirsty | 3 |

| 克服 | (动) | kèfú | to overcome, to conquer, to surmount | 30 |
|---|---|---|---|---|
| 客气 | (形) | kèqi | polite, modest | 31 |
| 客厅 | (名) | kètīng | sitting room, living room | 8 |
| 空姐 | (名) | kōngjiě | stewardess | 7 |
| 空气 | (名) | kōngqì | air | 18 |
| 恐怕 | (副) | kǒngpà | perhaps, probably, to be afraid of | 16 |
| 空儿 | (名) | kòngr | free time, spare time | 复习二 |
| 口子 | (名) | kǒuzi | opening, hole | 27 |
| 酷 | (形) | kù | cool | 27 |
| 快餐 | (名) | kuàicān | fast food | 11 |
| 筷子 | (名) | kuàizi | chopsticks | 35 |
| 宽 | (形) | kuān | wide, broad | 13 |
| 款 | (名/量) | kuǎn | pattern, style, design; *measure word for goods which have certain patterns or models* | 21 |

## L

| 垃圾 | (名) | lājī | garbage, rubbish | 11 |
|---|---|---|---|---|
| 落 | (动) | là | to leave out, to be missing, to leave behind | 27 |
| 拦 | (动) | lán | to block the way | 20 |
| 篮(子) | (名) | lán(zi) | basket | 22 |
| 懒虫 | (名) | lǎnchóng | lazybones | 29 |
| 劳动 | (名) | láodòng | physical labor | 复习六 |
| 老公 | (名) | lǎogōng | husband | 复习五 |
| 雷 | (名) | léi | thunder | 18 |
| 类 | (名) | lèi | class, category, kind | 17 |
| 离婚 | | lí hūn | to divorce | 复习五 |
| 厘米 | (量) | límǐ | centimetre | 8 |

| | | | | |
|---|---|---|---|---|
| 理 | （动） | lǐ | (usually used in the negative) to pay attention to | 12 |
| 礼貌 | （名） | lǐmào | politeness; manners | 1 |
| 理想 | （名） | lǐxiǎng | dream, ideal | 复习六 |
| 立即 | （副） | lìjí | immediately, at once | 26 |
| 利用 | （动） | lìyòng | to use, to utilize, to make use of | 复习三 |
| 俩 | （量） | liǎ | two, 两个 | 2 |
| 连 | （介） | lián | even | 25 |
| 连忙 | （副） | liánmáng | at once, promptly | 19 |
| 连续 | （动） | liánxù | to do sth continuously, successively | 14 |
| 连续剧 | （名） | liánxùjù | TV series | 14 |
| 脸 | （名） | liǎn | face | 4 |
| 恋爱 | （名/动） | liàn'ài | love affairs; to be in love | 25 |
| 了 | （动） | liǎo | *used after the main verb to express possibility* | 22 |
| 拎 | （动） | līn | to carry (in one's hand with the arm down) | 23 |
| 淋 | （动） | lín | to sprinkle, to drench | 18 |
| 邻居 | （名） | línjū | neighbor | 21 |
| 临时 | （副/形） | línshí | temporarily, for the occasion; temporary, provisional | 24 |
| 铃 | （名） | líng | bell, ring | 25 |
| 领 | （动） | lǐng | to receive, to draw, to get | 复习五 |
| 另外 | （连/代） | lìngwài | in addition, moreover, besides; other | 17 |
| 留 | （动） | liú | to leave | 复习三 |
| 流行 | （动） | liúxíng | to prevail, to be in vogue | 27 |
| 路线 | （名） | lùxiàn | route, itinerary, path | 30 |
| 轮流 | （动） | lúnliú | to take turns, to do sth in turn | 3 |
| 落 | （动） | luò | to drop, to fall | 24 |
| 旅行社 | （名） | lǚxíngshè | travel agency | 复习一 |

## M

| | | | | |
|---|---|---|---|---|
| 麻烦 | （形/名/动） | máfan | troublesome; trouble; to bother | 复习一 |
| 猫 | （名） | māo | cat | 22 |
| 毛病 | （名） | máobìng | shortcoming, defect | 12 |
| 矛盾 | （名） | máodùn | contradiction, conflict | 复习五 |
| 没关系 | | méi guānxi | It doesn't matter. That's OK. Never mind. | 8 |
| 每当 | | měidāng | whenever | 36 |
| 美容 | （动） | měiróng | to improve one's looks | 35 |
| 梦 | （名/动） | mèng | dream; to dream | 12 |
| 梦想 | （名） | mèngxiǎng | dream | 32 |
| 迷 | （动/名） | mí | to be keen about; fans, enthusiast, fiend | 17 |
| 迷路 | | mí lù | to lose one's way, to get lost | 30 |
| 谜语 | （名） | míyǔ | riddle | 30 |
| 密码 | （名） | mìmǎ | password | 1 |
| 棉花 | （名） | miánhuā | cotton | 复习四 |
| 面积 | （名） | miànjī | the measure of area; square measure | 23 |
| 秒 | （量） | miǎo | second | 复习四 |
| 民族 | （名） | mínzú | nation | 28 |
| 名胜 | （名） | míngshèng | noted sights, scenic spot | 13 |
| 摸 | （动） | mō | to touch, to stroke, to feel | 12 |
| 磨 | （动） | mó | to abrade | 36 |
| 模特 | （名） | mótè | model | 复习二 |
| 某 | （代） | mǒu | certain, some | 16 |
| 目标 | （名） | mùbiāo | aim, goal | 14 |
| 木头 | （名） | mùtou | wood | 18 |

# 词语表 VOCABULARY

| | | **N** | | | |
|---|---|---|---|---|---|
| 难道 | （副） | nándào | (used to give force to a rhetorical question) could it be said that | 33 |
| 难受 | （形） | nánshòu | feel unhappy, feel unwell | 12 |
| 男性 | （名） | nánxìng | male | 34 |
| 闹钟 | （名） | nàozhōng | alarm clock | 18 |
| 内 | （名） | nèi | within, inside | 2 |
| 内容 | （名） | nèiróng | content | 4 |
| 内向 | （形） | nèixiàng | introverted | 9 |
| 能干 | （形） | nénggàn | able, capable, competent | 7 |
| 能力 | （名） | nénglì | ability, capability | 33 |
| 泥 | （名） | ní | mud | 19 |
| 年级 | （名） | niánjí | grade | 16 |
| 年纪 | （名） | niánjì | age | 6 |
| 年龄 | （名） | niánlíng | age | 7 |
| 牛 | （名） | niú | cattle, ox | 14 |
| 牛仔裤 | （名） | niúzǎikù | jean | 27 |
| 农村 | （名） | nóngcūn | rural area, countryside, village | 3 |
| 暖和 | （形） | nuǎnhuo | warm | 2 |
| 女士 | （名） | nǚshì | lady, madam | 26 |
| 女性 | （名） | nǚxìng | female | 34 |
| | | **O** | | |
| 偶尔 | （副） | ǒu'ěr | once in a while, occasionally | 34 |
| 偶然 | （形） | ǒurán | by accident | 17 |
| | | **P** | | |
| 怕 | （动） | pà | to fear | 4 |
| 拍摄 | （动） | pāishè | to take (a picture), to shoot | 复习二 |
| 拍子 | （名） | pāizi | bat, racket | 17 |

| 牌子 | （名） | páizi | brand | 复习五 |
|---|---|---|---|---|
| 盘子 | （名） | pánzi | plate | 5 |
| 盼 | （动） | pàn | to hope, to long for | 17 |
| 配 | （动） | pèi | to find sth. to fit or replace sth. else | 21 |
| 佩服 | （动） | pèifú | to admire | 36 |
| 盆(子) | （名） | pén(zi) | basin | 10 |
| 碰 | （动） | pèng | to touch | 12 |
| 皮肤 | （名） | pífū | skin | 8 |
| 疲劳 | （形） | píláo | fatigue, tired, weary | 36 |
| 脾气 | （名） | píqi | temper | 复习五 |
| 匹 | （量） | pǐ | *measure word for horse* | 36 |
| 屁股 | （名） | pìgu | hip, buttocks | 36 |
| 骗 | （动） | piàn | to deceive, to cheat | 20 |
| 骗子 | （名） | piànzi | swindler, a deceiver | 20 |
| 拼命 | （副） | pīnmìng | desperately | 31 |
| 平方米 | （量） | píngfāngmǐ | square meter | 23 |
| 破 | （形） | pò | broken, damaged, torn, worn-out | 18 |
| 普遍 | （形） | pǔbiàn | universal, general, widespread | 34 |
| 普通 | （形） | pǔtōng | ordinary, common | 12 |

**Q**

| 其实 | （副） | qíshí | actually, in fact | 复习三 |
|---|---|---|---|---|
| 其他 | （代） | qítā | other, else | 8 |
| 其中 | （名） | qízhōng | among them; in it | 复习一 |
| 气 | （动） | qì | to get angry | 12 |
| 气候 | （名） | qìhòu | climate | 18 |
| 卡 | （动） | qiǎ | to get stuck | 复习四 |
| 千万 | （副） | qiānwàn | be sure to, must | 复习三 |
| 谦虚 | （形） | qiānxū | modest, humble | 复习六 |

| 墙 | （名） | qiáng | wall | 10 |
|---|---|---|---|---|
| 强 | （形） | qiáng | strong, powerful; better | 复习五 |
| 强壮 | （形） | qiángzhuàng | strong, able-bodied | 复习六 |
| 敲 | （动） | qiāo | to knock | 20 |
| 悄悄 | （副） | qiāoqiāo | quietly | 4 |
| 切 | （动） | qiē | to cut, to chop | 15 |
| 亲戚 | （名） | qīnqi | relative | 3 |
| 勤奋 | （形） | qínfèn | diligent, industrious | 复习六 |
| 轻 | （形） | qīng | light | 复习二 |
| 清楚 | （形） | qīngchu | clear | 1 |
| 清洁 | （形） | qīngjié | clean | 24 |
| 清洁工 | （名） | qīngjiégōng | cleaner | 24 |
| 轻松 | （形） | qīngsōng | light, relaxed, easy | 3 |
| 情况 | （名） | qíngkuàng | circumstances, situation, condition, state of affairs | 13 |
| 庆祝 | （动） | qìngzhù | to celebrate | 17 |
| 求救 | （动） | qiújiù | to ask for help | 复习四 |
| 取 | （动） | qǔ | to withdraw | 1 |
| 取得 | （动） | qǔdé | to acquire, to obtain | 33 |
| 取消 | （动） | qǔxiāo | cancel | 22 |
| 去世 | （动） | qùshì | to pass away | 复习六 |
| 全部 | （名） | quánbù | whole | 7 |
| 拳头 | （名） | quántou | fist | 12 |
| 劝 | （动） | quàn | to persuade, to advise | 31 |
| 缺点 | （名） | quēdiǎn | shortcoming, defect | 29 |
| 却 | （副） | què | but, however | 11 |
| 群 | （量） | qún | (for people or animals)group, herd, flock | 16 |

## R

| 染 | （动） | rǎn | to dye | 36 |
|---|---|---|---|---|
| 嚷 | （动） | rǎng | to yell, to shout | 27 |
| 热爱 | （动） | rè'ài | to have deep love (or affection) for | 复习三 |
| 热情 | （形） | rèqíng | hospitable, friendly, enthusiastic | 3 |
| 人类 | （名） | rénlèi | mankind | 33 |
| 人员 | （名） | rényuán | personnel, staff | 复习二 |
| 忍 | （动） | rěn | to bear, to endure, to refrain from | 18 |
| 任何 | （代） | rènhé | any | 30 |
| 认为 | （动） | rènwéi | to think, to consider | 5 |
| 任务 | （名） | rènwu | task, job, assignment | 15 |
| 认真 | （形） | rènzhēn | conscientious, earnest | 复习二 |
| 扔 | （动） | rēng | to throw | 11 |
| 仍然 | （副） | réngrán | still | 31 |
| 日记 | （名） | rìjì | diary | 32 |
| 日历 | （名） | rìlì | calendar | 25 |
| 日子 | （名） | rìzi | day | 复习五 |
| 如此 | （代） | rúcǐ | so | 复习六 |

## S

| 伞 | （名） | sǎn | umbrella | 18 |
|---|---|---|---|---|
| 沙发 | （名） | shāfā | sofa | 5 |
| 沙滩 | （名） | shātān | sand beach | 28 |
| 傻 | （形） | shǎ | foolish, stupid | 28 |
| 擅长 | （动） | shàncháng | to be good at | 6 |
| 伤 | （动/名） | shāng | to hurt, to injure; wound, injury | 19 |
| 商量 | （动） | shāngliang | to discuss, to talk over | 复习一 |
| 上帝 | （名） | Shàngdì | God | 30 |
| 少数 | （名） | shǎoshù | a small number, minority, few | 复习二 |

| 社会 | (名) | shèhuì | society | 34 |
|---|---|---|---|---|
| 摄影 | (动) | shèyǐng | to take a photograph, to shoot a picture, to take a picture | 22 |
| 摄影师 | (名) | shèyǐngshī | cameraman | 22 |
| 深 | (形) | shēn | deep | 20 |
| 身材 | (名) | shēncái | stature, figure | 13 |
| 深刻 | (形) | shēnkè | deep, profound | 31 |
| 神仙 | (名) | shénxiān | supernatural being | 30 |
| 甚至 | (连) | shènzhì | even | 14 |
| 生 | (动) | shēng | to give birth to | 3 |
| 升高 | (动) | shēnggāo | to go up, to raise | 33 |
| 生活 | (动/名) | shēnghuó | to live; life | 3 |
| 生命 | (名) | shēngmìng | life | 31 |
| 省 | (动) | shěng | to economize, to save | 27 |
| 剩 | (动) | shèng | to be left over, to remain | 4 |
| 湿 | (形) | shī | wet | 18 |
| 失败 | (动) | shībài | to fail, to lose | 33 |
| 失眠 | | shī mián | to lose sleep | 34 |
| 失望 | (动/形) | shīwàng | to disappoint; disappointed | 复习二 |
| 十分 | (副) | shífēn | very, extremely | 13 |
| 实际 | (名/形) | shíjì | fact, reality; practical, realistic | 14 |
| 实际上 | | shíjì shang | in fact, actually | 14 |
| 时髦 | (形) | shímáo | fashionable, stylish, in vogue | 9 |
| 时尚 | (形/名) | shíshàng | fashionable; fashion | 36 |
| 石头 | (名) | shítou | stone | 20 |
| 实现 | (动) | shíxiàn | to come true, to achieve | 32 |
| 实在 | (副) | shízài | indeed, really, truly | 22 |
| 使 | (动) | shǐ | to make | 32 |

| 适合 | （动） | shìhé | to suit, to adapt to | 33 |
| --- | --- | --- | --- | --- |
| 收入 | （名） | shōurù | income | 31 |
| 收音机 | （名） | shōuyīnjī | radio | 25 |
| 首都 | （名） | shǒudū | capital | 18 |
| 手套 | （名） | shǒutào | glove | 6 |
| 瘦 | （形） | shòu | skinny, slim, thin | 4 |
| 受 | （动） | shòu | to receive, to accept | 33 |
| 书柜 | （名） | shūguì | the bookcase | 5 |
| 书籍 | （名） | shūjí | books | 复习六 |
| 熟 | （形） | shú | cooked, ripe; to be familiar with | 5 |
| 熟悉 | （动） | shúxī | to know sth. or sb. well, to be familiar with | 3 |
| 数 | （动） | shǔ | to count | 5 |
| 树枝 | （名） | shùzhī | branch | 24 |
| 摔 | （动） | shuāi | to fall, to cause to fall and break | 19 |
| 摔跤 | | shuāi jiāo | to tumble | 19 |
| 睡眠 | （名） | shuìmián | sleep | 6 |
| 顺 | （介） | shùn | along | 2 |
| 顺便 | （副） | shùnbiàn | conveniently, in passing | 3 |
| 说法 | （名） | shuōfǎ | expression, statement | 14 |
| 说了算 | | shuōle suàn | have the final say | 7 |
| 说明 | （动） | shuōmíng | to show, to prove, to explain, to illustrate | 33 |
| 撕 | （动） | sī | to tear | 29 |
| 司机 | （名） | sījī | driver | 5 |
| 思想 | （名） | sīxiǎng | thought, thinking | 复习六 |
| 松 | （动） | sōng | to loose, to relax | 31 |
| 送 | （动） | sòng | to send, to give, to see sb. off | 4 |
| 速度 | （名） | sùdù | speed, rate | 7 |

# 词语表 VOCABULARY

| 塑料 | (名) | sùliào | plastic | 26 |
|---|---|---|---|---|
| 算 | (动) | suàn | to count, to calculate | 复习一 |
| 虽然 | (连) | suīrán | although | 26 |
| 随身 | (形) | suíshēn | (carry) on one's person | 26 |
| 随时 | (副) | suíshí | at any time, at all times | 34 |
| 随手 | (副) | suíshǒu | conveniently | 32 |
| 随着 | (介) | suízhe | along with | 33 |
| 碎 | (动) | suì | to break to pieces | 复习四 |
| 所有 | (形) | suǒyǒu | all | 17 |

## T

| 抬 | (动) | tái | (of two or more persons) to carry, to lift, to raise | 10 |
|---|---|---|---|---|
| 台 | (名) | tái | channel, broadcasting station | 11 |
| 态度 | (名) | tàidù | attitude | 复习二 |
| 谈 | (动) | tán | to talk | 25 |
| 趟 | (量) | tàng | *measure word for round trips* | 15 |
| 讨厌 | (动) | tǎoyàn | to dislike, to hate | 复习三 |
| 套 | (量) | tào | set, suit, kit (measure word for unitized objects, e.g. clothes, furnitures, stamps, etc.) | 8 |
| 特点 | (名) | tèdiǎn | characteristics, distinguishing feature | 13 |
| 特色 | (名) | tèsè | characteristic, distinguishing feature (or quality) | 6 |
| 提 | (动) | tí | to carry(in one's hand with the arm down) | 19 |
| 提前 | (动) | tíqián | to be in advance, ahead of time | 复习三 |
| 提醒 | (动) | tíxǐng | to remind | 11 |
| 体育 | (名) | tǐyù | physical education | 16 |
| 体重 | (名) | tǐzhòng | body weight | 复习二 |

| | | | | |
|---|---|---|---|---|
| 替 | （动） | tì | to take the place of, to be on behalf of | 复习四 |
| 天才 | （名） | tiāncái | genius, talent | 30 |
| 填 | （动） | tián | to fill in | 1 |
| 挑 | （动） | tiāo | to choose, to pick out, to select | 16 |
| 跳 | （动） | tiào | to jump, to beat, to bounce, to skip | 20 |
| 贴 | （动） | tiē | to paste, to stick | 10 |
| 停 | （动） | tíng | to stop | 19 |
| 挺 | （副） | tǐng | very, rather, quite | 复习二 |
| 通常 | （副） | tōngcháng | usually | 28 |
| 同 | （形） | tóng | same | 8 |
| 同伴 | （名） | tóngbàn | companion, fellow, partner | 30 |
| 童年 | （名） | tóngnián | childhood | 36 |
| 同情 | （动/名） | tóngqíng | to sympathize, to show sympathy for; sympathy | 复习六 |
| 同时 | （连） | tóngshí | at the same time | 25 |
| 同事 | （名） | tóngshì | colleague | 9 |
| 同意 | （动） | tóngyì | to agree, to permit | 29 |
| 桶 | （名） | tǒng | bucket | 26 |
| 痛苦 | （形） | tòngkǔ | painful, miserable, suffering | 19 |
| 偷 | （动） | tōu | to steal | 12 |
| 偷偷 | （副） | tōutōu | secretly, furtively | 6 |
| 突然 | （形） | tūrán | sudden, abrupt | 28 |
| 土 | （名） | tǔ | soil, earth | 18 |
| 推 | （动） | tuī | to push | 19 |
| 推荐 | （动） | tuījiàn | to recommend | 21 |
| 腿 | （名） | tuǐ | leg | 6 |
| 退休 | | tuì xiū | to retire | 6 |

| | | | | | |
|---|---|---|---|---|---|
| 托 | （动） | tuō | to entrust, to ask (somebody to do something) | | 29 |
| 脱 | （动） | tuō | to take off | | 26 |

## W

| | | | | |
|---|---|---|---|---|
| 外地 | （名） | wàidì | other places in the country | 17 |
| 外套 | （名） | wàitào | coat, outerwear | 26 |
| 玩具 | （名） | wánjù | toy | 15 |
| 完全 | （副） | wánquán | completely, fully, entirely | 23 |
| 碗 | （名） | wǎn | bowl | 15 |
| 网络 | （名） | wǎngluò | network | 25 |
| 往往 | （副） | wǎngwǎng | often | 14 |
| 望 | （动） | wàng | to look | 36 |
| 微笑 | （动） | wēixiào | to smile | 8 |
| 围巾 | （名） | wéijīn | scarf | 2 |
| 为止 | （动） | wéizhǐ | up to, till | 25 |
| 胃 | （名） | wèi | stomach | 35 |
| 为了 | （介） | wèile | for, for the sake of, in order to | 15 |
| 卫生 | （名/形） | wèishēng | hygiene, sanitation; sanitary | 24 |
| 位置 | （名） | wèizhì | place, position, location | 10 |
| 温度 | （名） | wēndù | temperature | 33 |
| 温柔 | （形） | wēnróu | gentle and soft | 23 |
| 闻 | （动） | wén | to smell | 15 |
| 文化 | （名） | wénhuà | culture | 17 |
| 文字 | （名） | wénzì | character, letter | 32 |
| 卧室 | （名） | wòshì | bedroom | 5 |
| 无(不)论 | （连） | wú(bú)lùn | no matter what, how, etc | 30 |
| 无奈 | （动） | wúnài | to have no alternative; to have no choice | 35 |

| 舞蹈 | (名) | wǔdǎo | dance | 28 |
|---|---|---|---|---|
| 物品 | (名) | wùpǐn | article, goods | 26 |

## X

| 西瓜 | (名) | xīguā | watermelon | 16 |
|---|---|---|---|---|
| 西红柿 | (名) | xīhóngshì | tomato | 11 |
| 洗衣机 | (名) | xǐyījī | washing machine | 22 |
| 吓 | (动) | xià | to frighten, to scare | 20 |
| 下载 | (动) | xiàzài | to download | 复习一 |
| 闲 | (形) | xián | at leisure, not busy | 6 |
| 嫌 | (动) | xián | to dislike, to complain of | 27 |
| 显得 | (动) | xiǎnde | to look, to seem, to appear | 17 |
| 县 | (名) | xiàn | county, town | 6 |
| 现代 | (名) | xiàndài | modern times, the contemporary age (era) | 34 |
| 羡慕 | (动) | xiànmù | to admire | 7 |
| 香 | (形) | xiāng | fragrant, savory, smells good | 5 |
| 相比 | (动) | xiāngbǐ | to compare | 8 |
| 相反 | (形) | xiāngfǎn | opposite, reverse | 30 |
| 相似 | (形) | xiāngsì | similar, alike | 8 |
| 乡下 | (名) | xiāngxia | countryside, village | 15 |
| 相信 | (动) | xiāngxìn | to believe | 32 |
| 箱子 | (名) | xiāngzi | chest, trunk | 27 |
| 向 | (介) | xiàng | to, toward | 1 |
| 像 | (动) | xiàng | to resemble, to be like | 5 |
| 消费 | (动) | xiāofèi | to consume | 21 |
| 消化 | (动) | xiāohuà | to digest | 35 |
| 消失 | (动) | xiāoshī | to disappear, to vanish | 33 |
| 小伙子 | (名) | xiǎohuǒzi | young man, chap | 31 |

| 小区 | （名） | xiǎoqū | residential quarters | 8 |
|---|---|---|---|---|
| 小偷 | （名） | xiǎotōu | thief | 12 |
| 小心 | （形/动） | xiǎoxīn | be careful, be cautious; to take care | 12 |
| 效果 | （名） | xiàoguǒ | effect | 35 |
| 笑话 | （动/名） | xiàohua | to laugh at; joke | 24 |
| 心情 | （名） | xīnqíng | mood | 32 |
| 信息 | （名） | xìnxī | information | 复习一 |
| 兴奋 | （形） | xīngfèn | excited | 28 |
| 行动 | （名） | xíngdòng | action, behavior | 28 |
| 行李 | （名） | xíngli | luggage | 19 |
| 性格 | （名） | xìnggé | nature, disposition, character | 13 |
| 兴趣 | （名） | xìngqù | interest | 9 |
| 幸运 | （形） | xìngyùn | lucky | 22 |
| 许多 | （数） | xǔduō | many | 15 |
| 选 | （动） | xuǎn | to choose, to select | 21 |
| 选择 | （动） | xuǎnzé | to choose | 31 |
| 迅速 | （形） | xùnsù | fast, rapid | 20 |

## Y

| 鸭（子） | （名） | yā(zi) | duck | 3 |
|---|---|---|---|---|
| 牙刷 | （名） | yáshuā | toothbrush | 25 |
| 沿 | （介） | yán | along | 28 |
| 严肃 | （形） | yánsù | serious, solemn | 9 |
| 严重 | （形） | yánzhòng | serious | 复习五 |
| 眼镜 | （名） | yǎnjìng | glasses | 1 |
| 阳光 | （名） | yángguāng | sunshine | 18 |
| 养 | （动） | yǎng | to raise, to keep, to grow | 22 |
| 养成 | （动） | yǎngchéng | to form, to acquire, to cultivate | 32 |
| 样式 | （名） | yàngshì | a type, a style, a pattern | 27 |

| 样子 | （名） | yàngzi | appearance | 3 |
|---|---|---|---|---|
| 妖怪 | （名） | yāoguài | monster, goblin, demon | 30 |
| 摇 | （动） | yáo | to shake, to wave | 7 |
| 要是 | （连） | yàoshi | if | 复习一 |
| 钥匙 | （名） | yàoshi | key | 2 |
| 页 | （量） | yè | page | 25 |
| 移民 | （动/名） | yímín | to immigrate; emigrant or immigrant | 21 |
| 一切 | （代） | yíqiè | everything | 25 |
| 一下子 | （副） | yíxiàzi | at one blow, in a short while, all at once | 16 |
| 以内 | （名） | yǐnèi | less than, within | 11 |
| 以为 | （动） | yǐwéi | to suppose, to thought (actually not) | 4 |
| 以下 | （名） | yǐxià | the following, below | 32 |
| 椅子 | （名） | yǐzi | chair | 10 |
| 一连 | （副） | yìlián | in succession | 29 |
| 因此 | （连） | yīncǐ | so, therefore, for this reason | 14 |
| 印象 | （名） | yìnxiàng | impression | 13 |
| 迎面 | | yíng miàn | head-on | 复习四 |
| 营养 | （名） | yíngyǎng | nutrition | 35 |
| 影响 | （动/名） | yǐngxiǎng | to influence, to affect; influence, effect | 复习二 |
| 应聘 | （动） | yìngpìn | 参加工作面试或者笔试 | 32 |
| 勇敢 | （形） | yǒnggǎn | brave | 16 |
| 永远 | （副） | yǒngyuǎn | always, forever | 15 |
| 用功 | （形） | yònggōng | diligent in learning | 2 |
| 优点 | （名） | yōudiǎn | strongpoint, merit | 12 |
| 优秀 | （形） | yōuxiù | excellent, outstanding | 31 |
| 邮局 | （名） | yóujú | post office | 4 |
| 尤其 | （副） | yóuqí | especially, particularly | 复习一 |

| | | | | |
|---|---|---|---|---|
| 由于 | （连/介） | yóuyú | due to, because | 12 |
| 犹豫 | （形） | yóuyù | hesitate | 26 |
| 于 | （介） | yú | in, at | 复习六 |
| 于是 | （连） | yúshì | so, thereupon, hence | 7 |
| 与 | （连） | yǔ | 和，跟 | 28 |
| 语言 | （名） | yǔyán | language | 2 |
| 圆 | （形/名） | yuán | round; circle | 4 |
| 原来 | （名/形） | yuánlái | former, original | 4 |
| 原来 | （副） | yuánlái | turn out to be | 11 |
| 原因 | （名） | yuányīn | reason | 34 |
| 远处 | （名） | yuǎnchù | 很远的地方 | 23 |
| 院子 | （名） | yuànzi | yard | 20 |
| 约 | （动） | yuē | to ask or invite in advance, to make an appointment | 复习一 |
| 约会 | （名） | yuēhuì | date, appointment | 22 |
| 越来越 | | yuèláiyuè | more and more | 11 |
| 允许 | （动） | yǔnxǔ | to permit, to allow | 4 |

## Z

| | | | | |
|---|---|---|---|---|
| 在乎 | （动） | zàihu | to care about, to mind | 21 |
| 再说 | （连） | zàishuō | what's more, besides | 复习五 |
| 暂时 | （名） | zànshí | for the moment | 22 |
| 糟糕 | （形） | zāogāo | too bad, how terrible, what bad luck | 6 |
| 增加 | （动） | zēngjiā | to increase, to raise, to add | 32 |
| 摘 | （动） | zhāi | to pick, to take off | 6 |
| 张 | （动） | zhāng | to open | 复习四 |
| 涨 | （动） | zhǎng | (of water, prices, etc.) to rise, to go up | 复习三 |
| 招聘 | （动） | zhāopìn | to give public notice of vacancies to be filled | 26 |

| 着 | （动） | zháo | used after a verb to show the result | 2 |
|---|---|---|---|---|
| 照顾 | （动） | zhàogù | to take care of | 29 |
| 睁 | （动） | zhēng | to open (eyes) | 12 |
| 整个 | （形） | zhěnggè | whole, entire, all | 25 |
| 整理 | （动） | zhěnglǐ | to clear up, to tidy up | 5 |
| 整齐 | （形） | zhěngqí | in order | 5 |
| 整天 | （名） | zhěngtiān | the whole day | 16 |
| 正常 | （形） | zhèngcháng | normal, regular | 18 |
| 正确 | （形） | zhèngquè | correct | 30 |
| 政治 | （名） | zhèngzhì | politics | 复习六 |
| 之 | （助） | zhī | of | 33 |
| 之内 | （名） | zhīnèi | within | 复习三 |
| 之前 | （名） | zhīqián | before, ago | 27 |
| 知识 | （名） | zhīshi | knowledge | 复习六 |
| 直 | （形） | zhí | straight | 13 |
| 值得 | （形） | zhíde | to be worth | 27 |
| 直接 | （形） | zhíjiē | direct | 26 |
| 植物 | （名） | zhíwù | plant | 30 |
| 纸 | （名） | zhǐ | paper | 17 |
| 指 | （动） | zhǐ | to point | 30 |
| 只好 | （副） | zhǐhǎo | have no choice but to | 4 |
| 纸条 | （名） | zhǐtiáo | note | 5 |
| 只要 | （连） | zhǐyào | as long as, if only, provided | 32 |
| 只有 | （连） | zhǐyǒu | no other than | 35 |
| 至少 | （副） | zhìshǎo | at least | 34 |
| 志愿者 | （名） | zhìyuànzhě | volunteer | 35 |
| 中心 | （名） | zhōngxīn | centre | 2 |
| 终于 | （副） | zhōngyú | at (long) last, in the end, finally | 19 |

| 肿 | (动) | zhǒng | to swell, to be swollen | 20 |
|---|---|---|---|---|
| 中奖 | | zhòng jiǎng | to win a lottery | 29 |
| 重视 | (动) | zhòngshì | to pay attention to, to take something seriously | 28 |
| 周围 | (名) | zhōuwéi | around, round, about | 1 |
| 主动 | (形) | zhǔdòng | initiative | 16 |
| 主人 | (名) | zhǔrén | host, owner, master | 22 |
| 祝贺 | (动) | zhùhè | to congratulate | 29 |
| 著名 | (形) | zhùmíng | famous | 30 |
| 住宿 | (名) | zhùsù | accommodation | 复习一 |
| 砖 | (名) | zhuān | brick | 复习二 |
| 专业 | (名) | zhuānyè | major | 8 |
| 装 | (动) | zhuāng | to pack, to load | 9 |
| 装 | (动) | zhuāng | to pretend | 27 |
| 追 | (动) | zhuī | to chase, to pursue | 13 |
| 准时 | (形) | zhǔnshí | punctual, on time | 复习三 |
| 紫色 | (名) | zǐsè | purple | 9 |
| 仔细 | (形) | zǐxì | careful | 2 |
| 自从 | (介) | zìcóng | since, from | 复习二 |
| 自信 | (形) | zìxìn | self-confident | 28 |
| 总经理 | (名) | zǒngjīnglǐ | general manager | 33 |
| 走廊 | (名) | zǒuláng | corridor, passage | 32 |
| 组 | (名) | zǔ | group | 16 |
| 组织 | (动) | zǔzhī | to organize | 36 |
| 钻 | (动) | zuān | to get into, to go through, to make one's way into | 20 |
| 做客 | | zuò kè | to be a guest | 15 |
| 做梦 | | zuò mèng | to have a dream | 12 |

## 专名 Proper Nouns

| 长安街 | Cháng'ān Jiē | Chang'an Avenue | 13 |
|---|---|---|---|
| 加拿大 | Jiānádà | Canada | 21 |
| 鲁国 | Lǔguó | the state of Lu in the Zhou Dynasty of China | 复习六 |
| 纳木错湖 | Nàmùcuò Hú | Namtso Lake | 28 |
| 欧洲 | Ōuzhōu | Europe | 35 |
| 日语 | Rìyǔ | Japanese | 2 |
| 苏 | Sū | 中国人的姓 | 30 |
| 苏州 | Sūzhōu | a city of China | 复习一 |
| 孙悟空 | Sūn Wùkōng | 《西游记》里一只猴子的名字 | 30 |
| 唐僧 | Táng Sēng | a famous monk in Tang Dynasty | 30 |
| 西天 | Xītiān | (of Buddhism) Western Paradise | 30 |
| 西藏 | Xīzàng | Tibet | 28 |
| 印度 | Yìndù | India | 复习四 |
| 藏族 | Zàngzú | the Zang (Tibetan) nationality | 28 |
| 珠江 | Zhū Jiāng | the Pearl River | 13 |

## 补充词语 Additional Vocabulary

| | | A | | |
|---|---|---|---|---|
| 安检 | (名) | ānjiǎn | security check | 26 |
| | | B | | |
| 班主任 | (名) | bānzhǔrèn | head teacher | 28 |
| 冰雹 | (名) | bīngbáo | hailstone | 28 |
| 冰鞋 | (名) | bīngxié | skating boots | 19 |
| | | C | | |
| 车库 | (名) | chēkù | garage | 23 |
| 抽油烟机 | (名) | chōuyóuyānjī | smoke exhauster | 复习五 |
| 春联 | (名) | chūnlián | Spring Festival couplets | 17 |

| 存折 | （名） | cúnzhé | bankbook | 1 |
|---|---|---|---|---|
| **D** | | | | |
| 单杠 | （名） | dāngàng | horizontal bar | 19 |
| 导师 | （名） | dǎoshī | supervisor | 4 |
| 定期 | （名） | dìngqī | deposit (account) | 1 |
| **F** | | | | |
| 风镜 | （名） | fēngjìng | goggles | 6 |
| 房东 | （名） | fángdōng | landlord | 8 |
| 福 | （名） | fú | good fortune, blessing | 17 |
| 佛经 | （名） | fójīng | the Buddhist Scripture | 30 |
| **G** | | | | |
| 柜台 | （名） | guìtái | counter | 1 |
| 古老肉 | （名） | gǔlǎoròu | sweet and sour pork | 11 |
| 宫保鸡丁 | （名） | gōngbǎo jīdīng | Kung Pao Chicken (spicy diced chicken with peanuts) | 11 |
| 购（书） | | gòu (shū) | to buy (book) | 2 |
| **H** | | | | |
| 毫升 | （量） | háoshēng | milliliter | 26 |
| 活期 | （名） | huóqī | current (account) | 1 |
| 红烧肉 | （名） | hóngshāoròu | pork braised with sauce and sugar | 5 |
| **J** | | | | |
| 结婚证 | （名） | jiéhūnzhèng | marriage certificate | 复习五 |
| **K** | | | | |
| 口香糖 | （名） | kǒuxiāngtáng | chewing gum | 25 |
| 昆曲 | （名） | kūnqǔ | Kunqu Opera (one of the oldest extant forms of Chinese opera) | 复习一 |
| **L** | | | | |
| 礼品 | （名） | lǐpǐn | gift | 2 |
| 荔枝 | （名） | lìzhī | litchi, leechee | 16 |

## M

| 马鞍 | (名) | mǎ'ān | saddle | 36 |
|---|---|---|---|---|
| 面试官 | (名) | miànshìguān | interviewer, examiner | 32 |
| 模型 | (名) | móxíng | scale model | 9 |

## P

| 砰 | (拟声) | pēng | bang | 31 |
|---|---|---|---|---|
| 乒乓球 | (名) | pīngpāngqiú | table tennis | 17 |
| 葡萄 | (名) | pútao | grape | 16 |

## R

| 容量 | (名) | róngliàng | capacity | 26 |
|---|---|---|---|---|

## S

| 三轮车 | (名) | sānlúnchē | tricycle | 32 |
|---|---|---|---|---|
| 食 | (名/动) | shí | food; to eat | 13 |
| 输 | (动) | shū | to enter, to input | 1 |
| 酥油茶 | (名) | sūyóuchá | Tibetan buttered tea | 28 |
| 售票员 | (名) | shòupiàoyuán | ticket seller | 31 |

## T

| 头盔 | (名) | tóukuī | helmet | 6 |
|---|---|---|---|---|
| 团圆 | (动) | tuányuán | to reunion | 17 |

## W

| 维生素 | (名) | wéishēngsù | vitamins | 6 |
|---|---|---|---|---|

## X

| 洗面奶 | (名) | xǐmiànnǎi | cleansing cream | 26 |
|---|---|---|---|---|
| 洗手间 | (名) | xǐshǒujiān | restroom | 8 |

## Y

| 遥控器 | (名) | yáokòngqì | remote control | 11 |
|---|---|---|---|---|
| 咦 | (叹) | yí | eh? (To express surprise.) | 10 |

| 园林 | （名） | yuánlín | garden, park | 复习一 |
|---|---|---|---|---|
| 运动场 | （名） | yùndòngchǎng | sports field | 8 |
| **Z** | | | | |
| 杂物房 | （名） | záwùfáng | store room | 23 |
| 助听器 | （名） | zhùtīngqì | hearing aid | 21 |
| 装修 | （动） | zhuāngxiū | to decorate | 24 |

北大版长期进修汉语教材

初级

# A Comprehensive Course in Elementary Chinese

## 汉语精读教程 II

Workbook
练习册

主编 周小兵
编著 陈淑梅 丁沾沾

北京大学出版社
PEKING UNIVERSITY PRESS

# 目 录

## 第一单元

第一课　大卫记错了密码 / 1

第二课　没买着词典 / 5

第三课　李阳回老家去了 / 9

第四课　他带了一条狗来 / 14

第五课　你怎么才来啊？ / 17

第六课　他们骑得快得很 / 20

复习（一）/ 25

## 第二单元

第七课　你表姐比你高 / 30

第八课　那套房子比宿舍大多了 / 33

第九课　窗户上挂着漂亮的窗帘 / 37

第十课　我把这张照片挂在墙上了 / 41

第十一课　我们把菜送到您家 / 45

第十二课　我什么也没买 / 49

复习（二）/ 53

## 第三单元

第十三课　广州的路有北京的路这么直吗？/ 59

第十四课　他们起得比鸡早 / 62

第十五课　大卫把菜洗干净了 / 66

第十六课　我不能把电话给你 / 70

第十七课　除了贴春联，还要贴"福"字 / 74

第十八课　妈妈被他打哭了 / 78

复习（三）/ 81

## 第四单元

第十九课　有个同学从单杠上掉下来了 / 86

第二十课　摘下几个苹果来 / 90

第二十一课　在那儿吃不吃得到中国菜？/ 94

第二十二课　她们说有事来不了了 / 98

第二十三课　妈妈你拎得动这些书吗？ / 102

第二十四课　爬得过去吗？ / 105

复习（四）/ 108

## 第五单元

第二十五课　她连一句话都没说过 / 113

第二十六课　把废纸捡起来 / 118

第二十七课　牛仔裤被我妈洗得干干净净 / 122

第二十八课　在餐厅中间跳起舞来 / 126

第二十九课　什么舒服穿什么 / 130

第三十课　无论离家多近，她都会迷路 / 134

复习（五）/ 137

## 第六单元

第三十一课　既然选择了，就不要后悔 / 142

第三十二课　只要坚持，就会实现梦想 / 146

第三十三课　尽管他非常努力 / 149

第三十四课　即使没座位，我也能睡得很香 / 153

第三十五课　只有方法对了，效果才会更好 / 157

第三十六课　简单而快乐的童年 / 160

复习（六）/ 162

# 第一课 大卫记错了密码

**1** 写拼音，找出每组汉字中相同或相似的部分 Write *pinyin* and find the same or similar part between the characters

**2** 选词填空 Fill in the blanks with proper words

向　存　戴　挥　填　清楚　护照　取　礼貌

(1) 这个孩子很有_____，所以幼儿园的老师们都很喜欢他。

(2) 我_____着手向朋友说再见。

(3) 我奶奶耳朵不好，没听_____你刚才说什么。

(4) 大卫非常努力，所以他成绩很好。我要_____他学习。

(5) 去国外旅行，一定要带_____。

(6) 今天外面很冷，你出去时要记得_____帽子。

(7) 我没钱了，今天要去银行_____一点儿钱。

(8) 请_____一下这张表。

(9) 这么多钱！你拿在手里不太安全吧，我建议 (jiànyì, to advise) 你_____到银行里去。

## 3　把括号中的词放入句中合适的位置　Insert the bracketed words into the following sentences

(1) 小静，吃饭咱们打牌吧。（完）

(2) 刚才你喊我了吗？我听见。（没）

(3) 我们要先擦桌子。（干净）

(4) 你们讨论完了？（没有）

(5) 大卫听清楚老师的问题。（没）

(6) 他借了两百块钱。（向我）

## 4　连词成句　Form sentences with the words given

(1) 听　能　你　我的话　吗　懂

(2) 大卫　借　我　向　总是　汉语书

(3) 见　我　今天　在　上午　看　宿舍门口　了　一只猫

(4) 他　挥　了　笑　我们　手　向　着　挥

## 5　选择正确答案　Choose the proper answer

(1) 我的眼镜放哪儿了？你看_____了吗？
　　A. 完　　　　B. 清楚　　　　C. 见　　　　D. 干净

(2) 我的作业全都做_____了，可以看电视了。
　　A. 完　　　　B. 清楚　　　　C. 见　　　　D. 干净

(3) 昨天我看_____他和一个女孩子一起逛街，可是没看_____那个女孩子是谁。

  A. 完，见    B. 见，清楚    C. 清楚，见    D. 见，完

(4) 这件衣服_____，你要再洗一遍。

  A. 洗没干净       B. 没洗干净

  C. 洗干净没       D. 不洗干净

(5) 昨天我买东西时忘了带钱包，_____大卫借了50块钱。

  A. 对     B. 往     C. 为     D. 向

## 6 根据课文内容判断正误 Decide whether the following statements are right according to the text

(1) 大卫去银行取一千块钱。          ( )

(2) 大卫第一次输密码时输对了。        ( )

(3) 开存折要看护照、要填表。         ( )

(4) 大卫要开定期存折。           ( )

(5) 大卫要存一千块钱。           ( )

## 7 排列顺序 Organize the following sentences

A. 看见对面的女孩向他挥手。

B. 他也挥了挥手。

C. 金浩吃完饭在阳台上休息。

答案：_____

## 8 完成句子 Complete the following sentences

(1) 妈妈，我＿＿＿＿＿＿＿＿＿＿（完，果汁），我想再加一点儿。

(2) 这篇课文很长，而且有点儿难，我们看了十分钟＿＿＿＿＿＿＿＿＿＿＿＿＿＿＿＿＿＿＿＿。（还没，完）

(3) A：我们可以用用这块黑板吗？我们想练习一下汉字。

B：行，不过写完以后别忘了＿＿＿＿＿＿＿＿＿＿＿＿。（干净）

(4) A：你怎么不回答 (huídá, to answer) 啊？

B：我＿＿＿＿＿＿＿＿＿＿＿＿＿＿＿＿＿＿＿。（清楚）

# 第二课 没买着词典

## 1 写拼音，找出每组汉字中相同或相似的部分 Write *pinyin* and find the same or similar part between the characters

## 2 朗读 Read aloud

| | | | | | |
|---|---|---|---|---|---|
| 想好 | 买着 | 学会 | 来到中国 | 顺着这条路走 | 校内 |
| 学好 | 找着 | 教会 | 回到家 | 顺着河边走 | 图书馆内 |
| 买好 | 借着 | | 等到十二点 | 顺着这条街走 | 两天内 |
| 准备好 | 猜着 | | 学到第五课 | | 十分钟内 |

## 3 给画线的字写拼音 Write *pinyin* for the underlined characters

(1) 他汉语说得（　　）很流利。

(2) 太晚了，我得（　　）回家了。

(3) 他唱着（　　）歌到了家门口。

(4) 我找钥匙找了半天，没找着（　　）。

## 4 组词 Make words

经（　　）（　　）　　顺（　　）（　　）

语（　　）（　　）　　心（　　）（　　）

## 5 选词填空 Fill in the blanks with proper words

> 语言　得　内　建议　暖和　钥匙　用功　经过　顺着　仔细

(1) 如果你想减肥，我_____你以后多吃些水果，少吃些肉。

(2) 他每天学习，非常_____，所以汉语学得很好。

(3) 那条路堵车，我们_____从另一条路走。

(4) 你_____超市的时候给我买瓶洗发水。

(5) 老师在改 (gǎi, to revise) 我们的作业，改得非常_____。

(6) 你_____河边一直走，就能走到坐船的地方了。

(7) 世界上有很多种_____，人不可能都学会。

(8) 北方的冬天室外很冷，可是室_____非常暖和。

(9) 我今天没有开车来学校，因为我的车_____丢了。

(10) 广州的冬天比较_____。

## 6 选择正确答案 Choose the proper answer

(1) 你收_____我给你发的邮件了吗？
　　A. 好　　　B. 着　　　C. 到　　　D. 完

(2) 明天就要考试了，可是我还没准备_____呢！
　　A. 好　　　B. 着　　　C. 会　　　D. 完

(3) 每天早上六点，我的妈妈都会给我做_____早饭。
　　A. 好　　　B. 着　　　C. 会　　　D. 完

(4) 山田没买_____足球比赛的门票。
　　A. 好　　　B. 着　　　C. 会　　　D. 完

(5) 教室里的粉笔用_____了，你能再帮老师拿一些吗？
　　A. 好　　　B. 着　　　C. 会　　　D. 完

(6) 太极拳有点儿难，我学了半天，没学 _____ 。

  A. 到      B. 着      C. 会      D. 完

(7) 我在家里一直待 (dāi, to stay) _____ 三月。

  A. 好      B. 着      C. 到      D. 完

(8) 你从广东骑车骑 _____ 四川？累不累啊？

  A. 好      B. 着      C. 到      D. 完

## 7 根据课文内容判断正误 Decide whether the following statements are right according to the text

(1) 刘星的英语没学好。             (　　)

(2) 刘星昨天买着汉日词典了。         (　　)

(3) 丽丽建议刘星买一条围巾。         (　　)

(4) 最后金浩在书包里找着了钥匙。       (　　)

(5) 金浩要在半个小时内收拾好房间。      (　　)

## 8 完成对话 Complete the following dialogues

\* 用括号里的词和 / 或结果补语"好""到""着"。

(1) A：现在开始听写。

  B：老师，等一下，我还没_____。（准备）

(2) A：大卫，你_____（借）了吗？

  B：没有，我去了图书馆，可是不知道中文小说在哪儿。

(3) A：这两条裤子你要买哪条？

  B：不知道，我还没_____。（想）

(4) A：你＿＿＿＿＿＿＿＿＿＿＿＿＿＿＿＿＿＿＿（找）存折了吗？

　　B：＿＿＿＿＿＿＿＿＿＿＿＿＿（找）了，可是我忘了密码！

9  用"又……又……"完成句子  Complete the following sentences with 又……又……

(1) 我的中国朋友 ＿＿＿＿＿＿＿＿＿＿＿＿＿＿＿＿

(2) 我的房间 ＿＿＿＿＿＿＿＿＿＿＿＿＿＿＿＿＿＿

(3) 那个大学 ＿＿＿＿＿＿＿＿＿＿＿＿＿＿＿＿＿＿

(4) 这些水果 ＿＿＿＿＿＿＿＿＿＿＿＿＿＿＿＿＿＿

# 第三课 李阳回老家去了

**1** 写拼音，找出每组汉字中相同或相似的部分 Write *pinyin* and find the same or similar part between the characters

| 村 | 时 | 讨 |

| 农 | 衣 |

| 轻 | 经 |

| 轮 | 论 |

| 招 | 绍 |

| 渴 | 喝 |

| 抱 | 跑 | 饱 |

| 顺 | 帅 | 流 |

| 戚 | 咸 | 成 |

**2** 朗读 Read aloud

上来　　上去　　上楼来　　进教室来
下来　　下去　　下楼来　　进教室去
进来　　进去　　上楼去　　回宿舍来
出来　　出去　　下楼去　　回宿舍去
过来　　过去　　　　　　　到食堂来
回来　　回去　　　　　　　到食堂去

到学校去　　到学校来　　顺便买瓶果汁　　轮流表演
到医院去　　到医院来　　顺便去玩儿玩儿　　轮流请客
到楼上去　　到楼上来　　顺便带点儿吃的　　轮流擦玻璃
到市场去　　到市场来　　顺便看看朋友　　轮流做饭

## 3 给画线的字写拼音 Write pinyin for the underlined characters

(1) 他没有工作，没有钱，过得很差（　　）。

(2) 林平的爸爸工作很忙，经常出差（　　）。

(3) 现在差（　　）五分十点。

(4) 我的弟弟长（　　）大以后想当明星。

(5) 这条裙子太长（　　）了，有没有短一点儿的？

## 4 选词填空 Fill in the blanks with proper words

| 顺便 | 亲戚 | 轮流 | 轻松 | 样子 | 生活 |
| 顿 | 生 | 熟悉 | 热情 | 差 | 抱 |

(1) 他对人很_____，愿意帮助别人。

(2) 王老师_____了一个儿子，我们要一起送她一件礼物。

(3) 山田写汉字写得很好，但是他的汉语听力很_____。

(4) 我经常看到她_____着孩子逛街，我想她一定很累。

(5) A：明天我要去北京开会。

B：太好了，你能_____给我买一只北京烤鸭吗？

(6) 在中国_____，我觉得很愉快。

(7) 我家的_____很多，每年春节都要回到家乡在一起吃饭，很热闹。

(8) 他们的工作太忙了，不可能大家一起放假，只能_____休息。

(9) 妈妈希望她找一个_____的工作。

(10) 这个地方我觉得很_____，好像以前来过。

(11) 看他的_____，好像不太高兴。

(12) 今天我只吃了一_____饭。

## 5 排列顺序  Organize the following sentences

A. 家乡的亲戚们轮流请我吃饭,非常热情。

B. 去年暑假我回老家了。

C. 回来以后,我发现自己胖了十斤。

答案:_____

## 6 用"来"或"去"填空  Fill in the blanks with 来 or 去

(1)（金浩和山田都在楼上）金浩经过山田的宿舍,对山田说:"一个漂亮的女孩子在楼下等你,你快下_____吧。"

(2) 刘星爸爸去上海出差了,妈妈给他打电话,问他:"你什么时候回_____?"

(3)（A 和 B 要去图书馆）

A:我想带着我的狗。

B:你不能带狗进图书馆_____!

(4)（林平在广州）林平在北京的同学要去香港,林平知道以后给他打电话说:"去香港的时候顺便到广州_____吧。"

(5)（A 和 B 在教室外边等 C）

A:考试已经快结束了,他怎么还不出_____啊?

B:他写得慢,我们再等等吧。

(6)（A 在山上,B 在山下）

A:快上_____啊,你在做什么?

B:我要拍一张照片,拍完了马上就上_____。

(7)（A 和 B 在中国）

A:好久没见小林了,她去哪儿了?

B:她回日本_____了。

(8)（小宝站在离妈妈十米远的地方，离马路很近）

妈妈：小宝，过_____！不要离路太近！

小宝：我不过_____！你过_____！

## 7 连词成句 Form sentences with the words given

(1) 他　女朋友　到　的　要　中国　来

(2) 大卫　后门　的　进　教室　从　了　来

(3) 我　李阳　做饭　每天　轮流　和

(4) 到　我　没　农村　寒假　去

(5) 这个　我　回　去　暑假　要　家乡

(6) 商店　你　的时候　经过　帮　买　我　一点儿　顺便　东西

## 8 用适当的动词和趋向补语完成对话 Complete the following dialogues with proper verbs and directional complements

(1) A：（在楼下）山田，你快_____吧！

　　B：（在楼上）你等等我，我马上_____。

(2) A：（在教室里面）外面很冷，快_____吧。

　　B：（在教室外面）我想抽烟，不_____了。

(3) A：请问王老师在吗？

　　B：(在办公室里) 他家里有事，他_____了。

(4) A：(在B的房间外) 我可以_____吗？

　　B：(在房间里) 你先别_____，我在换衣服！

(5) A：你哥哥在哪儿？

　　B：在北京。

　　A：_____？（到）

　　B：去年。

# 第四课 他带了一条狗来

**1 写拼音，找出每组汉字中相同或相似的部分** Write *pinyin* and find the same or similar part between the characters

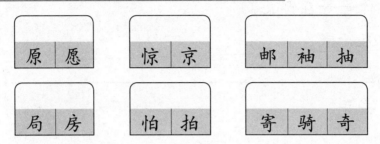

**2 选词填空** Fill in the blanks with proper words

> 以为　　悄悄　　惊讶　　薄　　原来　　剩　　允许
> 打招呼　　改　　圆　　内容　　关于　　只好

(1) 这本小说的＿＿＿＿不太难，我能看懂（dǒng, understand）。

(2) 我＿＿＿＿会弹钢琴，可是现在已经忘了。

(3) A：今天是星期天，你起这么早干什么？

　　B：星期天？我还＿＿＿＿今天是星期一呢！

(4) 我买了一本＿＿＿＿中国历史的书。

(5) 我今天买围巾的时候发现忘了带钱包，＿＿＿＿向同学借了一百块钱。

(6) 你怎么＿＿＿＿了这么多菜？真是太浪费了！

(7) 这本书很＿＿＿＿，很轻。

(8) 老板不＿＿＿＿我们在上班时间随便打电话。

(9) 那篇文章我已经＿＿＿＿完了，马上发给你。

(10) 他很有礼貌，每次见面都跟我＿＿＿＿。

(11) 这个消息让我觉得非常＿＿＿＿。

(12) 你看，月亮（yuèliang, moon）又大又_____，真好看！

(13) 她_____走了，我们都不知道她是什么时候走的。

## 3 选择正确的答案 Choose the proper answer

(1) A：你好！我想寄东西。
　　B：寄什么？
　　A：几件衣服。
　　B：先填一下这张表。
　　问题：他们在哪儿？

A. 食堂
B. 银行
C. 邮局

(2) A：你好！好久不见！
　　B：好久不见！
　　问题：他们在做什么？

A. 打招呼
B. 商量
C. 建议

## 4 变换句式 Sentence pattern transformation

*把下列句子变成使用"S + V + 来 / 去 + O"句式的句子。

(1) 我要给妈妈寄一些钱去。

(2) 你来的时候别忘了带你的画儿来。

(3) 他打算叫很多朋友来。

(4) 小静从亲戚家抱了一只可爱的小猫来。

## 5 改写句子 Convert the following sentences

*下列带趋向补语的句子中，有的句子中的宾语也可以放在"来"或"去"的后边。请改动这些宾语的位置。

(1) 他的老同学给他发了一个短信来。

(2) 大卫进图书馆去了。

(3) 我从对面的教室搬了一张桌子来。

(4) 山田从小云那儿借了几本漫画书来。

(5) 刘星到购书中心去了,你找他有什么事情?

## 6 连词成句 Form sentences with the words given

(1) 中国　我　有　朋友　没　原来

(2) 她　来　一个　朋友　韩国　带　了

(3) 大卫　寄　一件　来　我　给　薄毛衣

(4) 一下　昨天　"了"　的　复习　了　明河　语法　关于

(5) 妈妈　很多　照片　来　发　我　给　了

## 7 完成对话 Complete the following dialogues

*请使用动词和趋向补语"来/去"。

(1) A: 山田,你_____(骑),原来的那辆呢?

　　B: 丢了,只好又买了一辆新的。

(2) A: 大卫,你怎么_____(带)啊?

　　B: 我觉得教室里的椅子(yǐzi, chair)不舒服,所以带了自己的椅子来。

(3) A: 教室里少了一张桌子,山田,你_____(搬)。

　　B: 好的。

# 第五课 你怎么才来啊?

**1 写拼音，找出每组汉字中相同或相似的部分** Write *pinyin* and find the same or similar part between the characters

| 香 | 季 |
| 熟 | 热 |
| 盘 | 船 | 般 |
| 理 | 里 |
| 翻 | 习 |
| 齐 | 挤 | 济 |

**2 朗读** Read aloud

| 三个月才学会 | 很早就来了 | 整理书架 | 整齐的书架 |
| 两点钟才睡觉 | 半天就改好了 | 整理房间 | 整齐的房间 |
| 九岁才上学 | 很快就完成了 | 整理照片 | 整齐的桌椅 |
| 四个小时才修好 | 五分钟就记住了 | 整理衣柜 | 整齐的衣柜 |

**3 选词填空** Fill in the blanks with proper words

送　数　整齐　坏　熟　差不多　像　翻　整理　认为

(1) 这是我刚买的礼物，我想给她_____去。

(2) 我的书包太乱了，我要_____一下。

(3) 小云花了两个小时收拾自己的衣柜，现在她衣柜里的衣服非常_____。

(4) 我_____小李的建议非常好。

(5) 我_____了一下那本书，觉得没有意思。

(6) 多少人参加比赛？你_____了吗?

(7) 我的自行车_____了，今天得坐地铁去上学。

(8) 我们的大学很漂亮，_____公园一样。

(9) 我跟她是很_____的朋友。

(10) _____九点了，我们得出发了。

## 4 排列顺序 Organize the following sentences

A. 妈妈，今天做的什么菜啊？这么香！

B. 我饿死了！要先吃一块！

C. 今天吃红烧肉！

答案：_____

## 5 用"就"或"才"填空 Fill in the blanks with 就 or 才

(1) 我顺着那条路找，找了半个多小时_____找着我的钥匙。

(2) 电影七点半_____开始，你怎么现在_____来了？

(3) 他不努力，听说英语考了两次_____及格。

(4) 饭菜早_____熟了，现在只等你来。

(5) 飞机下午两点起飞，他们上午十点_____到机场了。

(6) 不要着急，火车夜里两点_____开呢，你先睡一会儿吧。

(7) 刘星，别睡了，你看，太阳早_____出来了，你还没有起床，什么时候_____能吃早饭呢？

## 6 连词成句 Form sentences with the words given

(1) 才 怎么 回 现在 来 你

(2) 一个月　我　以前　就　去　了　寄

_____

(3) 十天　开始　他　准备　以前　就　了

_____

(4) 都　亲戚　来　了　差不多

_____

**7** 用"就"或"才"完成句子　Complete the following sentences with 就 or 才

(1) A：你_____？（来）

　　B：不好意思，堵车，所以来晚了。

(2) A：不知道这辆车多长时间能修好？

　　B：我刚才问了一下司机，他说_____。（一会儿）

(3) A：红烧肉马上就能做好吗？

　　B：不行，要_____。（很长时间）

(4) A：你什么时候买的盘子？我怎么不知道？

　　B：_____。（早）

# 第六课 他们骑得快得很

**1 写拼音，找出每组汉字中相同或相似的部分** Write *pinyin* and find the same or similar part between the characters

**2 朗读** Read aloud

| 热得很 | 快得不得了 | 美极了 | 难过极了 |
| 多得很 | 忙得不得了 | 热极了 | 热情极了 |
| 遗憾得很 | 咸得不得了 | 多极了 | 好吃极了 |
| 漂亮得很 | 热闹得不得了 | 好极了 | 干净极了 |

**3 选词填空** Fill in the blanks with proper words

特色　摘　出现　闲　擅长　手套　帮助　退休　偷偷

(1) 最近我比较_____，有很多时间，想去旅游。

(2) 天冷了，我给妈妈买了一副_____。

(3) 以前他对我很好，现在他有困难了，我应该_____他。

(4) 在中国，男的60岁_____。

(5) 我摘了一朵（duǒ, measure word for flower）花，_____放在她的头上。

(6) 你们餐厅的_____菜是什么？

(7) 昨天我跟朋友去果园_____了很多水果。

(8) 爱我的人为什么还不_____?

(9) 这位画家很_____画马,他画的马像真的一样。

## 4 连词成句 Form sentences with the words given

(1) 面试 多 的 人 很 得

(2) 不得了 狗 得 胖 他 的

(3) 林平 慢 得 很 骑 得

(4) 他 极 得 踢足球 踢 棒 了

(5) 他 很 得 跑步 跑 快 得

(6) 小云 唱 唱歌 好听 得 极 了

## 5 用括号里的词改写句子 Convert the following sentences with the given words

(1) 要考试了,我非常紧张。(不得了)

(2) 他半天没喝水,非常渴。(不得了)

(3) 学校的老师对我们非常好。(极了)

(4) 上课的时候教室里非常安静，下了课就非常热闹。（极了）

(5) 他的女朋友非常漂亮。（得很）

(6) 中午12点，在食堂吃饭的学生很多很多。（得很）

## 6 模仿造句 Make sentences following the examples

A. 她 / 睡 / 好 → 她睡得好极了。

(1) 他们 / 表演 / 精彩
(2) 我们 / 聊 / 开心
(3) 老师 / 看 / 仔细

B. 奶奶 / 走路 / 慢 → 奶奶走路走得慢极了。

(4) 明河 / 跳舞 / 棒
(5) 李阳 / 游泳 / 快

C. 他们 / 骑 / 快 → 他们骑得快得很。

(6) 他们 / 过 / 开心
(7) 我 / 走 / 累
(8) 她 / 讲 / 清楚

## 7 选择正确答案　Choose the proper answer

(1) "她弹钢琴弹得很好。"从这句话中，我们可以知道：_____
   A. 她擅长弹钢琴。　　　　B. 她不喜欢弹钢琴。
   C. 她钢琴弹得很糟糕。

(2) "他退休了，生活得很轻松，每天都不忙。"从这句话中，我们可以知道：_____
   A. 他很闲。　　　　B. 他有工作，可是不忙。
   C. 他喜欢工作。

## 8 完成对话　Complete the following dialogues

＊请使用本课中学过的表程度的结构。

(1) A：昨天你去哪儿了？
   B：我去了附近的一个果园，那儿的水果_____。（多）
   我们_____。（吃，开心）

(2) A：李阳会打篮球吗？
   B：当然会，他打篮球_____(打，棒)，
   他是我们班最会打篮球的人。

(3) A：明天晚上去 KTV 唱歌，怎么样？
   B：我很想去，可是我感冒了，头_____。（疼）
   听说小云_____(唱，好听)，你可以去找她。

## 9 阅读　Read the following text

在甘南地区和川北地区旅行时，常听到当地人的两句口头语，一句是："就是，就是！"另一句是"……得很"，比如"多得很""好

得很""香得很"等。其实（qíshí, actually, in fact）他们说的"……得很"的意思只是"比较……"，并（bìng, but）不是"特别……"。比如我问一个人："那儿风景美吗？"他说："美得很！"结果（jiéguǒ, as a result, result），我浪费了几十块门票钱和一天时间；还有一次，有一个卖糖的告诉我他的糖"香得很"，我一下子买了三斤，可是尝了以后，发现"香得很"的味道其实很一般。

有一天我们经过草原（cǎoyuán, grassland, prairie）时，车坏了。当时天快黑了，手机又没有信号（xìnhào, signal），我们急得不得了。这时有人骑着车经过，我就请他带我到有信号的地方去找车。到了以后，天已经黑了，而且开始下雨，雨很大，我冷极了。看看周围，草原这么大！我担心地问他："这地方不会有狼（láng, wolf）吧？"那个人说："狼多得很！"说完就走了。

我吓（xià, frighten, scare）得不得了，心跳（tiào, to jump, to beat）得快极了，一边打电话一边注意身后，很怕有狼从后面来。后来我才知道，这个草原真的有狼，但是并不是"多得很"，而且狼很少来路两边。

# 复习（一）

**1** 写拼音，找出每组汉字中相同或相似的部分 Write *pinyin* and find the same or similar part between the characters

**2** 朗读 Read aloud

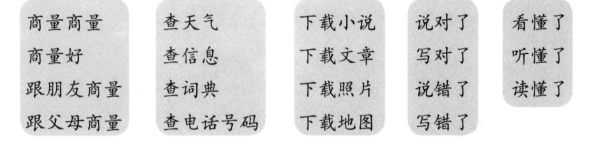

**3** 选词填空 Fill in the blanks with proper words

| 信息 | 尤其 | 下载 | 查 | 商量 | 约 |
| 但是 | 麻烦 | 节约 | 其中 | 算 | 订 |

(1) 我数学不太好，出去买东西时，常常_____错钱。

(2) 咱们出去吃吧，自己做饭太_____了。

(3) 我们班一共有三十名同学，_____有两名同学是日本人。

(4) 你可以出去玩儿，_____天黑以前一定要回家。

(5) 小云_____我去看电影。

(6) 我们要_____，不要浪费。

(7) 爸爸病了，我们_____好了，轮流照顾 (zhàogù, to take care of) 他。

(8) 如果想听歌，可以从网上_____，很方便。

(9) 你能帮我_____一下这个词的意思吗？

(10) 明河想去北京旅游，她想了解北京的住宿和交通_____。

(11) 这个班的学生都很用功，_____是小静。

(12) 他们已经买好了机票，_____好了房间。

## 4 选择正确的补语填空 Fill in the blanks with proper complements

**完　好　对　懂**

A：妈妈，晚饭做_____了吗？我现在就要吃！

B：已经做_____了。今天怎么这么着急？你吃_____晚饭要去干什么？

A：我要跟同学去看一个美国电影。

B：又是英语的吗？你只学了一年英语，能听_____吗？

A：我可以"看"_____。

B：对了，你的作业做_____了吗？

A：我已经做_____了。

B：都做_____了吗？

A：我都做_____了，您别担心了。

**来　去**

(在家里)

A：爸爸回_____了吗？

B：他还没有回_____。

A：他到哪里_____了？

B：他到医院_____了。

## 5 把括号中的词放入句中合适的位置 Insert the bracketed words into the following sentences

(1) 今天妈妈做了很多菜，我最喜欢的是红烧肉。（其中）
(2) 衣服洗干净了？（没有）
(3) 最近太忙了，一直没时间，我们昨天晚上商量这件事。（才）
(4) 我一会儿算完了。（就）
(5) 我刚才看见他进邮局了。（去）
(6) 你坐对车，应该坐251路。（没）
(7) 小静从王老师那儿借来一张苏州地图。（了）
(8) 你们走了，应该顺着那条路走，不是这条。（错）

## 6 用正确的词语填空 Fill in the blanks with proper words

**才　　就**

(1) 你寒假去旅游，现在_____找旅行社？太早了吧？
(2) 汉字在几千年以前_____出现了。
(3) 他们走了一个小时_____走到家。

**认为　　以为**

(4) 这么快就下载完了？我原来还_____很麻烦呢！
(5) 我_____在农村生活更有意思。
(6) 他是你的导师吗？我_____是你的同学！

## 7 完成对话 Complete the following dialogues

(1) A：我已经_____。（完）

B：这么快，我还有一个作业没做呢。

(2) A：毕业以后你打算去哪儿工作？

　　　B：＿＿＿＿＿＿＿＿＿＿＿＿＿＿＿＿＿＿＿＿。（到）

　　　A：农村？真的吗？

(3) A：听说你跟大卫寒假要去韩国玩儿，什么时候去？

　　　B：还没决定，我要＿＿＿＿＿＿＿＿＿＿＿＿＿＿＿＿。（商量）

(4) A：小云，＿＿＿＿＿＿＿＿＿＿＿＿＿＿＿＿。（拿，来，西红柿）

　　　B：好的，妈妈。

(5) A：你们昨天晚上＿＿＿＿＿＿＿＿＿＿＿＿＿＿＿＿？（V＋到）

　　　B：十一点。

　　　A：十一点？吃了这么久？

## 8 造句　Make sentences

(1) 才＿＿＿＿＿＿＿＿＿＿＿＿＿＿＿＿＿＿＿＿＿＿＿＿＿＿

(2) 就＿＿＿＿＿＿＿＿＿＿＿＿＿＿＿＿＿＿＿＿＿＿＿＿＿＿

(3) V＋来/去＿＿＿＿＿＿＿＿＿＿＿＿＿＿＿＿＿＿＿＿＿＿

(4) 得(děi)＿＿＿＿＿＿＿＿＿＿＿＿＿＿＿＿＿＿＿＿＿＿＿

(5) V＋着(zháo)＿＿＿＿＿＿＿＿＿＿＿＿＿＿＿＿＿＿＿＿

(6) 向＿＿＿＿＿＿＿＿＿＿＿＿＿＿＿＿＿＿＿＿＿＿＿＿＿＿

(7) 不得了＿＿＿＿＿＿＿＿＿＿＿＿＿＿＿＿＿＿＿＿＿＿＿

**9** 写出下列词语的拼音，然后选词填空　Write *pinyin* for the following words and fill in the blanks with proper words

> 摘　存　翻　整理　经过　允许　退休　节约

(1) 衣柜太乱了，这个周末我打算_____一下衣柜。

(2) 对不起，先生，这里不_____抽烟。

(3) 李老师去年_____了，每天喝喝茶，打打太极拳，生活得很轻松。

(4) 他在银行_____了1000000块钱。

(5) 请_____用水！

> 热情　语言　清楚　护照　用功　熟悉　擅长　渴

(6) 商店里的售货员都很_____。

(7) 我在广州生活了十年，所以很_____广州。

(8) 糟糕！_____不见了。

(9) 不好意思，刚才我没听_____，请再说一遍。

> 向　偷偷　顿　只好　关于　要是　但是　轮流

(10) 他_____我挥了挥手。

(11) 他看完了一本_____中国功夫的书。

(12) _____天气暖和，我们就去公园玩儿。

(13) 我们每天吃三_____饭。

# 第七课 你表姐比你高

**1 写拼音，找出每组汉字中相同或相似的部分** Write *pinyin* and find the same or similar part between the characters

| 羡 | 次 | 资 |
| 龄 | 冷 |
| 聪 | 总 |
| 能 | 比 |

**2 朗读** Read aloud

发表看法　比你认真　比你更认真　没有你认真　说了算
发表意见　比昨天热　比昨天还热　没有昨天热　说了不算
发表文章　比上次顺利　比上次还顺利　没有上次顺利　谁说了算

**3 选词填空** Fill in the blanks with proper words

于是　发表　摇　安慰　速度　年龄　聪明
看法　全部　羡慕　说了算　工资

(1) 你们家谁_____？

(2) 关于这件事，你有什么_____？

(3) 我觉得太累了，_____没有吃晚饭就睡了。

(4) 这些电脑_____是坏的吗？

(5) 每个人都有一些方面比别人好，所以不要总是_____别人。

(6) 林平的文章在杂志上_____了，他高兴得不得了。

(7) 小宝这么小就能看懂这本小说，真是一个_____的孩子！

(8) 小云一边听这个故事一边_____头，她觉得这不是真的。

(9) 你不要随便问女人的_____。

（10）我有个表弟跑步_____很快。

（11）听说她考大学没考好，你去_____她一下吧。

（12）一个月只有三千块钱？你们的_____太少了！

## 4 排列顺序 Organize the following sentences

A. 她很有钱，跟她相比，我太穷了。

B. 我有个表姐很漂亮，是个银行职员。

C. 所以，我很羡慕她。

答案：_____

## 5 连词成句 Form sentences with the words given

（1）比　我　这个菜　香　那个菜　觉得

（2）那个　有礼貌　小宝　没有　孩子

（3）的　我们　没有　他们　好　态度

（4）有　你　对　看法　什么　爱情

（5）还　他　的　我爷爷　比　大　年龄

（6）他　语言　有　表哥　会　一个　五种

## 6 完成对话 Complete the following dialogues

(1) A：林平和小华谁大？

　　B：＿＿＿＿＿＿＿＿＿＿＿＿＿＿＿（比），林平25岁，小华22岁。

(2) A：热死了！

　　B：是啊，今天＿＿＿＿＿＿＿＿＿＿＿＿＿＿＿＿＿＿！（比，还）

(3) A：你好厉害啊，这么年轻就当教授了！

　　B：＿＿＿＿＿＿＿（没有），你一个人做两份 (fèn, measure word for job) 工作呢！

(4) A：妈妈，你挣的钱比爸爸多吗？

　　B：不是，＿＿＿＿＿＿＿＿＿＿＿＿＿＿＿＿＿＿＿。（没有）

(5) A：妈妈，＿＿＿＿＿＿＿＿＿＿＿＿＿＿＿＿＿＿？（打电话）

　　B：没有人给你打电话，有什么事情吗？

　　A：我＿＿＿＿＿＿＿＿＿＿＿＿＿（有，来广州），我以为他会给我打电话。

# 第八课 那套房子比宿舍大多了

**1** 写拼音，找出每组汉字中相同或相似的部分 Write *pinyin* and find the same or similar part between the characters

| 似 | 以 | | 厘 | 里 | | 泼 | 发 | | 租 | 和 | | 梯 | 弟 |

**2** 朗读 Read aloud

不如小云
不如小云活泼
不如她的皮肤白

其他同学
其他房子
其他学校

跟他们相比
跟大卫相比
跟美国相比

内容相似
颜色相似
长得相似
相似之处

同班
同岁
同一个学校
同一种语言

爱好不同
年龄不同
不同的看法
不同的旅行社

**3** 组词 Make words

相（　　）（　　）　　活（　　）（　　）

其（　　）（　　）　　皮（　　）（　　）

## 4 选词填空 Fill in the blanks with proper words

| 不如 | 环境 | 电梯 | 相似 | 专业 | 同 |
| 活泼 | 套 | 其他 | 相比 | 厨房 | |

(1) 他买了一_____运动服。

(2) 他们住的地方在城市东边，周围有山有水，_____很不错。

(3) 妈妈在_____做饭。

(4) 小宝很_____，爱说爱笑，大家都喜欢他。

(5) 只有这个酒店(jiǔdiàn, hotel)还有空房间，_____酒店的房间都订完了。

(6) 跟我的衣柜_____，你的衣柜太整齐了。

(7) 这两双鞋太_____了，我得仔细看才能知道哪双是我的，哪双是你的。

(8) 他住在30楼，每天都得坐_____上下楼。

(9) 李阳的_____是经济。

(10) 小云跟林平在_____一个系。

(11) 在学习方面，他_____他妹妹。

## 5 选择正确的答案 Choose the proper answer

(1) 这个女孩子很喜欢大笑，也爱说话，是一个很有意思的人。
问题：她是个什么样的人？
A. 节约　　　　B. 能干　　　　C. 活泼

(2) 这里环境不错，一出门就有车站，买东西也很方便，就租这里的房子吧！

问题：说话的人可能在哪儿？

A. 小区      B. 飞机场      C. 超市

## 6 把括号中的词放入句中合适的位置 Insert the bracketed words into the following sentences

(1) 考试的时候，他比我紧张。（更）

(2) 大城市的房子比小城市的贵。（多了）

(3) 男孩子的力气比女孩子大。（一些）

(4) 我这个月的工资比上个月少。（两百块）

(5) 这个小区的环境比那个小区好。（一点儿）

## 7 连词成句 Form sentences with the words given

(1) 工资 小松 没有 的 多 小马

(2) 多了 他们班 比 活泼 同学 我们班

(3) 白 皮肤 北方人 一些 的 南方人 比

(4) 比 一点儿 他爸爸 高 李阳

(5) 比 五块钱 这双 那双 贵 鞋

## 8 完成对话 Complete the following dialogues

*请使用"A 比 B + Adj. + 数量词组""A 比 B + Adj. + 一点儿 / 一些 / 多了"或"不如"。

(1) A：老王，你多大年纪了？

　　B：快六十了，你呢？

　　A：我_____，我快七十了！

(2) A：肚子还疼吗？

　　B：_____，感觉舒服一点儿了。

(3) A：你跟你爱人都是老师，谁更忙？

　　B：她教中学，_____。

(4) A：这两台电脑哪个重？

　　B：左边的_____。（一斤）

(5) A：北方菜怎么样？好不好吃？

　　B：_____。（不如）

　　A：当然，"食在广州"啊。

## 9 改写句子 Convert the following sentences

*请使用"一……就……"句型。

(1) 这个小孩看到妈妈以后，马上就笑了。

(2) 你到广州以后马上给我打电话。

(3) 妈妈回家以后马上开始做饭。

(4) 金浩下课以后马上就去打羽毛球。

# 第九课 窗户上挂着漂亮的窗帘

**1** 写拼音，找出每组汉字中相同或相似的部分 Write *pinyin* and find the same or similar part between the characters

| 装 | 衣 |
|---|---|

| 髦 | 套 |
|---|---|

| 世 | 蝶 |
|---|---|

| 紫 | 些 |
|---|---|

**2** 朗读 Read aloud

| 到处是书 | 有兴趣 | 感兴趣 | 衣服很时髦 |
| 到处找 | 对照相有兴趣 | 对音乐感兴趣 | 样子很时髦 |
| 到处参观 | 对历史很有兴趣 | 对汉语很感兴趣 | 时髦的裙子 |
| 到处都很干净 | 对他没有兴趣 | 对画画不感兴趣 | 时髦的女孩子 |

**3** 选词填空 Fill in the blanks with proper words

到处　　严肃　　挂　　兼职　　飞　　表现　　摆　　内向

(1) 在这个美丽的国家，＿＿＿＿＿＿可以看到花。

(2) 他是个＿＿＿＿＿＿的人，不爱说话。

(3) 林平的桌子上＿＿＿＿＿＿满了书。

(4) 他们全部都在外边的公司＿＿＿＿＿＿，都忙得很。

(5) 爸爸是个＿＿＿＿＿＿的人，我们都不敢跟他开玩笑。

(6) 他卧室的墙上＿＿＿＿＿＿着一幅风景画。

(7) 他平时上课＿＿＿＿＿＿都很不错，可是这次考试成绩很糟糕。

(8) 天空中＿＿＿＿＿＿来了一只小鸟。

**4 排列顺序** Organize the following sentences

A. 你看,房间里有一张书桌,书桌上放着一台电脑。

B. 电脑旁边摆了几本汉语书。

C. 这是小云的房间,房间不大,可是又干净又整齐。

答案:＿＿＿＿＿＿＿

**5 连词成句** Form sentences with the words given

(1) 两个　餐厅　的　站　门口　漂亮　着　女孩子

(2) 满　里　了　杯子　水　装

(3) 这节　坐　只　了　人　车厢里　十几个

(4) 小鸟　来　教室　一只　里　飞

(5) 对　感　奶奶　太极拳　兴趣　很　最近

(6) 很多　我们　来　兼职老师　学校　了

(7) 一只　跑　老虎　动物园　听说　了

(8) 非常　我　感　开车　不　对　兴趣

## 6 模仿造句　Make sentences following the examples

A. 公司 / 新同事 → 公司里来了一位新同事。

(1) 家 / 客人 →

(2) 班 / 日本同学 →

(3) 幼儿园 / 男老师 →

B. 楼 / 搬 / 时髦的女人 → 楼上搬来一个时髦的女人。

(4) 教室 / 飞 / 小鸟 →

(5) 前边 / 走 / 女警察 →

(6) 对面 / 开 / 车 →

## 7 完成对话　Complete the following dialogues

(1) （在教室门口）

A：找个座位吧！

B：里边_____(V 满)，没有空座位了。

(2) A：昨天我看见_____(搬)，他是做什么工作的？

B：我们楼下吗？我不知道啊。

(3) A：他们家有小狗、小猫，还有小鸭子，我们去看看吧！

　　B：我不喜欢动物，_____。（只，感兴趣）

　　A：那你研究你的植物 (zhíwù, plant) 吧，我自己去看。

## 8 阅读 Read the following text

　　大卫刚来中国的时候，总是去餐馆吃牛肉面，因为他只认识"牛肉面"这几个字。

　　有一天，大卫经过一家餐馆，看见餐馆门口站着两个穿着旗袍的漂亮女孩子，还看见餐馆里坐着很多人。他觉得这家餐馆的菜一定很好吃。他走进餐馆，发现墙上挂着很多好吃的菜的照片。大卫高兴极了，他看着墙上挂着的照片说："我要这个，还要这个，那个也要，还有那个……"

　　后来，大卫经常去那家餐馆看着照片点菜，他吃到了很多好吃的中国菜。

# 第十课 我把这张照片挂在墙上了

**1** 写拼音，找出每组汉字中相同或相似的部分　Write *pinyin* and find the same or similar part between the characters

| 置 | 直 | 贴 | 站 | 胶 | 校 | 靠 | 告 | 屉 | 世 | 蝶 |

**2** 朗读　Read aloud

布置房间
布置教室
布置作业
布置工作

重新布置
重新表演
重新开始
重新写一遍

挂在墙上
贴在书柜上
放在抽屉里
摆在桌子上

递给他
送给朋友
借给邻居
寄给妈妈

靠墙
靠海
靠边儿

靠在墙上
靠在树上
靠着桌子

靠父母
靠自己
靠卖菜生活

**3** 组词　Make words

置（　　　）（　　　）　　客（　　　）（　　　）
新（　　　）（　　　）　　抽（　　　）（　　　）

**4** 选词填空　Fill in the blanks with proper words

布置　重新　递　改变　抬　抽屉　贴　位置　靠　不然

（1）这是他们结婚的新房，得好好儿_____一下。

(2) 阳阳，把眼镜_____给我。

(3) _____里放着很多钱。

(4) 这个句子翻译得不对，得_____翻译。

(5) 她_____着树休息了一会儿，感觉好一些了。

(6) 快点儿走吧，_____要迟到了！

(7) 这张桌子太重了，不能一个人搬，要两个人_____。

(8) 桌子不要放在这个_____，靠窗放更好一些。

(9) 带照片了吗？把照片_____在这里。

(10) 如果你希望自己身体健康，就必须_____自己的生活习惯。

### 5 选择正确的答案 Choose the proper answer

A：把书桌放在窗户旁边吧！这幅画，我们把它挂在这边的墙上，怎么样？

B：好啊！那沙发摆在哪儿？

A：沙发很旧，算了，不要了。

问题：他们在做什么？

A. 买画　　　　B. 买沙发　　　　C. 布置房间

### 6 把括号中的词放入句中合适的位置 Insert the bracketed words into the following sentences

(1) 小宝放在抽屉里了。（把故事书）

(2) 你交给老师了吗？（把作业）

(3) 晚上我把照片发。（给你）

(4) 明河把漫画书借了。（给山田）

(5) 你把鸡蛋放了？（在哪儿）

(6) 这篇作文没写好，我想写一遍。（重新）

## 7 连词成句 Form sentences with the words given

(1) 给 我 信 寄 他 了 把

(2) 给 把 递 我 毛巾

(3) 我 在 电脑桌 把 摆 这个位置 打算

(4) 把 在 你的 写 汉语名字 这儿

(5) 放 你 海报 在 了 哪儿 把

(6) 我 漂亮 没有 穿 衣服 的

## 8 用"把"字句完成对话 Complete the following dialogues with 把 sentence

(1) A：小静，你的电影画报呢？

B：我＿＿＿＿＿＿（把，借），你去问问她看完了没有。

(2) A：你看，这是我的一个学画画的朋友给我画的画，美不美？

B：美极了，咱们＿＿＿＿＿＿＿＿＿＿（挂）吧！

(3) A：妈妈，小狗不吃也不喝，好像不高兴，它怎么了？

　　B：你_____（关，房间），不让它出去，它当然不高兴了！

(4) A：羽毛球呢？你_____？（把，放，哪儿）

　　B：我不记得了，你在抽屉里找找吧。

## 9 用"有"完成对话 Complete the following dialogues with 有

(1) A：工作太忙了，_____（时间，锻炼），我觉得身体越来越差了。

　　B：没有时间也要锻炼，身体是最重要的。

(2) A：听说那个商店有便宜的衣服卖，打三折！你想不想去买？

　　B：我这个月花了很多钱，_____。（钱，买）

(3) A：你到了那儿_____（地方，住）吗？

　　B：有个朋友在那儿当记者，我可以住他家。

# 第十一课 我们把菜送到您家

**1** 写拼音，找出每组汉字中相同或相似的部分　Write *pinyin* and find the same or similar part between the characters

| 垃 | 拉 |
| 扔 | 奶 |
| 证 | 正 |
| 耐 | 而 |
| 超 | 越 |
| 须 | 烦 |

**2** 朗读　Read aloud

三天以内　　送到家　　　换成人民币　　越来越好
两岁以内　　送到学校　　翻译成英语　　越来越热
十米以内　　搬到附近　　当成遥控器　　越来越时髦
一千块以内　拿到办公室　改成洗手间　　越来越感兴趣

**3** 组词　Make words

餐（　　）（　　）　　心（　　）（　　）
重（　　）（　　）　　紧（　　）（　　）

**4** 选词填空　Fill in the blanks with proper words

以内　　放心　　扔　　提醒　　却　　重复
赶紧　　耐烦　　垃圾　　保证

(1) 你上网可以查到三天_____的天气。

(2) 我知道他是个马虎的人，所以经常_____他带钥匙。

(3) 孩子问了那么多问题，他有点儿不_____了。

(4) 这次比赛我们_____能得第一名。

(5) 他一个人出国留学，妈妈很不_____。

(6) 你出去的时候，顺便把_____带到楼下。

(7) 关于这个问题，我以前说过我的看法，现在我想再_____一下。

(8) 马上要听写了，得_____复习一下生词。

(9) 他的工资不高，买的东西_____都很贵。

(10) 小宝，把球_____给我。

## 5 排列顺序 Organize the following sentences

A. 好的。

B. 你好！这里是小城快餐店。请问您要什么？

C. 我要一个西红柿炒蛋饭。请送到广州大学108栋楼304房间。

答案：_____

## 6 把括号中的词放入句中合适的位置 Insert the bracketed words into the following sentences

(1) 你们搬到办公室吧。（把桌子）

(2) 八个月的孩子肯定不会走路。（以内）

(3) 你看看，你把"内容"的"内"写"肉"了。（成）

(4) 明天就比赛了，如果你想参加，告诉老师。（赶紧）

(5) 快放假了，买机票的人多了。（越来越）

(6) 遥控器在你自己手里！（就）

(7) 他们为什么穿得这么漂亮？要去表演节目。（原来）

## 7 连词成句  Form sentences with the words given

(1) 接　明天　我　把　到　奶奶　我家　打算

(2) 变　把　一种　成　习惯　节约　要

(3) 想　到　把　带　小狗　美国　他　去

(4) 现在　越来越　了　用　不习惯　我们　写字　笔

(5) 高兴　很　她　开心　不　却　我

　　　　　　　　　　　　　　　　，

## 8 完成对话  Complete the following dialogues

(1) A：太吵了，我在工作啊！你_____（把……V到），好吗？

　　B：外边太晒了，我让他们在客厅里玩儿，你把门关上，这样可以吧？

(2) A：小云！……啊，原来是小静，对不起，我_____。（把……V成）

　　B：我们两个长得像吗？

(3) A：李阳，你_____？（V到）

　　B：我没看见遥控器。

(4) A：听说你去了一个新公司，工作怎么样？

　　B：工作忙得很，常常加班，运动的时间_____（少，越来越），身体也_____（差，越来越）。

(5) A：你去不去上海玩儿啊？想好没有？

B：我很想去，可是我妈妈＿＿＿＿＿＿＿＿＿＿＿＿＿＿＿＿。（却）

## 9 用"把"造句  Make sentences with 把

(1) 搬 / 桌子 / 四楼

(2) 送 / 快餐 / 302 室

(3) 放 / 垃圾 / 外边

(4) 写 / 以前 / 一前

(5) 说 / 两块 / 凉快

# 第十二课 我什么也没买

**1 写拼音，找出每组汉字中相同或相似的部分** Write *pinyin* and find the same or similar part between the characters

| 拳 | 举 |
| 椅 | 骑 |
| 碰 | 业 |
| 优 | 就 |
| 摸 | 慕 |
| 睁 | 挣 | 净 |

**2 组词** Make words

由（    ）（    ）　　该（    ）（    ）

通（    ）（    ）　　受（    ）（    ）

**3 选词填空** Fill in the blanks with proper words

优点　繁华　碰　做梦　理　普通　毛病　难受　睁　摸

(1) 听说小丽结婚了，他心里很_____，你去安慰他一下吧。

(2) 每天早上我一_____开眼睛就能看见窗外的绿树。

(3) 我的一个很好的朋友，忽然不_____我了，我真的不明白为什么。

(4) 我们不能只看见别人身上的_____，也要多看看别人的_____。

(5) 小心，别_____杯子，里边的水很热。

(6) 这是这个城市最_____的一条街。

(7) 她是一个很_____的女孩子，不漂亮，也不太爱说话。

(8) 我晚上睡得不好，常常_____。

(9) 他好像发烧了，你来_____一下他的头。

**4 把括号中的词放入句中合适的位置** Insert the bracketed words into the following sentences

(1) 她什么话不说，只是微笑。（也）

(2) 这家饭店什么好吃。（都）

(3) 这里的游戏都好玩儿，我们多玩儿一会儿吧。（什么）

(4) 我们输了，都不开心。（谁）

(5) 下大雨，今天大家都迟到了。（由于）

(6) 最近忙死了，大家都没空。（谁）

(7) 天太热了，我也没去，就在家里看DVD了。（哪儿）

(8) 我病了，身上都不舒服。（哪儿）

**5 连词成句** Form sentences with the words given

(1) 都 我们 生 的 气 她 她 所以 不 谁 理 都

_____，_____

(2) 多 钱 不 由于 什么 没 我 买 都

_____，_____

(3) 也 他 吃 什么 没 学校 就 去 了

_____

(4) 不能 谁 改变 也 决定 他的

_____

(5) 既　水果　又　这里　干净　的　新鲜（xīnxiān, fresh）

## 6. 用"什么""谁"或者"哪儿"改写句子 Convert the following sentences with 什么，谁 or 哪儿

(1) 你别跟他说汉语，他一点儿都听不懂。

(2) 我们班每个人都会弹钢琴。

(3) 每个人都羡慕她有个那么好的哥哥。

(4) 我觉得猪肉、牛肉、鸡肉、鸭肉……都不好吃。

(5) 没有人明白他的话。

(6) 猫能在很多地方睡觉，比如地上、树上、桌子上、花盆里……

## 7. 完成对话 Complete the following dialogues

(1) A：大夫，我肚子疼。

　　B：昨天你_____？（吃，什么）

　　A：吃了一碗面条，两个面包，一个冰淇淋，还有西瓜……

　　B：你吃得太多了，今天你_____（什么，不能，吃），只喝点儿水就行了。

(2) A：这个杯子真漂亮！

B：快放下，那是小李的，她的东西_____。
　　（谁，碰）

(3) A：周末干什么了？

　　B：_____（什么，干），在家休息了两天。

(4) A：老师，让我先试试！

　　B：我先试！

　　老师：别着急，_____。（谁，机会 jīhuì, chance）

(5) A：李阳，周末跟我们去爬山吧！

　　B：我很想去，可是我爸妈出差了，奶奶又生病了，我得照顾(zhàogù, take care of)她，所以，_____。（哪儿，去）

## 8 用"既……又……"完成句子 Complete the following sentences with 既……又……

(1) 这个孩子_____

(2) 我们的学校_____

(3) 我_____

# 复习(二)

**1 写拼音，找出每组汉字中相同或相似的部分** Write *pinyin* and find the same or similar part between the characters

**2 朗读** Read aloud

| 挺好的 | 一段话 | 影响工作 | 并不知道 | 自从来到中国 |
| 挺贵的 | 两段歌词 | 影响孩子 | 并不愿意 | 自从他离开北京 |
| 挺发达的 | 一段京剧 | 很有影响 | 并没帮忙 | 自从春节以后 |
| 挺失望的 | 一段时间 | 对我影响很大 | 并没说 | 自从五月以后 |

**3 给画线的字写拼音** Write *pinyin* for the underlined characters

(1) 你的体重（　　）是多少？

(2) 这两段话的内容重（　　）复了。

(3) 你能重（　　）新写一篇吗？

(4) 我觉得好（　　）失望啊！

(5) 这只小猫对窗外的蝴蝶很好（　　）奇。

(6) 搬完东西以后，房间里空（　　）了。

(7) 你周末有空（　　）儿吗？

## 4 写反义词 Write antonyms for the following words

高____    活泼____    担心____    浪费____

重____    希望____    少数____    胖____

## 5 选词填空 Fill in the blanks with proper words

> 轻　挺　自从　体重　段　态度
> 并　失望　矮　拍摄　影响

(1) 他的这本书对年轻人_____很大。

(2) 这个大学没有我想的那么好，让我很_____。

(3) 他_____了很多电视剧。

(4) 这台电脑比刚才那台_____多了。

(5) 这个模特_____漂亮的。

(6) 我给她买了很多北京的特色小吃，可是她_____不喜欢。

(7) _____到餐厅打工 (dǎ gōng, do manual work for sb. temporarily, work part-time) 以后，他比以前忙多了。

(8) 这_____时间办公室的工作人员都忙极了。

(9) 我们两个人_____一样，都是六十公斤。

(10) 那个售货员_____不好，让人生气。

(11) 刘梅比她丈夫_____五厘米。

## 6 把括号中的词放入句中合适的位置 Insert the bracketed words into the following sentences

(1) 这个女孩子时髦的。（挺）

(2) 开始打太极拳以后，奶奶的身体越来越好。（自从）

(3) 她模特一样瘦！（跟）
(4) 他们办公室的工作人员比我们办公室三名。（多）
(5) 那条大街比这条宽 (kuān, wide, broad)。（还）
(6) 年龄大的模特年龄小的模特高。（没有）
(7) 我没说过这句话。（并）
(8) 你的影响比他大。（多了）
(9) 你把这几块砖搬楼下吧。（到）
(10) 他想把自己拍摄的照片贴墙上。（在）
(11) 他们单位来一个帅哥。（了）

## 7 连词成句 Form sentences with the words given

(1) 工资　我的　一点儿　比　高　你

(2) 那么　这个地方　漂亮　没有　照片上

(3) 成　我　豆浆　牛奶　了　当　把

(4) 妈妈　更　不耐烦　爸爸　比

(5) 给　你　把　递　那本书　我　好　吗

(6) 她　书架　把　到　书　放　上

(7) 满　桌子　摆　了　上　饭菜

_____

(8) 的　一样　汉语　跟　她　流利　中国人

_____

## 8 完成对话　Complete the following dialogues

(1) A：这件衣服很贵吧？

　　B：在商店里买很贵，我是在网上买的。在网上买_____
　　　_____。（比）

(2) A：这两个孩子谁大？

　　B：_____（差不多），是同一年出生的。

(3) A：这是关于放假的通知，我们_____。（把，贴）

　　B：不能贴在墙上，贴在黑板上吧。

(4) A：山田，_____（把，拿），好吗？

　　B：词典在哪儿？

(5) A：爸爸，这个沙发我不要了，你跟我一起_____
　　　_____（把，抬）吧。

　　B：楼下也没地方啊。

(6) A：(看黑板)_____？（V着）你能看清楚吗？

　　B：写的是"生日快乐"。

## 9 造句　Make sentences

(1) 比 / 没有 _____

(2) 把……V给 _____

(3) 把……V在 _____

(4) 把……V 到 _____

(5) 把……V 成 _____

(6) 兴趣 _____

(7) 却 _____

**10** 写出下列词语的拼音，然后选词填空　Write *pinyin* for the following words and fill in the blanks with proper words

速度　优点　专业　活泼　环境　耐烦　垃圾　放心　繁华

(1) 他说话_____太快了，我没听懂他在说什么。

(2) 这个小区到处都是树、花，还有一大片草地，_____很好。

(3) 这是一个_____的城市。

(4) 他在大学学的_____是经济。

(5) 那里有很多朋友招待我，你_____吧。

羡慕　挂　布置　微笑　递　提醒　扔　改变　靠　睁

(6) 墙上_____着一幅很漂亮的画。

(7) 不要随便_____垃圾。

(8) 这件事情_____了他对你的看法。

(9) 请你把钥匙_____给我。

(10) 我喜欢坐_____窗的座位。

说了算　不如　相比　以内　并　自从　既

(11) 在我们家，我妈妈_____。

(12) 从网上下载电影很容易，_____不麻烦。

(13) 跟以前_____，现在我们的生活越来越方便了。

(14) 小宝_____可爱又有礼貌。

# 第十三课 广州的路有北京的路这么直吗？

**1** 写拼音，找出每组汉字中相同或相似的部分 Write *pinyin* and find the same or similar part between the characters

| 追 | 馆 |
| 建 | 健 |
| 材 | 林 |
| 碰 | 湿 |

**2** 朗读 Read aloud

十分高兴
十分担心
十分希望

对 UFO 很好奇
对那件事很好奇
对这个人很好奇

服务态度
为大家服务
为公司服务

**3** 组词 Make words

名（　　　）（　　　）　　特（　　　）（　　　）

好 hào（　　　）（　　　）

**4** 选词填空 Fill in the blanks with proper words

建设　身材　名胜　宽　直　积极　印象　十分　潮湿

(1) 北京的路很_____，很_____。

(2) 我和她只见过一次，所以对她没有什么_____。

(3) 他们要把家乡_____成一个美丽的地方。

(4) 天气太_____了，墙上、地上都是水。

(5) 那个地方美极了，有很多风景_____。

(6) 他学习_____努力。

(7) 小丽_____很好，穿什么都好看。

(8) 这次排球比赛，大家都很想参加，女生比男生更_____。

## 5 选择正确的答案　Choose the proper answer

(1) 我对小松印象不错，他个子很高，也很热情。
问题：说话人是什么意思？
A. 说话人觉得小松挺好的。
B. 说话人觉得小松性格不好。
C. 说话人不太喜欢小松。

(2) "如果小李站在一块砖上，他就和小王一样高了。"从这句话我们可以知道：_____
A. 小王和小李一样高。
B. 小王没有小李高。
C. 小王比小李高。

## 6 连词成句　Form sentences with the words given

(1) 北京　吗　那么　有　大　广州

(2) 那么　这种茶　像　苦　中药　就

(3) 这么　北京　服务　广州　的　没有　好

(4) 一米七　她　高　没有　那么

(5) 他 好奇 十分 对 女孩子 那个

_____

(6) 宽 长安街 一百米 有

_____

## 7 完成对话 Complete the following dialogues

(1) A：他很高吗？
    B：对，就_____！（像）
    A：我觉得林平不高啊！

(2) A：那里春天很潮湿。
    B：_____（有）吗？
    A：比广州还潮湿。

(3) A：你多重？
    B：一百斤。
    A：你这么瘦，_____？（有）我不相信！

## 8 阅读 Read the following text

在中国河南有一个很高的人，叫王峰军，他有2.55米高，体重是一般人的两倍(bèi, times)，有180公斤。他睡的床比一般人的大得多，有2.7米长，1.8米宽。他的鞋有75码大，比别人的大一倍。个子太高给他带来了很多麻烦：他从来不敢白天一个人在街上走，因为他一出现，人们就都好奇地跑来看他，有时候还会造成(zàochéng, to cause)交通堵塞(dǔsè, jam, block up)；他很难上公共汽车，因为车门比他低半米多，他常常说："长这么高有什么用？"

# 第十四课 他们起得比鸡早

**1 写拼音，找出每组汉字中相同或相似的部分** Write *pinyin* and find the same or similar part between the characters

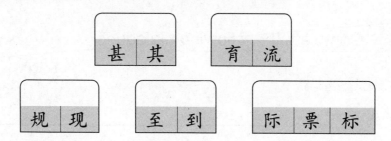

**2 组词** Make words

续（　　　）（　　　）　　定（　　　）（　　　）

教 jiào（　　　）（　　　）　　超（　　　）（　　　）

**3 选词填空** Fill in the blanks with proper words

| 规定 | 连续 | 到底 | 分别 | 实际上 |
| 甚至 | 目标 | 答案 | 教育 | 超过 |

(1) 小宝说他有一米一高，_____他没有那么高。

(2) 我的下一个_____是：HSK 六级。

(3) 火车上人多极了，_____洗手间里都是人。

(4) 他们学校_____学生不能带手机上学。

(5) 这个问题很难，班上没有人知道_____。

(6) _____孩子并不是一件容易的事。

(7) 我们班上_____一半的学生喜欢看漫画。

(8) 她为什么哭得这么厉害？你_____对她说什么了？

(9) 关于考研和找工作的问题，老师_____给了他们一些建议。

(10) 他最近工作非常忙，已经_____三天没有休息了。

## 4 把括号中的词放入句中合适的位置 Insert the bracketed words into the following sentences

(1) 这个城市建设得好。（比我们那儿）

(2) 我滑冰滑得快。（比他）

(3) 你去还是不去？（到底）

(4) 这两首诗有什么特点？（分别）

(5) 他们以为她不懂日语，她就是日语系毕业的。（实际上）

(6) 那里的农村非常穷，有的人家里没有吃饭的桌子。（甚至）

## 5 连词成句 Form sentences with the words given

(1) 比 讲 你 他 得 清楚

(2) 好 我们 生活 得 以前 比

(3) 起 他们 早 鸡 得 比 还

(4) 得 爬 他 比 我 爬山 快

(5) 他 介绍 了 情况 学习和生活 方面 的 分别

(6) 他们　会　三天　了　连续　开

## 6 模仿造句  Make sentences following the examples

A. 例：他们/干/牛/多→他们干得比牛多。(他们比牛干得多)

(1) 鸡/跑/鸭子/快→

(2) 明河/跳/小云/高→

(3) 哥哥/长/弟弟/帅→

B. 例：他/说汉语/中国人/流利
　　→他说汉语说得比中国人还流利。(他说汉语比中国人说得还流利。)

(4) 山田/花钱/明河/多→

(5) 林平/打字/小华/快→

(6) 李阳/拖地/妈妈/干净→

## 7 用"常常"或"往往"填空  Fill in the blanks with 常常 or 往往

(1) 他_____来我家喝茶，聊天。

(2) 不爱运动的人_____容易感冒。

（3）夏天，我_____去游泳。

（4）请你以后_____来我家玩儿。

（5）小宝吃饭很慢，一顿饭_____要一个小时才能吃完。

（6）我一睡觉就做梦，可是醒了以后_____不记得梦的内容。

**8 完成对话** Complete the following dialogues

（1）A：咱们比赛跑步怎么样？

　　B：好啊，我一定_____！（比，跑，快）

（2）A：这次考试，山田的成绩比你好啊。

　　B：是啊，因为_____。（比，学，认真）

（3）A：跟你姐姐相比，你哪方面比较好？

　　B：_____(唱歌)，_____。（游泳）

# 第十五课 大卫把菜洗干净了

**1** 写拼音，找出每组汉字中相同或相似的部分 Write *pinyin* and find the same or similar part between the characters

| 负 | 员 |
|---|---|

| 责 | 绩 |
|---|---|

| 闻 | 闲 |
|---|---|

| 叠 | 且 |
|---|---|

| 被 | 玻 | 皮 |
|---|---|---|

**2** 朗读 Read aloud

负责打扫房间
负责安全工作
对工作非常负责

共同点
共同的目标
共同的爱好

搞工作
搞建设
搞调查

搞好
搞乱
搞清楚

严肃地说
惊讶地发现
高兴地聊天

快走
快跑
快睡觉

很慢地说
很开心地打电话
很舒服地看电视

**3** 选词填空 Fill in the blanks with proper words

为了　切　共同　趟　永远　搞　做客
闻　趁　任务　负责　倒

(1) 你们能按时完成_____吗？

(2) 他工作非常认真，是一个非常_____的人。

(3) 先洗干净，再_____好，最后我来炒。

(4) 地球（dìqiú, the earth）是我们_____的家。

(5) _____减肥，她每天晚上都不吃饭。

(6) 小云，赶紧给客人_____茶。

(7) 一进房间，就_____到很香的味道。

(8) 别把衣柜_____乱，我刚摆整齐。

(9) 好朋友要来家里_____，小宝高兴极了。

(10) 我们_____是朋友。

(11) _____这几天有时间，咱们去附近的城市玩儿玩儿吧！

(12) 下周上海有一个很重要的会，我得去一_____。

## 4 排列顺序 Organize the following sentences

A. 然后就可以炒了。

B. 先把西红柿洗干净。

C. 再把西红柿切好。

答案：_____

## 5 把括号中的词放入句中合适的位置 Insert the bracketed words into the following sentences

### A

(1) 咱们把被子叠吧。（好）

(2) 宾馆的服务员把房间打扫了。（干净）

(3) 风把头发吹了。（乱）

(4) 他们生活了二十多年。（共同）

(5) 他们把事情搞了。（清楚）

(6) 这个点心要热吃，不然冷了就不好吃了。（趁）

B

*注意是否需要用"地"。

(7) 他说:"不要跟我开玩笑。"(认真)

(8) 奶奶腿疼,只好走路。(慢慢)

(9) 他炒了三盘菜。(很快)

(10) 明河告诉我:"老师说明天考试,我好怕啊。"(紧张)

## 6 连词成句 Form sentences with the words given

(1) 把 小云 菜 切 负责 好

(2) 是 学好 我们 的 目标 共同 汉语

(3) 把 他们 搞 了 网站 (website) 好

(4) 把 了 打扫 客厅 妈妈 干净

(5) 都 趁 在 大家 一起 我们 一下 商量

## 7 完成对话 Complete the following dialogues

(1) A：你擦擦桌子吧！
    B：我刚才已经_____。(把,干净)

(2) A：你还没做作业吧？快做作业！
    B：妈妈,我已经_____。(把,完)

(3) A：自行车坏了,不能骑了。

B：昨天爸爸_____。（把，好）

(4) A：信我写好了，可是怎么给她呢？我不好意思直接(zhíjiē, directly)给她。

B：那_____（趁，不在）放在她桌子上吧！

## 8 阅读 Read the following text

张红是小松的朋友，她是个大手大脚(jiǎo, foot)的人，从来不算钱。有一天，她认真地告诉朋友们，她觉得自己以前太浪费了，以后她要学会节约。前天晚上，她家的灯泡(dēngpào, light bulb)坏了，她去超市看了看，18块一个。她觉得这个价格很贵，就打电话问朋友，朋友说他们那儿的超市12块一个。张红非常高兴地开着车，从城市的最东边到了最西边，买了一个便宜了6块钱的灯泡。在路上，她不小心闯(chuǎng, rush, dash)了红灯，警察(jǐngchá, policeman)罚(fá, to penalize, to punish)了她两百块钱。

朋友们知道以后，都笑她不会算钱，她却严肃地说："这不是钱的问题！节约，是一种态度！"她带着这种态度生活了一个月，惊讶地发现，她花的钱更多了……

# 第十六课 我不能把电话给你

**1** 写拼音，找出每组汉字中相同或相似的部分　Write *pinyin* and find the same or similar part between the characters

| 瓜 | 爬 |
| --- | --- |

| 挑 | 跳 |
| --- | --- |

| 蛋 | 虫 |
| --- | --- |

| 勇 | 通 |
| --- | --- |

| 组 | 粗 |
| --- | --- |

| 群 | 裙 |
| --- | --- |

**2** 朗读　Read aloud

挑水果　　某（个）人　　某些　　一群人
挑衣服　　某个地方　　某些事情　一群马
挑手机　　某个单位　　某些同学　一群孩子

**3** 选词填空　Fill in the blanks with proper words

勇敢　　出汗　　干脆　　胆小　　一下子　　某
群　　观察　　主动　　挑　　恐怕

(1) 她是一个很＿＿＿＿的人，碰到喜欢的东西，别人说多少钱她就给多少钱，从来不讲价。

(2) 你如果喜欢她，就应该＿＿＿＿去追她，不要等着她给你打电话。

(3) 在五百多人参加的会上，他＿＿＿＿地站起来，批评了一位老先生的说法。

(4) 他的病还没好，医生说还要在医院＿＿＿＿几天。

(5) 金浩很怕热，一动就_____。

(6) 听说你很会_____苹果，你帮我看看，哪种甜，哪种不甜。

(7) 天气不好，_____会下雨，我们别去爬山了。

(8) 小云很_____，晚上不敢一个人睡。

(9) 那_____人在讨论什么？

(10) 据说_____些同学常趁下课偷偷抽烟。

(11) 电脑怎么_____没声音了？

## 4 把括号中的词放入句中合适的位置 Insert the bracketed words into the following sentences

(1) 你们怎么把荔枝吃完？（没）

(2) 你把体育老师的电话告诉我？（能不能）

(3) 天气不好，我们待 (dāi, to stay) 在家里吧。（干脆）

(4) 小云把葡萄洗干净了，吃吧。（已经）

(5) 把这件事告诉别人。（别）

(6) 这房子环境好，房租很便宜。（不但，而且）

## 5 把下列句子改成"把"字句 Change the following sentences into 把 sentences

(1) 我明天给你电影票。

(2) 我不会告诉他们答案。

(3) 你可以洗洗窗帘吗？

(4) 昨天我们已经扔了那些不好的葡萄。

(5) 你们不要吃完这些荔枝。

(6) 孩子没有礼貌，是因为父母没有教育好孩子。

## 6 连词成句　Form sentences with the words given

(1) 你　给　把　愿意　这本书　他　吗

(2) 好　他们　安排　把　时间　没

(3) 窗户　我　把　擦擦　今天　想

(4) 这些　观察　她　偷偷地　一直　学生　在

(5) 这个城市　好　我们　一定　建设　要　把

## 7 完成句子　Complete the following sentences

(1) 她不但会开车，_____。

(2) 不但我喜欢旅游，_____。

(3) 这个餐厅_____，而且服务不好，我再也不去了。

## 8 完成对话　Complete the following dialogues

(1) A：西瓜切好了，快来吃吧！一定要_____
　　　（把，吃完），不能剩。

　　B：放心吧，我们一定能吃完！

(2) A：小宝，这件衣服还是脏的，你_____！
　　　（没，把，干净）

　　B：好吧，我再洗一遍吧。

(3) A：你昨天给我讲的故事很有意思，我_____。
　　　（把，翻译）

　　B：你的英文好，一定可以翻译。

# 第十七课 除了贴春联，还要贴"福"字

**1 写拼音，找出每组汉字中相同或相似的部分** Write *pinyin* and find the same or similar part between the characters

| 传 | 专 |
|---|---|

| 显 | 湿 |
|---|---|

| 偶 | 遇 |
|---|---|

**2 朗读** Read aloud

传统节日
传统文化
好传统

所有的人
所有的书
所有颜色

影迷
歌迷
足球迷

球类运动
电子类产品
赛车类游戏

**3 选词填空** Fill in the blanks with proper words

庆祝　办法　代表　传统　迷　盼
文化　另外　显得　所有　偶然

(1) 除了春节以外，端午节和中秋节都是中国的_____节日。

(2) 听到比赛结果以后，他_____失望极了。

(3) 大卫不但想学汉语，而且对中国_____也很感兴趣。

(4) 为了帮助他们，我们想了很多_____。

(5) 林平打算找导师谈谈论文，_____，他还想问问出国留学的事情。

(6) 这里_____的名胜古迹我都去过。

(7) 小时候他最_____过年，因为会很热闹，有很多好吃的。

(8) 我在街上_____碰到了一个大学同学。

(9) 我们准备搞一个晚会_____新年。

(10) 他_____我们公司参加了卡拉 OK 比赛。

(11) 自从去了韩国以后，她就_____上了韩国的电视连续剧。

**4 选择正确的答案** Choose the proper answer

(1) "这是一个团圆的日子(rìzi, day)，每家都要贴春联，在外地工作的人也回来了，小孩子们都很高兴，因为他们会有很多红包。"从这句话我们可以知道，这个节日是：_____
　　A．中秋节　　　　B．春节　　　　C．国庆节

(2) "最近小宝特别喜欢看漫画，每天除了吃饭、睡觉，他都在看漫画，每本漫画书都会重复看几遍。"从这句话我们可以知道：_____
　　A．最近小宝迷上了看漫画。　　　B．最近小宝不想吃饭。
　　C．最近小宝特别喜欢睡觉。

**5 扩展词语并造句** Extend phrases and make sentences following the examples

A. 白 → 白白 → 白白的云
(1) 小 → _____ → _____
(2) 干净 → _____ → _____
(3) 漂亮 → _____ → _____
(4) 整齐 → _____ → _____

B. 高兴 → 高高兴兴 → 我高高兴兴地去旅游。
(5) 慢 → _____ → _____

(6) 舒服 → _____ → _____

(7) 开心 → _____ → _____

(8) 仔细 → _____ → _____

## 6 把括号中的词放入句中合适的位置 Insert the bracketed words into the following sentences

(1) 小文以外，我们班同学都参加了比赛。（除了）

(2) 除了游泳以外，她擅长跳舞。（还）

(3) 我帮妈妈做饭、打扫房间，还帮爸爸送报纸。（另外）

(4) 剪短了头发以后，她妈妈年轻了很多。（显得）

(5) 上网的时候，我发现一个很有用的网站。（偶然）

## 7 改写句子 Convert the following sentences

*请使用"除了……以外，……还/也……"或"除了……以外，……都……"。

(1) 他学日语和英语，也学汉语。

(2) 他只喜欢喝啤酒，别的都不喜欢。

(3) 班上的同学都参加了排球赛，只有丽丽没有参加。

(4) 她去过北京、上海，还去过广州、深圳。

(5) 全家人都去爬山了，只有爷爷没有去。

(6) 他喜欢吃广东菜，也喜欢吃东北菜。

**8 完成句子** Complete the following sentences

(1) 除了读写课以外，_____。

(2) 除了金浩以外，_____。

(3) _____(除了……以外)，所有的地方我都不想去。

(4) _____(除了……以外)，我还想去参观长城。

# 第十八课 妈妈被他打哭了

**1** 写拼音，找出每组汉字中相同或相似的部分 Write *pinyin* and find the same or similar part between the characters

| 澡 | 燥 |  | 剑 | 脸 |  | 拆 | 折 | 诉 |  | 破 | 被 |

**2** 选词填空 Fill in the blanks with proper words

果然　阳光　忍　破　气候　拆　正常　结果　淋　首都

(1) 今年天气不太_____，现在是雨季，可是这个月一直没下过雨。

(2) 早就听说这里很漂亮，今天一看，_____很漂亮。

(3) 他送给你什么礼物，快_____开看看！

(4) _____、空气和水对我们来说是多么重要啊！

(5) 北京是中国的_____。

(6) 他在宿舍养狗，把宿舍搞得很脏，我_____了很久了，今天必须跟他说说。

(7) 这套沙发很旧了，有些地方已经_____了，恐怕得扔了。

(8) 小华今天早上睡懒觉，_____迟到了半个小时。

(9) 这个地方的_____特点是一年四季干燥少雨。

(10) 雨太大了，打着伞也没用，衣服都被_____湿了。

## 3 排列顺序 Organize the following sentences

A. 不像北京那么干燥。

B. 那里的气候很潮湿。

C. 妈妈寒假带我去了广州。

答案：＿＿＿＿＿＿＿

## 4 把下面的句子变成"被"字句 Convert the following sentences into 被 sentences

(1) 我吃了盘子里的肉。→

(2) 他把那瓶酒喝完了。→

(3) 风把她的头发吹乱了。→

(4) 他把旧皮鞋扔了。→

## 5 连词成句 Form sentences with the words given

(1) 拆　闹钟　小宝　被　了

(2) 搞　书　你们　乱　被　了

(3) 吃　面包　小云　了　被　完

(4) 坏　了　门　他们　被　踢

(5) 她　被　头发　的　湿淋　了　雨

(6) 想　气　妈妈　他　得　打

**6** 用"被"和括号中的词完成句子　Complete the following sentences with 被 and the given words

(1) 西瓜_____。（老鼠 lǎoshǔ, mouse）

(2) 花瓶_____。（破）

(3) 小宝_____。（小朋友，哭）

**7** 用"被"完成对话　Complete the following dialogues with 被

(1) A：你今天怎么是打车来的？你的自行车呢？

　　B：_____。（被，小偷）

(2) 爸爸：小宝，小明_____？（谁，打）

　　小宝：我！

　　爸爸：你怎么能打人呢？

　　小宝：我的笔_____（扔），我的椅子

　　　　　_____（搞脏），所以我要跟他打架。

**8** 写一写你家乡的气候特点　Write a short passage about the climate of your hometown

# 复习 (三)

**1** 写拼音，找出每组汉字中相同或相似的部分 Write *pinyin* and find the same or similar part between the characters

| 虑 | 虎 |   | 厌 | 庆 |   | 涨 | 张 |   | 辞 | 刮 | 甜 |

**2** 朗读 Read aloud

准时来　　提前到　　千万别去　　利用时间
准时出发　提前放假　千万不要忘了　利用工具
准时吃饭　提前完成　千万要打电话　利用别人

定目标　　五天之内　涨水
定时间　　七岁之内　涨价
定计划　　十米之内　涨工资

**3** 组词 Make words

准（　　　）（　　　）　　用（　　　）（　　　）

提（　　　）（　　　）　　讨（　　　）（　　　）

爱（　　　）（　　　）　　职（　　　）（　　　）

## 4 选词填空 Fill in the blanks with proper words

> 准时　　提前　　千万　　留　　之内　　涨
> 其实　　讨厌　　利用　　考虑

(1) 那个人很麻烦，你_____别把电话告诉他。

(2) 我们可以_____旧报纸做一条纸船。

(3) 我们明天八点半_____开车。

(4) 我最喜欢体育课，最_____地理课。

(5) 关于他的情况，我已经_____了解清楚了。

(6) 我觉得你应该_____一下他的建议。

(7) 他说他擅长打羽毛球，可是_____他打得不好。

(8) 几个工人代表去见老板，要求_____工资。

(9) 五分钟_____我一定到。

(10) 这个城市给我_____下了很好的印象。

## 5 把括号中的词放入句中合适的位置 Insert the bracketed words into the following sentences

(1) 你那么热爱工作吗？（有他）

(2) 那个勇敢的孩子留下了很好的印象。（给我）

(3) 李阳回答得干脆。（比刘星）

(4) 你们不要提前离开。（千万）

(5) 你们的工资有这么多吗？（一万块）

(6) 我们他们观察得那么仔细。（没有）

(7) 我留给孩子了。（把钱）

(8) 我们今天把开会的时间和地方定好。（得 děi）

## 6 连词成句 Form sentences with the words given

(1) 利用　我　那么　时间　他　会　没有

(2) 来　小静　比　得　准时　小云

(3) 地址　请　的　把　留下　您

(4) 他　更　比　我　开学　盼

(5) 不要　一个　你　星期　千万　之内　干重活

(6) 会不会　电话　把　你的　告诉　网友　号码　你

(7) 没　的　我　事情　告诉　辞职　把　父母

## 7 完成对话 Complete the following dialogues

(1) A：你＿＿＿＿＿＿＿＿＿＿＿＿(把，借)吗？我很喜欢这里边的故事。

B：没问题，你拿去吧。

(2) A：这是我的秘密，你＿＿＿＿＿＿＿＿＿＿。(千万，把)

B：我不会告诉别人的。

(3) A：你们那个城市也堵车吗？

B：也堵，而且＿＿＿＿＿＿＿＿＿＿＿＿。(比，厉害)

(4) A：你们家谁做饭？

　　　　B：爸爸妈妈都做，不过_____。（没有，好吃）

（5）A：听说你们又涨工资了，现在每个月有九千了吧？

　　　　B：哪里，_____！（没有，多）

## 8 造句　Make sentences

（1）A 比 B + V 得 + Adj.
（2）把
（3）千万
（4）除了
（5）为了
（6）到底
（7）被
（8）不但……而且……

## 9 写出下列词语的拼音，然后选词填空　Write *pinyin* for the following words and fill in the blanks with proper words

潮湿　印象　永远　任务　勇敢　结果　首都　提前　偶然

（1）我希望你_____幸福。
（2）你有他那么_____吗？
（3）比赛_____出来了，法国队赢了。
（4）他已经把火车票_____买好了。
（5）东京是日本的_____。
（6）我到上海去工作是因为一个_____的机会。

做客　超过　负责　叠　出汗　忍　淋　利用

(7) 今天，亲戚要来我家_____。

(8) 早上起床后，请把被子_____整齐。

(9) 我们商量以后决定，你_____这件事情。

(10) 他没有带伞，衣服被_____湿了。

(11) 这个城市大部分人的工资_____5000元。

实际上　甚至　为了　一下子　千万　不但　十分　之内

(12) 他是个_____热情的人。

(13) 大山_____写汉字写得很好，听力也很好。

(14) _____庆祝节日，他们准备了很多精彩的节目。

(15) 忙的时候，他们没有时间吃饭，_____没有时间去洗手间。

## 第十九课 有个同学从单杠上掉下来了

**1 朗读 Read aloud**

| 跑上来 | 走进去 | 爬上来 | 提上来 | 站起来 | 摔跤 |
| 跑上去 | 走进来 | 爬上去 | 提上去 | 站上来 | 摔了一跤 |
| 跑回来 | 走出去 | 搬过来 | 提下来 | 站上去 | 摔了一大跤 |
| 跑回去 | 走出来 | 搬过去 | 提下去 |  | 摔了很多跤 |

**2 选词填空 Fill in the blanks with proper words**

倒　扶　掉　推　估计　紧　伤
连忙　摔　停　痛苦　终于

(1) 看到一个老奶奶要过马路，李阳主动过去_____着她走。

(2) 先生，对不起，这里不能_____车！

(3) 照片太多了，我整理了一天，_____整理好了。

(4) 和男朋友分手以后，她一直很_____。

(5) 树上_____下来一个苹果。

(6) 昨天的风太大了，所有的小树都被刮_____了。

(7) 这个帽子太_____了，戴着不舒服。

(8) 我轻轻地_____了他一下，他就倒在了地上。

(9) 刮风了，打雷了，_____要下大雨了。

(10) 小宝不小心_____倒了。

(11) 看到前边有人，司机_____停车。

(12) 滑冰的时候，他摔了一跤，摔_____了右手，现在不能写字了。

## 第十九课 有个同学从单杠上摔下来了

**3** 排列顺序　Organize the following sentences

A. 小云突然（tūrán, suddenly）摔倒了，表情很痛苦。

B. 星期六，小云和我们去滑冰场滑冰。

C. 我们连忙去扶她。

答案：_____

**4** 给下面的对话或句子选择正确的答案　Choose the proper answer for the following sentences or dialogues

走过去　摔下来　走过来　跑进来　跑出去　爬起来

(1) 小平努力学习滑冰，摔倒了，就自己_____，继续滑。

(2) 听见妈妈叫他，小宝很快地从外面_____。

(3) 小宝，不要爬那么高，太危险了，如果_____怎么办？

(4) 明河：大卫怎么不在？小云，你知道他去哪儿了吗？

　　小云：他刚才拿着球_____，往操场那边去了，估计去打球了。

(5) 大卫：超市不太远，就在那儿，我们_____吧。

　　金浩：好啊，还可以锻炼锻炼身体呢。

(6)（李阳给刘星打电话）

　　李阳：刘星，去你家坐几路车？

　　刘星：不用坐车，我家离学校很近，你_____吧。

**5** 连词成句　Form sentences with the words given

(1) 他　女朋友　过　向　跑　去

(2) 有　出来　一只猫　从　跳　门后面

(3) 上　他们　爬　来　了　终于

(4) 一个　能　帮　你　忙　吗　我们

(5) 的时候　刚　学滑冰　开始　摔　了　跤　我　很多
　　　　　　　　　　　　　　　　　　　　　　，

(6) 小宝　手　地　妈妈　紧紧　的　拉住

## 6　用适当的复合趋向补语填空　Fill in the blanks with suitable compound directional complements

(1) 昨天我同屋锻炼身体的时候，从单杠上掉_____了。

(2) 我去他房间的时候，他正在沙发上坐着看报纸，看见我来了，他放下报纸，站_____，给我倒了一杯茶。

(3) A：哎呀，电梯(diàntī, lift, elevator)坏了，我们得走_____！
　　B：什么？走到十楼？

(4) 趁妈妈不注意，小宝偷偷地从房间里跑_____了。

(5) 我刚打开窗户，就从外边飞_____一只蝴蝶。

(6) 这是刚摘_____的葡萄，你去他那儿的时候，顺便给他拿_____吧。

(7) 下山不用坐车，我们走_____。

## 7 用适当的动词和复合趋向补语完成句子 Complete the following sentences with proper verbs and directional complements

(1) 猫可以从很高的地方_____。

(2) 她的行李比较多，我下楼去，帮她_____。

(3) 小松的表从桌子上_____，摔坏了。

(4) 他正在床上躺着，看见我们去了，就想_____，我赶紧过去扶他。

(5) （小宝跟爸爸从商店回来，妈妈在厨房）

　　妈妈：小宝，爸爸给你买什么了？_____给我看看。

　　小宝：等一下再拿吧，我要先洗手。

(6) 从图书馆借的书，看完了应该马上_____。

(7) 你看，那个正推着自行车往这边_____的男孩，他就是卡拉OK比赛得了第一名的人！

(8) 由于电梯坏了，我们只好_____。

## 第二十课 摘下几个苹果来

**1** 写拼音，找出每组汉字中相同或相似的部分 Write *pinyin* and find the same or similar part between the characters

| 底 | 低 |   | 洞 | 同 |   | 钻 | 站 |   | 闭 | 闲 |

**2** 朗读 Read aloud

拦车　　　钻进去　　　床底　　　吵架
拦住　　　钻过去　　　碗底　　　跟他吵架
拦在路上　钻出来　　　三月底　　吵了一架

**3** 选词填空 Fill in the blanks with proper words

吵架　藏　得意　钻　深　代价
捡　吓　闭　拦　迅速　骗

(1) 广告说，吃了这种药可以_____减肥，你相信吗？

(2) 门口的保安_____住了他，不让他进去。

(3) 同学们都说小静的妈妈看起来很年轻，像小静的姐姐，妈妈听了非常_____。

(4) 她昨天和男朋友_____了，很生气，不想给他打电话了。

(5) 树上掉下来几个苹果，谁去把它们_____起来？

(6) 小宝常常拿小虫子_____别的同学。

(7) 你_____人！这件事不可能是真的！

(8) 那条河很_____，千万不要去那儿游泳。

(9) 玩儿电脑游戏当然开心，可是_____是眼睛越来越坏。

(10) 我家的小猫很胆小，一听见打雷的声音就_____到床底下去了。

(11) 我有个朋友喜欢_____着眼睛唱歌。

(12) 我知道你_____在门后面，快出来吧。

**4　排列顺序　Organize the following sentences**

A. 我们发现了一个山洞。

B. 昨天我和几个小伙伴跑到山上去捡石头。

C. 我们走进山洞，山洞很黑。一条狗跑出来，吓了我一跳。

答案：_____

**5　仿照例句改写句子　Convert the following sentences according to the examples**

A. 小宝拿出来一个苹果。→小宝拿出一个苹果来。

(1) 他搬出来一张桌子。→

(2) 弟弟从地上捡起来一块小石头。→

(3) 他拿出来一瓶可乐。→

B. 小宝拿出三本书来。→小宝拿出来三本书。

(4) 她买回一台电脑来。→

(5) 明河从书包里拿出一把扇子 (shànzi, fan) 来。→

　　_____

(6) 桌子底下跑出一只小狗来。→

　　_____

## 6 连词成句　Form sentences with the words given

(1) 他　楼　下　走　慢慢地　来

　　_____

(2) 摘　他们　很多　树上　从　苹果　下　来

　　_____

(3) 钻　虫子　去　进　洞里　了

　　_____

(4) 递　服务员　来　一张　过　菜单

　　_____

(5) 河里　去　掉　手机　进　了

　　_____

(6) 他　出　三张　从　拿　来　口袋里　票

　　_____

## 7 用适当的动词和趋向补语完成句子　Complete the following sentences with proper verbs and directional complements

(1) 下雨了，她迅速地从书包里_____一把伞。

(2) 大卫从书架上_____一本杂志。

(3) 我_____他房间_____的时候，他正在看电影呢。

(4) 电梯坏了，我从一楼_____，累死了。

(5) 风太大了，哎呀，小静，你的衣服＿＿＿＿＿＿了，你去楼下捡一下吧！

(6) 衣服都洗干净了，也叠好了，＿＿＿＿衣柜里＿＿＿＿吧。

**8 阅读** Read the following text

小时候，都是母亲骑自行车接送我上学放学。有一次，我在车后座睡着了，没抱住她。结果，在北京一个繁华的十字路口中间，我从车上掉了下来！于是，在那个下班高峰 (gāofēng, peak)，很多人都听到警察大声喊："孩子掉啦！孩子掉啦！"当时四个方向的车都停了下来。母亲忍着笑，把我从地上拉了起来，问我："看你以后还敢不敢在车上睡觉？！"

我猜那天我成了所有人饭后的话题。

那是十多年前的事了，那时北京还没有那么多汽车，警察发现得也及时 (jíshí, in time, without delay)，不然多危险啊！

## 第四单元

### 第二十一课 在那儿吃不吃得到中国菜？

**1 写拼音并组词** Write *pinyin* and form words with the following characters

移（　）_____　款（　）_____　消（　）_____

够（　）_____　饮（　）_____　悄（　）_____

选（　）_____　配（　）_____　乎（　）_____

洗（　）_____　醒（　）_____　平（　）_____

**2 朗读** Read aloud

| | | | |
|---|---|---|---|
| 看得见 | 看不见 | 吃得完 | 吃不完 |
| 看得清楚 | 看不清楚 | 修得好 | 修不好 |
| 买得到 | 买不到 | 找得着 | 找不着 |
| 记得住 | 记不住 | 学得会 | 学不会 |
| 听得见 | 听不见 | 洗得干净 | 洗不干净 |
| 听得清楚 | 听不清楚 | 买得到 | 买不到 |

**3 选词填空** Fill in the blanks with proper words

移民　推荐　配　发达　出　消费　款　选　在乎

(1) 他们全家去年_____到了美国。

(2) 这个城市不太_____，很多人比较穷。

(3) 我觉得眼睛比以前更近视了，得重新_____一副眼镜。

(4) 这是最新_____的大衣，您要不要试试？

(5) 其实我并不_____考试成绩。

(6) 想好没有？你到底想_____哪个答案？

(7) 山田请林平给他_____几本介绍中国传统文化的书。

(8) 我的电脑最近总是_____问题，你有空帮我看看吧。

(9) 中国人的_____水平提高了。

## 4 排列顺序 Organize the following sentences

A. 小明发现自己眼睛近视了，远一点儿的东西都看不清楚。

B. 现在他又看得清楚了。

C. 今天他去配了一副眼镜。

答案：_____

## 5 用肯定和否定两种形式回答下列问题 Answer the following questions in both affirmative and negative forms

(1) 你看得清楚老师写的字吗？

(2) 小宝吃得完这么大的一块蛋糕吗？

(3) 你记得住这么多生词吗？

(4) 这件衣服上都是泥，洗得干净吗？

(5) 你买得到做这个菜的材料吗？

## 6 写出下面正反疑问句的另外一种形式 Write the other form of affirmative-negative questions for the following sentences

(1) 你听得见听不见？→

(2) 你看不看得懂这本中文书？→

(3) 你买不买得到剑？→

(4) 这件事你做得好做不好？→

(5) 这个语法你听得懂听不懂？→

(6) 你找得到找不到这种材料？→

(7) 小宝叠得好叠不好被子？→

## 7 连词成句 Form sentences with the words given

(1) 不　行李　找　了　恐怕　到

(2) 脏　不　玻璃　干净　太　擦
　　　　　　　　　　　　　　，

(3) 只　他　考试　参加　一回　过　HSK

(4) 改　这篇　不好　你　改　文章　好　得

(5) 你　这些　清楚　得　钱　算　算　不

## 8 完成对话 Complete the following dialogues

(1) A：李阳，听说你去法国旅游了，那儿怎么样？

B：很好玩儿，可是我法语不是很好，有的话我_____。
（听，懂）

(2)（小云在食堂给小静打电话）

小云：小静，你下午来学校吗？

小静：喂？你说什么？我_____。（听，清楚）

小云：你下午来学校吗？_____（听，见）吗？

小云：这回听见了。

(3) A：我该理发了。

B：我给你理吧。

A：你？你_____(理，好）啊？

B：你去问问林平他们，他们的头发都是我理的。

## 第二十二课 她们说有事来不了了

**1 写拼音并组词** Write pinyin and form words with the following characters

取（　　）_____　　趣（　　）_____

堆（　　）_____　　推（　　）_____

菜（　　）_____　　采（　　）_____

放（　　）_____　　访（　　）_____

**2 朗读** Read aloud

| | | | | |
|---|---|---|---|---|
| 吃得了 | 吃不了 | 感到高兴 | 一堆衣服 | 吃惊 |
| 喝得了 | 喝不了 | 感到遗憾 | 一堆东西 | 吃了一惊 |
| 去得了 | 去不了 | 感到愉快 | 一堆水果 | 大吃一惊 |
| 穿得了 | 穿不了 | 感到吃惊 | 一堆事情 | |

**3 组词** Make words

实（　　　　）（　　　　）　　惊（　　　　）（　　　　）

感（　　　　）（　　　　）　　幸（　　　　）（　　　　）

**4 选词填空** Fill in the blanks with proper words

吃惊　报社　堆　实在　幸运　暂时　感到　取消　采访　答应

(1) 因为天气不好，所以很多航班（hángbān, scheduled flight）被_____了。

(2) 丈夫很爱她，她_____非常幸福。

(3) 这么多不认识的人愿意帮助她，她觉得自己很_____。

（4）我只是_____住在宿舍，一个星期以后就搬到外边去。

（5）明天他要去_____一个非常有名的摄影师。

（6）我要求姐姐把那条漂亮的裙子送给我，她没_____。

（7）北方的冬天很冷，可她们却穿得那么少，真让他非常____。

（8）他的床上_____了几床被子，乱得很。

（9）别的同学都找不到工作，他却非常幸运地去了一家很有名的_____。

（10）如果有时间我一定去，可是这回我_____没时间，不能去。

## 5 选择正确的答案 Choose the proper answer

（1）对不起，我明天有很重要的事情，不能跟你一起去看电影了。

问题：说话人是什么意思？

A. 他想取消约会  B. 他喜欢看电影  C. 他工作很忙

（2）说好请我吃饭，他却说又约了别人！说好去唱卡拉OK，可是现在他却说有急事去不了！我以后再也不约他了！

问题：说话人心情怎么样？

A. 感到很吃惊  B. 感到很生气  C. 感到很无聊

## 6 连词成句 Form sentences with the words given

（1）你 得 洗 一大堆 了(liǎo) 这 衣服 吗

（2）他 伤 腿 摔 了 上 暂时 了(liǎo) 学 不

（3）成 我 睡 不 明天 懒觉 了

(4) 这件事　痛苦　让　非常　他　感到

(5) 我　喜欢　不　取消　随随便便　的　约会　人

(6) 电影　我的　不　电脑　下载　了(liǎo)　怎么　啊

(7) 多　我　不　这么　了(liǎo)　钱　用

## 7　完成对话　Complete the following dialogues

*请使用括号中的动词和"得/不了"。

(1) A：金浩，你怎么不开门？

　　B：钥匙丢了，＿＿＿＿＿＿＿＿＿＿。（开）

(2) A：你只学了一年汉语，＿＿＿＿＿＿（翻译）这本小说吗？

　　B：我可以慢慢翻译。

(3) A：这么大的雨！

　　B：＿＿＿＿＿＿（骑车），只好走路了。

(4) A：刘星，你站在门口干什么？

　　B：我忘了带钥匙，＿＿＿＿＿＿。（进）我在等山田回来。

(5) A：这么多东西，你＿＿＿＿＿＿（拿）吗？

　　B：＿＿＿＿＿＿（拿），这些东西不重。

(6) A：从学校坐地铁到火车站，20分钟＿＿＿＿＿＿（到）吗？

　　B：20分钟＿＿＿＿＿＿，得35分钟。

## 8 完成句子　Complete the following sentences

＊请使用可能补语"V + 得 / 不 + 了"。

(1) 外边的雨很大，暂时＿＿＿＿＿＿，等一等吧。

(2) 你＿＿＿＿＿＿一个西瓜吗？

(3) 我的手摔伤了，＿＿＿＿＿＿，你帮我写吧。

(4) 不好意思，今天下午我有事，＿＿＿＿＿＿，你们好好玩儿吧。

(5) 明天早上七点出发，六点就得起床，你＿＿＿＿＿＿吗？

## 第二十三课 妈妈你拎得动这些书吗?

**1 给画线的汉字写拼音** Write *pinyin* for the underlined characters

胶（　）水　　　郊（　）区

拎（　）东西　　年龄（　）

温（　）柔　　　潮湿（　）

光线（　）　　　花钱（　）

**2 组词** Make words

光（　）（　）　　温（　）（　）

面（　）（　）　　完（　）（　）

**3 写出恰当的量词** Fill in the blanks with measure words

一_____别墅　　一_____餐厅　　一_____阳台

一_____洗衣机　一_____卧室　　一_____猫

**4 选词填空** Fill in the blanks with proper words

郊区　感动　完全　拎　根本　本来　温柔　催　平方米

(1) 她是一个很_____的女孩子。

(2) 这对工人夫妇用自己不多的工资帮助农村女孩上学的故事，让很多人非常_____。

(3) 我_____不知道报社要来采访的事情。

(4) 她并不着急，可是男朋友的爸爸妈妈总是_____他们快结婚。

(5) 这个别墅的面积估计有三百_____。

(6) 他们家住在_____，附近有一个很大的果园。

(7) 那辆车_____是林平的，但是王大明却骗女朋友说是他的。

(8) 你的建议非常好，我_____同意。

(9) 你_____得动这么大的包吗？

## 5 排列顺序 Organize the following sentences

A. 面积有两百五十平方米那么大。

B. 我在广州的郊区买了一栋别墅。

C. 其中最小的卧室的面积也有二十平方米，完全放得下一张床，一个大衣柜和一张桌子。

答案：_____

## 6 连词成句 Form sentences with the words given

(1) 餐厅　放　完全　餐桌　得　下　新　这个

(2) 这　下　挤　汽车　10个　不　辆　人

(3) 这个　不　坐　根本　800人　下　电影院

(4) 李阳　得　搬　洗衣机　动　那　台

(5) 他　死累　了　走　动　了　不

## 7 完成句子 Complete the following sentences

*请使用"动""下"或者"了(liǎo)"做可能补语填空。

(1) 他们骑车去郊区玩儿，骑到一半，都累了，骑_____了，只好下车推着走。

(2) 表姐的孩子才三个月，吃_____蛋糕，只能喝牛奶。

(3) 你的包那么小，装_____这么多衣服吗？

(4) 这个篮子是猫睡觉的地方吗？这么小，它睡_____吗？

(5) 小宝，把词典给妈妈拿来。拿_____吗？

(6) A：这本小说借给你看，一个星期，看得完吧？

　　B：用_____一个星期，三天就行了。

## 8 完成对话　Complete the following dialogues

(1) A：刘星，请你帮个忙，我买了一个书架，可是书架太重了，我一个人_____。

　　B：没问题，我帮你抬。

(2) A：这个衣柜颜色不错，不过有点儿小，我衣服很多，这个衣柜_____。

　　B：那个衣柜很大，一定_____你所有的衣服。

　　A：可是我房间没有那么大，_____这个衣柜。

## 9 完成句子　Complete the following sentences

*请使用"V+得/不+动、V+得/不+下"。

(1) 冰箱太小了，_____这些菜。

(2) 这些书不太重，我_____。

(3) 他还是个孩子，怎么能_____电脑呢？

(4) 我太累了，_____了，打车走吧。

(5) 这个教室太小了，_____这么多人。

# 第二十四课 爬得过去吗？

**1** 写拼音，找出每组汉字中相同或相似的部分 Write *pinyin* and find the same or similar part between the characters

| 洁 | 结 | | 候 | 猴 | | 蹬 | 踢 | | 呆 | 保 | | 落 | 各 |

**2** 朗读 Read aloud

进去　　回来　　下来　　打开　　走开
进得去　回得来　下得来　打得开　走得开
进不去　回不来　下不来　打不开　走不开

爬上去　　跳过去　　扔进去　　站起来　　借出来
爬得上去　跳得过去　扔得进去　站得起来　借得出来
爬不上去　跳不过去　扔不进去　站不起来　借不出来

**3** 选词填空 Fill in the blanks with proper words

按照　卫生　蹬　按时　呆　飞快
看不起　匆忙　服气　落　赶　临时

(1) 她不_____地说："我们再比一次。我这次一定能跑得比你快！"

(2) 火车很快要开了，他还没_____到火车站。

(3) 他这次去北京走得很_____，只带了毛巾、牙刷和两件衣服。

(4) 医生要求他每天_____吃药。

(5) 大片大片的雪花从天上_____下来，地上一下子变白了。

(6) 快上课了，刘星提着书包_____地向教室跑去。

(7) 今天是周末，本来应该休息，可是单位_____有事，她得去加班。

(8) 杂技 (zájì, acrobatics) 演员们表演得精彩极了，大家都看_____了。

(9) 照片里，李阳站在树下，一只脚_____在一块石头上。

(10) 这儿每天都有人打扫_____，所以到处都很干净。

(11) _____规定，考试不及格不能毕业。

(12) 不要_____那些穷孩子。

## 4 排列顺序 Organize the following sentences

A. 可是树太高了，他爬不上去。

B. 小宝的猫爬到一棵树上，下不来了。

C. 小宝想爬上去救 (jiù, to save) 它。

答案：_____

## 5 连词成句 Form sentences with the words given

(1) 树　高　很　猴子　但是　得　爬　上去

_____，_____

(2) 李阳　的　打开　自己家　不　钥匙　门　的

_____

(3) 那么　公交车上　多　人　吗　上去　你　得　挤

_____，_____

(4) 小　房间门　太　进去　这个　抬　不　大柜子

_____，_____

(5) 我 有事 现在 开 走 不
　　　　　　　　　　　　　　　，

(6) 他 说 话 的 大家 把 呆 都 吓 了
　　　　　　　　　　　　　　　。

## 6 模仿造句　Make sentences following the example

例：山/高/上去 → 山太高了，奶奶上不去。

(1) 忘带钥匙/进去 →
(2) 买不到票/回来 →
(3) 窗户/坏/打开 →
(4) 路/没修好/开过来 →

## 7 用可能补语完成对话　Complete the following dialogues with potential complements

(1) A：小平，今天是我生日，你能过来吃饭吗？
　　B：哎呀，我正在外地出差，今天还_____。（回去）
　　　先祝你生日快乐吧！

(2) A：李阿姨，买了这么多东西，你拿得回去吗？
　　B：_____。（不）本来林平说帮忙的，
　　　可是他临时有急事去外地了。

(3) A：糟糕，堵车了！
　　B：火车快开了，咱们_____（赶，过去）吗？
　　A：我也不知道。

(4) A：你怎么了？
　　B：腰疼得厉害，只能躺着，_____。（起来）

# 复习（四）

**1** 写拼音，找出每组汉字中相同或相似的部分 Write *pinyin* and find the same or similar part between the characters

| 含 | 今 |  | 迎 | 印 |  | 秒 | 炒 | 吵 |  | 求 | 球 | 救 |

**2** 朗读 Read aloud

包装纸
包装礼物
包装得很漂亮
包装一下

此人
此事
此地
此时

打碎
摔碎
张开
卡住

放得下
拿不出来
开不了车
拿不动洗衣篮

**3** 组词 Make words

光（    ）（    ）    面（    ）（    ）

求（    ）（    ）    对（    ）（    ）

**4** 选词填空 Fill in the blanks with proper words

此　滑　秒　怀疑　替　迎面　碎　含　绝对　求救　卡

(1) 厨房的地上有水，小心＿＿＿＿倒。

(2) 一分钟有60＿＿＿＿。

(3) 那辆车太高了，从桥(qiáo, bridge)下经过时，＿＿＿＿住了，过不去。

(4) 各位朋友，我们的表演到＿＿＿＿结束，谢谢！

(5) ＿＿＿＿＿＿跑来一个清洁工，拦住了他们。

(6) 小宝嘴里＿＿＿＿＿＿了一块糖。

(7) 如果遇到危险，可以打110向警察＿＿＿＿＿＿。

(8) 杯子掉在地上，摔＿＿＿＿＿＿了。

(9) 这个办法＿＿＿＿＿＿能行！

(10) 李阳的腿摔伤了，你能＿＿＿＿＿＿他参加足球比赛吗？

(11) 我＿＿＿＿＿＿他不是导游。

## 5 把括号中的词放入句中合适的位置　Insert the bracketed words into the following sentences

(1) 法语那么难，你学会吗？（得）

(2) 他从车库开一辆新车。（出来）

(3) 我们只有四个人，吃了那么多菜，别点了。（不）

(4) 得了急病的老人求救。（向邻居）

(5) 请放上去。（把这本书）

(6) 夏天来的时候，小云就可以穿上她漂亮的花裙子了。（当）

## 6 选择正确答案　Choose the proper answer

(1) 墙太高，我们＿＿＿＿＿＿。
   A. 爬不上去　　　　B. 不能爬上去

(2) 他们正在开会，你＿＿＿＿＿＿。
   A. 不能进去　　　　B. 进不去

(3) 他们跑得太快，我＿＿＿＿＿＿。
   A. 拦不住　　　　　B. 不能拦住

(4) 你_____游戏，要好好学习。
   A. 玩儿不了　　　　　B. 不能玩儿

(5) 他摔了一跤，不过_____。
   A. 摔得不重　　　　　B. 摔不重

(6) 这条裤子很脏，不过_____。
   A. 洗得很干净　　　　B. 洗得干净

(7) 那么远，你_____？
   A. 看不看得清楚　　　B. 看得清楚不清楚

(8) 我不想画马，马很难画，我_____。
   A. 画得不好　　　　　B. 我画不好

## 7 连词成句 Form sentences with the words given

(1) 太　卧室　小　不　钢琴　下　放

(2) 嘴里　灯泡　去　滑　进　了

(3) 树上　爸爸　下　摘　从　苹果　一　个　来

(4) 这块　太　重　石头　了　搬　动　我　不　根本

## 8 完成对话 Complete the following dialogues

(1) A：今天我们出去吃饭吧！听说四川菜很好吃，我想尝尝。
   B：四川菜好吃，可是很辣，你_____？
   (V 得了 V 不了)

(2) A：鸡蛋呢？

B：_____。（放，进去）

A：冰箱不是坏了吗？

B：已经修好了。

(3) A：你怎么不走了？还没到山顶 (shāndǐng, hilltop) 呢！

B：我快累死了。我_____（爬，动）了。

A：你看那么多老人都能_____（爬，上去），

你也一定_____。快走吧！

## 9 造句 Make sentences

(1) V + 上 + O + 去 _____

(2) V + 得 / 不 + Adj. _____

(3) 终于 _____

(4) 推荐 _____

(5) 根本 _____

(6) 按照 _____

## 10 写出下列词语的拼音，然后选词填空 Write *pinyin* for the following words and fill in the blanks with proper words

掉　推　藏　推荐　测试　取消　感到　闭　催　看不起

(1) 衣服_____在地上了，快捡起来。

(2) 明天的约会_____了。

(3) 他女朋友跟他分手了，他_____很痛苦。

(4) 老师_____我参加书法比赛。

(5) 小宝被一个小伙伴_____倒了。

秒　代价　得意　约会　完全　行李　卫生　飞快　深

(6) 我的_____很多，我自己拎不动，你能帮我吗？

(7) 考试得了第一名，他很_____。

(8) 他一听到这个消息，就_____地跑了。

(9) 他只用了十_____就跑完了一百米。

(10) 老师说的话我_____没听懂。

终于　回　绝对　层　平方米　本来　临时

(11) 考试_____结束了。

(12) 这棵树这么高，你_____爬不上去。

(13) 我的卧室比你的卧室大10多_____。

(14) 小松_____不想这么早结婚，可是爸爸妈妈总是催他们，只好结了。

(15) 不好意思，我_____有事，来不了了。

# 第二十五课 她连一句话都没说过

## 1 写出恰当的量词 Fill in the blanks with measure words

一_____日历　　一_____球　　一_____牙刷

一_____收音机　一_____方便面　一_____饭

## 2 选词填空 Fill in the blanks with proper words

| 日历 | 为止 | 交流 | 网络 | 度过 | 一切 |
| 过程 | 并且 | 嚼 | 错过 | 整个 | 成功 |

(1) 不努力怎么能_____呢？

(2) 妈妈说，一定不要_____最后一趟回家的车。

(3) 这种药不是_____着吃的，是含着吃的。

(4) 表面上他不关心英语考试，可是_____下午他都在看英语书。

(5) 我觉得比赛的_____比比赛的结果更重要。

(6) 他看了一下_____，发现明天就是妈妈的生日。

(7) 一直到现在_____，我都没有他的消息。

(8) 性格活泼的人往往都比较擅长跟别人_____。

(9) 我的暑假都是在老家_____的。

(10) 现在_____发展 (fāzhǎn, develop) 得很快，世界好像一下子变小了。

(11) 我们已经开始工作，_____都很顺利，请放心。

(12) 我们有能力 (nénglì, ability, capability) 帮助他们，_____也愿意帮助他们。

### 3 选择正确的答案　Choose the proper answer

(1) "他去韩国两年了，可是连一封信也没给我写过。"从这句话中我们可以知道：_____

　　A. 他在韩国没有给"我"写过信。

　　B. 他去过韩国。

　　C. 他给"我"写了一封信。

(2) "天气这么热，哪能不出汗呢？"从这句话中我们可以知道：_____

　　A. 天气热，一定会出汗。

　　B. 天气热，身上哪里都有汗。

　　C. 天气热，不会出汗。

### 4 连词成句　Form sentences with the words given

(1) 没有　连　房间里　饭桌　也

_____

(2) 中国　刚来　的时候　他　"你好"　不会说　也　连

_____

(3) 他　没　连　书　也　看　一页

_____

(4) 在　能　你　怎么　抽烟　教室里

_____

(5) 再　你　下去　不能　瘦　了

_____

## 5 改写句子 Convert the following sentences

A. 用"连（一）……也（都）……"改写句子。

(1) 他们在北京待的时间很短，没时间去长城。

(2) 放暑假了，学生们都回家了，校园里没有一个人。

(3) 他去美国一个月了，从来没有给爸爸妈妈打过电话。

(4) 他有很多帽子，可是没有一个好看的。

(5) 以前山上有很多树，现在完全没有树了。


B. 用"V下去"改写句子。

(6) 顺着这条路继续走，你就能看见那栋别墅。

(7) 我希望天气不要继续冷了。

(8) 他在写论文的时候遇到了困难，觉得自己不能继续写了。


## 6 完成对话 Complete the following dialogues

*请使用"连（一）……也/都……"。

(1) A：哎呀，我才想起来，明天就出发了，可是我＿＿＿＿＿＿＿＿＿＿＿＿＿＿＿＿＿＿＿＿（知道），你知道吗？

B：我问过了，明天早上八点。

(2) A：金浩，你今天怎么没迟到？

　　B：我今天来得非常早，我来的时候，教室里_____。（连）

(3) A：他才四岁，已经有自己的手机了？

　　B：他父母什么都给他买，_____。
　　（电脑，给他买）

(4) A：他太厉害了，可以翻译这么长的故事！

　　B：他_____（唐诗），当然能翻译这个故事了！

## 7 解释画线部分句子的意思 Explain what the underlined sentences refer to

(1) <u>你怎么能这样说话呢</u>？

(2) <u>他身体不是很好吗</u>？怎么忽然得了重病？

(3) A：听说小王和小美在谈恋爱。

　　B：不对吧？<u>小王不是在和小丽谈恋爱吗</u>？

(4) A：你知道这个英语句子的意思吗？

　　B：我又没学过英语，<u>我哪儿知道</u>？

## 8 阅读 Read the following text

下面的几篇博客（blog）讲的是同一件事，你看懂了吗？

**中年女人的博客**：下班坐公交车回家，又没有座位。现在的年轻人素质（sùzhì, quality）真差，一个老大爷上车，连一个让座的都没有。最后竟然是个外国学生站起来让座。我忍不住了，批评他们忘了我们的传统美德（měidé, virtue），结果那些年轻人都站起来了。

**年轻人的博客**：送货（huò, goods）送了一整天，累死了，好不容易有个座位，却上来一个老大爷。他一上车就盯（dīng, to stare, to gaze at）着我们看，显然想找个座位。我被他盯得很不舒服。我不是不懂传统美德，但我太累了。后来有一个外国人要让座，我觉得不能再坐下去了，就让老大爷坐在了我的座位上。

**外国留学生的博客**：我的汉语还是没有进步。今天我坐公交车去上学，上来一位老大爷。快到学校了，我准备下车了，这时一个女人不知道向大家说了些什么，忽然过来几个年轻人把我按住，不让我下车。我越着急他们越不让我下。过了好几站，我才偷偷下了车。我现在都不知道这是怎么回事。他们怎么不让人下车呢？

**发如雪的博客**：新染（rǎn, to dye）了一个头发。上了公交车，我想看看人们的反应（fǎnyìng, reaction）。可是车上的人都躲开了我的目光（mùguāng, eyesight）。后来一个外国人站了起来，接着，差不多全车人都站起来了，一定要让我坐，我怎么解释（jiěshì, to explain）他们都不听。天啊，我才十八岁呀！我以后再也不敢把头发染成白色的了！

# 第二十六课 把废纸捡起来

**1** 写拼音，找出每组汉字中相同或相似的部分 Write *pinyin* and find the same or similar part between the characters

| | |
|---|---|
| 脱 说 | 桶 勇 |

| | |
|---|---|
| 犹 优 | 豫 像 |

**2** 朗读 Read aloud

把电脑拿出来
把车推过来
把外套脱下来

把椅子搬上楼来
把小宝送回家来
把垃圾提下楼去

把手机放进包里
把糖放进嘴里
把行李提上车

**3** 选词填空 Fill in the blanks with proper words

故意　　犹豫　　脱　　反应　　随身　　招聘
接受　　检查　　直接　　立即　　物品

(1) 房间里太热了，把外套_____掉吧。

(2) 网上有很多_____广告，你可以去看看有没有好一点儿的工作。

(3) 你的礼物太贵了，我不能_____。

(4) 妈妈，哥哥把我的闹钟摔坏了！我觉得他不是不小心，他是_____的！

(5) 做事情要干脆一点儿，别总是_____。

(6) 他学习很用功，总是_____带着一本英汉词典。

(7) 小宝，_____一下，你考试要用的东西都带了吗?

(8) 下车时请拿好自己的行李_____。

(9) 玩儿游戏的时候，他的_____总是比我快。

(10) 卖电脑的在三楼，我们别在下边逛了，_____去三楼吧。

(11) 看到小云摔倒了，小静_____跑过去扶她。

## 4 排列顺序 Organize the following sentences

A. 我只好把小刀扔到垃圾桶里去了。

B. 于是我打开包，把里边的东西都拿出来。其中有一把小刀，他们说不能带。

C. 到飞机场以后，工作人员告诉我们随身物品都要接受检查。

答案：_____

## 5 把括号中的词放入句中合适的位置 Insert the bracketed words into the following sentences

(1) 离开图书馆的时候，请你放回原来的地方。（把椅子）

(2) 把你的摄影师朋友也叫吧。（来）

(3) 咱们把这堆书搬教室吧。（进）

(4) 你可以把这本书借看。（回去）

(5) 要查票了，快把票找。（出来）

(6) 他们一起把桌子抬进来。（房间）

## 6 连词成句 Form sentences with the words given

(1) 寄  他  信  出去  把  了

(2) 进  他  教室  走  悄悄地  来

(3) 家 他 回 女朋友 去 把 送 了

(4) 杯子 妈妈 进 茶 倒 里 把

(5) 把 张老师 孩子 接 了 回来

(6) 快 放 水里 把 去 进 那些鱼

**7** 用"虽然……但是……"改写句子 Convert the following sentences with 虽然……但是……

(1) 小云很瘦。她身体很好。

(2) 我没看过这个电影。我知道大概的内容。

(3) 他们不理我。我不在乎。

(4) 他戴着助听器。他还是听不清楚。

(5) 门锁上了。他有办法进去。

**8** 用"把"完成对话 Complete the following dialogues with 把

(1) A：你知道我昨天干了一件什么事吗？
　　B：什么事？

A：我昨天一边发短信一边煮（zhǔ, to boil, to cook）面条，结果＿＿＿
＿＿＿＿＿＿＿＿＿＿＿＿＿＿＿＿＿＿！（手机，扔，锅）

我本来想把面条扔进锅（guō, pot）里的！

(2) A：你怎么不＿＿＿＿＿＿＿＿＿＿＿＿＿＿＿＿＿＿＿＿＿＿？

（窗帘，拉）光线这么差，看得见吗？

B：我没看书，我在想问题。

(3) A：（在楼下）这些东西放哪儿啊？

B：（在楼上）放到杂物房去。对了，＿＿＿＿＿＿＿（提），
我要用。

A：水桶在杂物房吗？

B：在。

## 9 阅读 Read the following text

### 一个老师的日记

快放学了，一个男生找到我，说李小冬把他的水杯扔进垃圾桶去了。我问："他为什么把你的水杯扔进垃圾桶里？""不知道。""谁让他扔的？""不知道。"

我找到李小冬，问他："你为什么把同学的水杯扔进垃圾桶？谁让你扔的？""没人让我扔。可是，周老师说他上课的时候玩儿杯子，就把他的杯子放在讲桌上，让他父母来拿。""周老师让你把水杯扔了吗？""没有。我觉得他父母不会来拿，杯子放在那儿会影响老师上课，所以就把杯子扔了。""那他回家以后，如果父母问他水杯去哪儿了，怎么办？你明天能再给他一个水杯吗？""没问题，我现在就去垃圾堆里找。"

# 第二十七课 牛仔裤被我妈洗得干干净净

**1** 写拼音，找出每组汉字中相同或相似的部分 Write *pinyin* and find the same or similar part between the characters

| 酷 | 告 |　| 剪 | 前 |　| 值 | 直 |　| 嚷 | 赛 |

**2** 朗读 Read aloud

被晒得黑黑的　　被拿过来了　　好几个人　　十天之内
被擦得很干净　　被卖出去了　　好几年时间　　三天之前
被催得很烦　　　被扔出去了　　好几碗饭　　　五天之后
被摆得整整齐齐　被找回来了　　好几条牛仔裤

**3** 选词填空 Fill in the blanks with proper words

之前　看　嚷　落　嫌　缝　流行
省　值得　几乎　等　装

(1) 不要常常去饭店吃饭，自己做饭吃可以_____很多钱。

(2) 今年_____这种裙子，所以我买了一条。

(3) 我一定要在回国_____做完这个工作。

(4) 花这么多钱买一个飞机模型，你觉得_____吗？

(5) 他买了手套、眼镜、毛巾_____各种东西。

(6) 小宝一回家就大声_____着："我饿了，要吃饭！"

(7) 我的作业本_____在教室了，你能替我拿回来吗？

(8) 衣服破了几个口子，妈妈今天把它们都_____好了。

(9) 家里人都要上班，没有人＿＿＿＿＿＿＿孩子，怎么办呢？

(10) 他们每天忙着工作挣钱，＿＿＿＿＿＿＿没有时间休息、陪家人。

(11) 爸爸＿＿＿＿＿＿＿成老虎，跟小宝一起玩儿。

(12) 给了他那么多钱，他还＿＿＿＿＿＿＿少。

## 4 选择正确的答案 Choose the proper answer

(1) "这件衣服虽然便宜，但是样式不好看，我不想买。"从句子中我们可以知道：＿＿＿＿＿＿＿

　A. 说话人嫌这件衣服样式不好看。

　B. 说话人嫌这件衣服贵。

　C. 说话人想买衣服，可是钱不够。

(2) "我发现一个好地方，不是风景名胜，但是山和水都很美，而且几乎一个人也没有，很值得去。"从句子中我们可以知道：＿＿＿＿＿＿＿

　A. 那个地方很有名。

　B. 说话人认为应该去那里玩儿。

　C. 很多人知道那里。

## 5 把括号中的词放入句中合适的位置 Insert the bracketed words into the following sentences

(1) 画被你挂太高了。（得）

(2) 她看得很不好意思。（被大家）

(3) 废纸被他捡了。（起来）

(4) 衣服装进箱子里去了。（被）

(5) 搬家得把一切东西收拾好。（之前）

(6) 我的钱包落了。（在出租车上）

## 6 根据课文内容回答问题 Answer the following questions according to the text

(1) 表姐搬家的时候，一些不要的东西是怎么处理(chǔlǐ, to deal with)的？

(2) 搬家的时候小云负责做什么？

(3) 小云上厕所的时候发生(fāshēng, to happen, to take place)了什么事？

(4) 茶几被人偷了吗？

(5) 为什么茶几又被放回来了？

(6) 为什么有人喜欢穿有破洞的牛仔裤？

(7) "我"的牛仔裤为什么有几个大口子？

(8) "我"的破牛仔裤被妈妈怎么了？

## 7 连词成句 Form sentences with the words given

(1) 被 茶几 走 搬 人 了

(2) 叫 扔 那些树枝 出去 他 了

(3) 被 洗 妈妈 干干净净 得 脏衣服

(4) 李阳 手机 偷 人 让 走 了 的

(5) 金浩说 被 偷 没有 从来 他的东西 过

(6) 外套　脏　我　搞　给　了

## 8 完成句子　Complete the following sentences

(1) 我去过一次那个理发店，结果头发_____（被，剪，很难看），以后就再也不去了。

(2) 妈妈推开小宝的门，惊讶地发现，房间_____（被，收拾，干净），被子_____。（被，叠，整齐）

(3) 行李_____。（让，提，上去）

(4) 那个塑料杯子破了，_____（叫，V掉）了。

(5) 这个菜_____（看起来），你要不要尝尝？

## 9 完成对话　Complete the following dialogues

(1) A：李阳，你今天怎么走路来上课啊？你的自行车呢？
　　B：唉，_____。（让，偷）
　　A：是吗？我听说最近很多同学的东西都_____
　　_____。（给，偷）

(2) A：小宝，桌子上的苹果呢？
　　B：_____。（被，吃）
　　A：那香蕉呢？你也吃了吗？
　　B：妈妈，香蕉不好吃，_____。（叫，扔）

(3) A：这么冷的天，你怎么连外套也不穿啊？
　　B：外套_____（被，洗），没有干。
　　A：你没有别的外套了吗？
　　B：还有一件，不过_____（让，穿），她喜欢那件。

# 第二十八课 在餐厅中间跳起舞来

## 1 写拼音，找出每组汉字中相同或相似的部分 Write *pinyin* and find the same or similar part between the characters

| 沿 | 没 |   | 滩 | 难 |   | 族 | 知 |   | 浪 | 娘 |

## 2 朗读 Read aloud

| 唱起来 | 多起来 | 唱起歌来 | 沿着湖边 |
| 跳起来 | 热起来 | 跳起舞来 | 沿着这条路 |
| 哭起来 | 暖和起来 | 学起汉语来 | 沿着这条街走 |
| 聊起来 | 兴奋起来 | 聊起天来 | 沿着操场跑 |

| 烦死了 | 孩子跟家长对着干 |
| 烦极了 | 他跟我对着干 |
| 烦什么 | 女朋友跟他对着干 |
| 别烦 | 学生跟班主任对着干 |

## 3 给画线的汉字写拼音 Write *pinyin* for the underlined characters

兴（　）奋　　　高兴（　）

几（　）乎　　　几（　）天

中（　）间　　　中（　）奖

落（　）在地上　　落（　）在后边

## 4 选词填空 Fill in the blanks with proper words

沿　厚　部分　兴奋　民族　突然　跟　自信

(1) 我们不懂这个_____的语言，没有办法和他们交流。
(2) _____着这条路一直往前走，就可以看见地铁站。
(3) 那只狗一直_____在他后边。
(4) 第一次参加表演，我有点儿不_____。
(5) 刚才天气还好好的，怎么_____下起雨来了？
(6) 一场大雪以后，地上堆了很_____的雪。
(7) 一想到马上就可以拿到新家的钥匙，夫妇俩就_____得不得了。
(8) 一条河把整个城市分成南北两个_____。

重视　烦　通常　与　表面

　　许多人觉得睡不着不是什么大问题，所以_____不_____着这个问题。一个常常睡不好觉的人，可能从_____上看，暂时没有生病，可是他的身体已经不健康了。睡不好让人心情很不好，有时候没有什么不开心的事，也会觉得很_____。睡眠_____饮食都是我们生活中非常重要的部分，为了健康，一定要让睡眠好起来！

## 5 把括号中的词放入句中合适的位置 Insert the bracketed words into the following sentences

(1) 最近，他对学习认真。(起来)
(2) 她向湖边走去。(沿着小路)
(3) 老师在前边讲课，他却在后边看起来。(小说)

(4) 那个孩子和同学一起抽起烟。(来)

(5) 雨开始下得大。(起来)

(6) 小宝说他比小明厉害,小明不服气,两个人就打架。(起来)

(7) 天气热,我不想学习。(越……越……)

## 6 选择适当的"越……越……"格式填空 Choose suitable 越……越…… constructions to fill in the blanks

越下越大　越唱越兴奋　越画越好　越看越爱看　越飞越近

(1) 这本小说内容有趣,写得也好,我_____。

(2) 飞机_____了,我的心跳得也越来越快。

(3) 雨_____了,我们现在走不了了,等一下再走吧。

(4) 小宝的画儿_____了。

(5) 他_____,现在又开始跳起舞来了。

## 7 连词成句 Form sentences with the words given

(1) 说　妈妈　一句　刚　了　就　起来　哭　他　了

(2) 来　我　得　跳　兴奋　起　舞

(3) 商量　他们　起　的　来　事情　采访

(4) 越　锻炼　工作　应该　越　身体　忙

(5) 很　他　着急　越　越　所以　走　快

**8 用"起来"完成对话** Complete the following dialogues with 起来

(1) A：刚走到学校门口，突然＿＿＿＿＿＿（下雨），结果衣服都淋湿了。

　　B：哎呀，我忘了提醒你带伞。

(2) A：你看，不少女孩子都抽烟。

　　B：以前只是男孩子抽烟，现在抽烟的女孩子＿＿＿＿＿＿（多）。也许她们觉得这样很酷。

(3) A：小宝这么安静啊！

　　B：他跟你们不太熟，一会儿熟了就会＿＿＿＿＿＿。（活泼）

(4) A：小马不是一直在报社工作吗？怎么＿＿＿＿＿＿？（当，老师）

　　B：他嫌在报社工作没意思，他喜欢当老师。

# 第二十九课 什么舒服穿什么

**1** 写拼音，找出每组汉字中相同或相似的部分 Write *pinyin* and find the same or similar part between the characters

| 惩 | 正 |
|---|---|

| 奖 | 浆 |
|---|---|

| 寒 | 赛 |
|---|---|

| 撕 | 期 |
|---|---|

**2** 朗读 Read aloud

谁最后吃完谁洗碗
谁中大奖谁请客
谁做的工作谁负责

什么贵点什么
什么便宜买什么
什么方便吃什么

祝你工作顺利
祝你生日快乐
祝你好运

祝贺你
祝贺一下
祝贺你毕业

哪儿脏他去哪儿
哪儿好玩儿就去哪儿玩儿
在哪儿摔倒就在哪儿站起来

哪种贵他拿哪种
想听哪首歌就听哪首歌
你想回答哪个问题就回答哪个

**3** 选词填空 Fill in the blanks with proper words

| 缺点 | 惩罚 | 一连 | 中奖 | 祝贺 | 寒冷 |
| 而 | 倒霉 | 托 | 看中 | 反正 |

(1) 今天真_____，钱包被小偷偷了，还错过了最后一趟地铁。

(2) 他最大的_____就是做一切事情都犹犹豫豫。

(3) 孩子不听话或者做错了事情的时候，要_____一下。

(4) 明天就考试了，大家都在认真地准备，_____他却在玩儿游戏。

(5) 听说你结婚了，_____你！

(6) 北方的冬天非常_____，必须穿很厚的衣服。

(7) 如果运气好，可能会_____！

(8) 逛街的时候，小静_____了一款手机，很想买。

(9) 妈妈_____她的朋友在美国给小宝买了几本英文书。

(10) 不知道别人怎么想，_____我绝对不同意！

(11) 到现在为止，他们已经_____表演了六个晚上。

## 4 排列顺序 Organize the following sentences

A. 我想反正自己有时间，很闲，就同意了。

B. 我表姐要去看望她生病的奶奶。

C. 于是托我照顾她的小孩。

答案：_____

## 5 把括号中的词放入句中合适的位置 Insert the bracketed words into the following sentences

(1) 谁先想好了，就先来回答这个问题。（谁）

(2) 在宿舍里，他总是想干就干什么，不管别人怎么想。（什么）

(3) 东西贵，她买什么。（什么）

(4) 谁骂人，妈妈就惩罚。（谁）

(5) 我这儿有很多故事书，你想看哪本就看。（哪本）

(6) 哪儿有沙滩，我们去哪儿。（就）

(7) 什么时候中奖请你吃饭。（什么时候）

## 6 连词成句 Form sentences with the words given

(1) 说 想 什么 吧 就 你 什么 说

(2) 快 谁 跑 得 就 参加 谁 去 比赛

(3) 时候 在 的 家 做什么 我 想 就 什么 做

(4) 能干 谁 我们 选 当 就 班长 谁

(5) 环保 哪种 材料 我们 哪种 用

(6) 哪儿 到 他 跑 到 我们 哪儿 跟 就

## 7 用括号中的词改写句子 Convert the following sentences with the given words

(1) 按照我们家的习惯,最后吃完的人洗碗。(谁……谁……)

(2) 汉语好的人去给他当翻译。(谁……谁……)

(3) 反应快的人能赢。(谁……谁……)

(4) 他喜欢学的东西,你就教他。(什么……什么……)

(5) 我现在心情不好，不想写作业，心情好的时候再写。（什么时候……什么时候……）

_____

(6) 这里有困难，他来这里；那里有困难，他去那里。（哪儿……哪儿……）

_____

## 8 完成对话 Complete the following dialogues

(1) A：今天吃什么？
　　B：你打开冰箱看看，_____。（什么）
　　A：只有两个空盘子，我们吃盘子吗？

(2) A：今天是你的生日，想要什么礼物？你挑吧。
　　B：是不是_____？（要，什么，买）
　　A：没错！

(3) A：你拿了这么多本子，是给谁的？
　　B：_____。（谁，需要）
　　A：我需要，给我吧。

## 9 用"而"完成句子 Complete the following sentences with 而

(1) 广州夏天很热，_____

(2) 我妈妈很温柔，_____

(3) 我喜欢在网上买东西，_____

## 第三十课 无论离家多近，她都会迷路

**1 朗读 Read aloud**

动物　任何人　　相反的方向　　无论什么人
植物　任何问题　相反的看法　　无论怎么说
生物　任何事情　相反的选择　　无论多少钱
　　　任何时间　相反的性格　　无论好还是不好

**2 选词填空 Fill in the blanks with proper words**

公平　　复杂　　正确　　著名　　天才　　克服
指　　保护　　本领　　解决　　任何　　相反

(1) 这个问题太＿＿＿＿＿＿了，我想不出来该怎么＿＿＿＿＿＿。

(2) 小刚说自己很厉害，小东也说自己很厉害，他们到底谁的＿＿＿＿＿＿大呢？

(3) 我们要相信，这个世界是很＿＿＿＿＿＿的，不要总是抱怨(bàoyuàn, to complain)。

(4) 做＿＿＿＿＿＿事情，我们都要很努力，这样才能成功。

(5) ＿＿＿＿＿＿答案是A。

(6) 他用手＿＿＿＿＿＿着那个人说："就是他捡走了你的钱包。"

(7) 有困难要想办法＿＿＿＿＿＿，不能被困难吓跑。

(8) 那个孩子今年才3岁，但是已经能认识一千多个汉字了，真是个＿＿＿＿＿＿！

(9) "潮湿"和"干燥"这两个词的意思＿＿＿＿＿＿。

(10) 在危险的时候，大人应该＿＿＿＿＿＿孩子。

(11) 他是一个＿＿＿＿＿＿的作家。

## 3 排列顺序 Organize the following sentences

A. 《西游记》是中国著名的古典小说，内容有趣，很值得看。

B. 故事中的孙悟空很勇敢，也很厉害，无论困难多么大，他都能克服。

C. 它讲的是孙悟空和他的三个同伴一起，保护唐僧去西天取经的故事。

答案：_____

## 4 连词成句 Form sentences with the words given

(1) 想　好办法　这　个　是　出来　的　谁

(2) 你　愿意　无论　不　得(děi)　去　愿意　都

(3) 出来　我　吃　不　东西　是　什么　这

(4) 无论　我　都　说　他　怎么　不　答应

## 5 完成句子 Complete the following sentences

(1) 她是个非常漂亮的女孩子，无论谁看见她，_____。

(2) 无论天气多冷，_____。

(3) 无论下不下雨，_____。（带伞）

(4) 她看中的衣服，_____（贵），她都要买。

(5) _____（有，时间），我都会去飞机场接你。

## 6 用"V+出来"完成对话 Complete the following dialogues with V + 出来

(1) A：这种茶真好喝！金浩，你知道这是什么茶吗？

B：我很少喝茶，_____。你呢？

A：我是云南人，我们那儿有很多种茶。我常常喝茶，任何一种茶，我通常只要喝一口，就能知道是什么茶。

(2) A：这道数学题太难了，我_____。你能给我讲讲吗？

B：好吧，我告诉你，应该这样做。

(3) A：他肯定喜欢小静。

B：是吗？我_____。你怎么知道的？

A：你看，他对小静多热情啊！谁都_____！

## 7 阅读 Read the following text

我热爱唱歌，但是我唱得越投入(tóurù, absorbed, devoted)，我的同屋越受不了。她们说，我无论唱谁的歌，都会跑调(pǎodiào, out of tune, off key)。

大二的时候，李林经常来找我，谁都能看出来他在追我。

我决定跟他去唱歌，考验一下他——爱，就要爱我的全部。

在卡拉OK厅，他微笑着听我唱了一个晚上。我心里很得意，装作随便地问他："怎么样？"他想了想回答："我见过很多唱歌跑调的人，但是跑得像你这么自信的人真是不多见。无论是王菲还是韩红，如果她们自己来听你唱她们的歌，都会怀疑是不是自己以前唱错了。"最后，他做了一个总结："显然你是一个创作(chuàngzuò, to create)型歌手，每唱一次，都是对歌曲的再创作……"

考试通过。后来，他成了我的男朋友。

# 复习（五）

**1 写拼音，找出每组汉字中相同或相似的部分** Write *pinyin* and find the same or similar part between the characters

| 领 | 冷 | | 强 | 虽 | | 牌 | 脾 | | 矛 | 柔 | 豫 |

**2 组词** Make words

严（　　　）（　　　）　　发（　　　）（　　　）
坚（　　　）（　　　）　　动（　　　）（　　　）

**3 写反义词** Write antonyms for the following words

温暖_____　　优点_____　　简单_____　　聪明_____

**4 选词填空** Fill in the blanks with proper words

> 领　　严重　　坚持　　脾气　　关系　　激动
> 强　　坚决　　爆发　　矛盾　　再说　　各自

(1) 我不知道花瓶是谁打碎的，反正不是我打碎的，这事和我没_____。

(2) 他辛辛苦苦地工作了一个月，_____到了2000块钱的工资。

(3) 离婚一年以后，他们_____找到了自己喜欢的人。

(4) 你只是普通感冒，不_____，别担心，休息几天就好了。

(5) 他已经说对不起了，_____他也不是故意的，你就别批评他了。

(6) 你一定要_____每天锻炼身体，别做懒虫。

(7) 听说自己中了大奖，他_____得跳了起来。

(8) 爸爸想把阳台改成厨房，可是妈妈_____不同意。

(9) 他跟父母有_____，经常吵架。

(10) 阳光太_____了，得戴帽子或者打伞，不然会晒伤的。

(11) 谁都不希望_____战争 (zhànzhēng, war)。

(12) 她的_____很好，从来不生气。

## 5 把括号中的词放入句中合适的位置 Insert the bracketed words into the following sentences

(1) 管钱的人不在，所以谁没领到工资。（都）

(2) 怎么去方便，我们怎么去。（就）

(3) 剪刀好用，我们就买哪把。（哪把）

(4) 他每天上网查招聘信息，有招聘会，他就去哪儿。（哪儿）

## 6 连词成句 Form sentences with the words given

(1) 她 什么 想 不 吃 都

(2) 到 我 哪儿 走 跟 哪儿 到 他

(3) 我 哪种 不 舞蹈 感 都 兴趣 对

(4) 你 牌子 哪个 喜欢 就 牌子 买 哪个

## 7 用"再说"改写下面的句子 Convert the following sentences with 再说

(1) 我有点儿不舒服，也不会跳舞，你们去吧，我不去了。

(2) 今天是周末,我们已经连续工作了七天,所以坚决要求放假！

(3) 谁不知道你会喝酒？你今天迟到了二十分钟，所以这杯酒你必须得喝！

## 8 完成句子 Complete the following sentences

\*请使用括号中的词和"起来""下去""出来"。

(1) 快到夏天了,天气慢慢＿＿＿＿＿＿＿＿＿＿。（热）

(2) 他不愿意一个人＿＿＿＿＿＿＿＿＿＿＿。（生活）

(3) 你能＿＿＿＿＿＿＿＿＿＿（闻）这是什么花的香味吗？

(4) 听了他的话,大家都＿＿＿＿＿＿＿＿＿＿。（笑）

(5) 小宝一看到妈妈给她买的新足球，就＿＿＿＿＿＿。（高兴）

(6) 你唱的歌很好听，不要停，＿＿＿＿＿＿＿＿＿。（唱）

(7) 他得了重病，医生说没有希望了，可是他每天都想着：我要＿＿＿＿＿＿＿＿＿＿！（活）

## 9 完成对话 Complete the following dialogues

(1) A：我想买个新手机，你能不能给我推荐一下，哪个牌子的手机没缺点？

B：_____！（哪个，都）

(2) A：小宝，还不收拾一下，你看你的房间，乱死了！

B：好，我收拾。这把剪刀放哪儿呢？

A：_____！（从哪儿，放回）

B：我从你床上拿的，放回你床上去吗？

(3) A：你想买什么啊？

B：_____。（什么，便宜）

## 10 造句 Make sentences

(1) 连……也（都）……

(2) 虽然……但是……

(3) 看起来

(4) 而

(5) 无论……都……

(6) 再说

## 11 写出下列词语的拼音，然后选词填空 Write *pinyin* for the following words and fill in the blanks with proper words

网络  复杂  犹豫  样式  宝石  缺点  公平  著名  傻

(1) 他是中国非常_____的小说家。

(2) 买房子的过程比较_____，一两句话说不清楚。

(3) 别再_____了，没有时间了！

(4) 大人和小孩比赛，这不_____。

(5) 他最大的_____就是说话没有礼貌。

错过　脱　托　检查　嫌　流行　招聘　祝贺　值得　离婚

(6) 我_____了今天的飞机，只好明天再出发了。

(7) 今年这种样式的牛仔裤开始_____起来。

(8) 每个人的行李都要接受_____。

(9) 这个问题_____我们好好想一想。

(10) 他_____朋友帮他了解那里的情况。

并且　虽然　几乎　沿　一连　各自

(11) 吃完饭，他们_____回家了。

(12) 听说他辞了职，_____全家移民了。

(13) 她_____着小路向学校走去。

(14) 最近_____几天都在下雨。

## 第三十一课 既然选择了，就不要后悔

**1** 写拼音，找出每组汉字中相同或相似的部分 Write *pinyin* and find the same or similar part between the characters

| 朝 | 潮 |    | 括 | 活 |    | 悔 | 每 |    | 仍 | 扔 |

**2** 选词填空 Fill in the blanks with proper words

> 仍然　　尽量　　朝　　拼命　　冲　　后悔　　放弃
> 深刻　　包括　　劝　　选择　　顾　　优秀

(1) 这么多学校，你想_____哪一个呢？

(2) 小东是一个非常_____的人，你为什么不和他结婚呢？

(3) 三年前，我_____了出国的机会，现在感到非常_____。

(4) 如果有困难，我一定_____帮助你。

(5) 我_____他离婚，不过他一直很犹豫。

(6) 李阳_____我点点头。

(7) 已经四月了，可是这里的天气_____很寒冷。

(8) 我_____往前跑，可是还是没有追上那辆车。

(9) 他迅速地_____过去把小偷抓住了。

(10) 那个自信的小伙子给我留下了_____的印象。

(11) _____我，我们班一共有6个人参加了招聘会。

(12) 哥哥只_____工作，从来不管孩子。

## 3 选择正确的答案　Choose the proper answer

(1) "那时候，我爸妈都劝我留在学校工作，可是我不听，非去公司不可。现在很想回学校，可是回不了了！唉，那时候听爸妈的话就好了。"从这句话中我们可以知道：_____

　　A. 说话人现在在学校工作。

　　B. 说话人后悔没去学校工作。

　　C. 如果说话人想回学校工作，一定可以。

(2) "这两个人见了面非吵架不可。"这句话的意思是：_____

　　A. 他们见面一定会吵架。

　　B. 他们见面不会吵架。

　　C. 他们不会见面。

## 4 改写句子　Convert the following sentences

*请使用"既然……就……"或"非……不可……"。

(1) 已经买好了火车票，我们就去吧。

(2) 大家都认为这个办法不好，我再想想别的办法吧。

(3) 两个人有矛盾，就不要在一个组了。

(4) 事情已经这样了，后悔有什么用呢？

(5) 明天是我的生日，你是我最好的朋友，你必须来。

(6) 那条裙子很贵，可是这个小女孩一定要买。

(7) 每天吃了睡、睡了吃，肯定会胖。

(8) 这个地方夏天太热了，一定要开空调才行。

## 5 连词成句　Form sentences with the words given

(1) 他　看中　东西　的　买　不可　非

(2) 同意　爸爸　不　小云　非要　却　出国　不可

(3) 朝　她　笑了笑　我　突然

(4) 松　我　口　终于　了　一　气

(5) 按时　请　来　大家　尽量

(6) 以后　小宝　睡着　仍然　玩具　着　手里　拿

## 6 完成对话　Complete the following dialogues

(1) A：为什么要去那儿？我们的旅行计划里不包括这个地方啊！

B：是不包括，不过我听说那里很漂亮，再说离这里又很近，我和小张都想去。

　　A：_____。（既然……就……）

(2) A：糟糕，下雨了！我们踢不成球了！

　　B：_____。（既然……就……）

(3) A：很晚了，别去了，我们回家吧。

　　B：不行，_____！（非……不可）

## 7 阅读 Read the following text

　　1953年，高中毕业的缪印堂有两个选择，一个是考大学，另一个是去北京做漫画编辑 (biānjí, editor)。热爱漫画的他一想到大学里没有漫画专业，就决定选择去做编辑。

　　父母虽然想劝儿子上大学，可是，看到儿子对漫画那么有兴趣，他们只好把自己的想法藏在心里。对于儿子的选择，他们只说了一句话："既然选择了，就不要后悔。"

　　于是缪印堂背着简单的行李，快乐地去了北京，走上了漫画之路。后来，他成了著名的漫画家。

## 8 讨论 Discussing

　　跟同学讨论一下，你以后想选择一个什么样的职业 (zhíyè, occupation)。为什么？你的父母会同意你的选择吗？

教师　医生　漫画家　作家　画家　编辑　厨师 (chúshī, chef)

商人 (shāngrén, businessman)　律师 (lǜshī, lawyer)　司机

政府官员 (zhèngfǔ guānyuán, government officials)

设计师 (shèjìshī, designer)　工程师 (gōngchéngshī, engineer)

歌星　影星　球星

# 第三十二课 只要坚持，就会实现梦想

## 1 组词 Make words

聘（　　　）（　　　）　　梦（　　　）（　　　）

随（　　　）（　　　）　　实（　　　）（　　　）

## 2 选词填空 Fill in the blanks with proper words

> 份　　实现　　应聘　　不足　　以下　　得到
> 随手　　养成　　增加　　心情

(1) 杂志社需要一名新的工作人员，很多人来_____。

(2) 他最近忙得顾不上休息，每天都睡眠_____，你得劝他注意身体。

(3) 来中国的留学生比去年_____了五千人。

(4) 大学毕业以后，弟弟在北京找到了一_____很好的工作。

(5) 我们要_____早睡早起的好习惯。

(6) 经过了十几年的努力，他的梦想终于_____了，他激动得睡不着觉。

(7) 如果我们赢了这场比赛，可以_____很多钱吗？

(8) 保护环境可以从很多小事开始，比如节约用水，_____关灯。

(9) _____我要分别从几个方面说一下我们的看法。

(10) 不顺利的时候，我们也要尽量保持_____愉快。

## 3 排列顺序 Organize the following sentences

A. 很多人来应聘。

B. 报社要招聘几名记者。

C. 面试官说，只要能正确回答三个问题，就可以得到这份工作。

答案：_____

## 4 连词成句 Form sentences with the words given

(1) 使 我 他 的 话 说 不高兴 很

(2) 网络 了解 我们 东西 使 很多 了

(3) 习惯 生活 我们 养成 要 健康 的

(4) 睡眠 不足 增加 使 会 体重

(5) 锻炼 每天 只要 就 身体 好 会

_____，_____

## 5 用"使"完成句子 Complete the following sentences with 使

(1) _____使我们很高兴。

(2) _____使我感到很吃惊。

(3) _____可以使你了解中国。

(4) 一句话不要重复很多遍，那样会_____。（烦）

(5) 经常染 (rǎn, to dye) 发会_____。（变差）

## 6 用"只要……就……"完成对话 Complete the following dialogues with 只要……就……

(1) A：你明天会来参加我的生日聚会吗？

B：_____。（有时间）

(2) A：你常常去爬山吗？

B：_____。（天气好）

(3) A：她是个大手大脚的人，去买衣服的时候_____
（看中），从来不问价钱，所以她的衣服特别多。

B：是吗？我还以为她挺节约的呢！

(4) A：我们的梦想能实现吗？

B：_____。

(5) A：你觉得金浩能通过考试吗？

B：_____。（好好准备）

# 第三十三课 尽管他非常努力

## 1 写拼音并组词 Write pinyin and form words with the following characters

初（　）＿＿＿＿　　适（　）＿＿＿＿　　升（　）＿＿＿＿

切（　）＿＿＿＿　　话（　）＿＿＿＿　　并（　）＿＿＿＿

## 2 朗读 Read aloud

| | | | |
|---|---|---|---|
| 三口之家 | 受欢迎 | 取得成绩 | 工业 |
| 成功之路 | 受到注意 | 取得进步 | 农业 |
| 音乐之声 | 受到重视 | 取得发展 | 商业 |
| 希望之光 | 受到批评 | 取得成功 | 服务业 |

## 3 选词填空 Fill in the blanks with proper words

难道　　取得　　说明　　当初　　失败　　适合
随着　　总的来说　　发展　　消失　　受

(1) ＿＿＿＿医学的发展，现在很多疾病都能治 (zhì, to cure) 好了。

(2) 经过一个学期的努力，他终于＿＿＿＿了好成绩。

(3) 他个子很高，很＿＿＿＿打篮球。

(4) 随着城市建设的发展，高楼越来越多，而很多美丽的景色却从我们眼前＿＿＿＿了。

(5) ＿＿＿＿说得那么好听，说要永远在一起，现在你却后悔了！

(6) 冷，风沙多，景色不漂亮，＿＿＿＿，北京的冬季不太适合旅行。

(7) 人的一生中，有成功，也会有_____。

(8) 他们赢了_____他们很厉害。

(9) 据说这个牌子的手机很_____欢迎。

(10) 新疆这么美，_____你不想去吗？

(11) 这个城市这几年_____得很快。

## 4 完成句子 Complete the following sentences

*请使用"尽管……但是……"或"不是……而是……"。

(1) _____他很有钱，_____他并不快乐。

(2) 我_____没有做完作业，_____忘了把作业带到学校来。

(3) 这次考试太难了，_____我很努力，_____成绩还是不好。

(4) _____他非常生气，_____没有和她吵起来。

(5) _____我不想买这件衣服，_____它实在太贵了。

(6) 他_____不想休息，_____不能休息。

## 5 连词成句 Form sentences with the words given

(1) 很糟糕  天气  尽管  他  但是  仍然  锻炼  坚持

　　　　　　　　　　　　　　　　，

(2) 我  不愿意  不是  帮你  没有  而是  时间

　　　　　　　　　　　　　　　　，

(3) 这个  不是  箱子  他的  你的  而是

　　　　　　　　　　　　　　　　，

(4) 工作 顺利 尽管 不 但是 继续 他 想 干 还是 下去

_____,_____

(5) 难道 知道 你 吗 这件事 不

_____

(6) 经济 随着 的 发展 人们 提高 的 了 生活水平

_____,_____

## 6 完成句子 Complete the following sentences

(1) _____（尽管），我们公司还是决定要你。

(2) 我仍然要感谢你，_____。（尽管）

(3) 我们不常联系，_____。（尽管）

(4) _____（尽管），我猜得出来他想说什么。

(5) _____（随着，生活水平），出国旅游的人越来越多。

(6) 小林成绩不好，不是因为不聪明，_____。（而是）

## 7 完成对话 Complete the following dialogues

(1) A：李阳，昨天我们班同学聚会(jùhuì, to form a party)，你怎么没来？很忙吗？

B：_____。

（不是……而是……）

(2) A：你为什么想辞职？你不喜欢这份工作吗？

B：_____。

(不是……而是……)

(3) A：你为什么要跟你女朋友分手？你不爱她了吗？

　　B：_____。

(不是……而是……)

(4) A：这么好玩儿的游戏，_____？（难道，想）

　　B：我想玩儿，可是我爸爸妈妈不让我玩儿电脑游戏。

## 8 讨论 Disscussing

　　在课文（一）中，我们知道因为总经理相信那个年轻人，年轻人后来取得了很大的成绩。如果当初总经理接受他的辞职，可能现在会有另一种结果。这个经理给了年轻人很大的帮助。你在生活中遇到过这样的人吗？有没有同样的故事呢？能给大家介绍介绍吗？

# 第三十四课 即使没座位,我也能睡得很香

## 1 写拼音,找出每组汉字中相同或相似的部分 Write *pinyin* and find the same or similar part between the characters

| 调 | 周 |   | 倍 | 陪 |   | 脑 | 恼 |   | 患 | 怨 |

## 2 朗读 Read aloud

大约五个人  
大约一个小时  
大约十斤苹果  
大约二分之一的人

患病  
患重病  
患感冒  
患失眠

根据调查  
根据你的看法  
根据他的话  
根据这篇文章

## 3 选词填空 Fill in the blanks with proper words

失眠　　烦恼　　根据　　大约　　患　　抱怨  
居然　　普遍　　偶尔　　至少　　随时

(1) 我们都以为那里很穷,其实很多人收入不低,那儿的小学生_____都有自己的手机。

(2) 他通常都是自己做饭,_____出去吃一次。

(3) 考大学的时候,应该_____自己的爱好选择专业。

(4) 老师要求我们写一篇关于成功与梦想的文章,\_\_\_\_\_300字。

(5) 每个人都有自己的_____,我们应该学会放松自己,让自己开心起来。

(6) 经常_____的人总是觉得很累,身体也会变差,这说明

睡眠对人非常重要。

(7) 如果你有什么问题，_____可以给我打电话。

(8) 这篇古典小说_____有一两千字。

(9) 最近天气寒冷，_____重感冒的人增加了很多。

(10) 他_____爱上了朋友的女儿。

(11) 她经常向我_____工资太低。

## 4 排列顺序 Organize the following sentences

A. 其实很多白领经常失眠。

B. 这是因为他们工作太紧张了。

C. 我们都认为白领们工作好、工资高，生活得很舒服。

答案：_____

## 5 用汉字写出下面的数字 Write the following numbers with Chinese characters

11.2 _____    25.32 _____    45.56 _____

10.05 _____   $\frac{1}{2}$ _____    $\frac{4}{5}$ _____

$\frac{8}{11}$ _____    30% _____    25.4% _____

12.35% _____

## 6 模仿造句 Make sentences following the examples

A. 10，2 → 10是2的两倍。

(1) 50，10 →

(2) 20，5 →

(3) 12，6 →

B. 我有 30 块钱，他有 10 块钱。→ 我的钱是他（的钱）的三倍。

(4) 我们班有 5 个女生，15 个男生。→

(5) 女性失眠患者 300 个，男性失眠患者 150 个。→

(6) 英语书有 20 本，数学书有 4 本。→

## 7 连词成句　Form sentences with the words given

(1) 失眠　很多　患者　愿意　病　不　看

(2) 成年人　孩子　的　普遍　睡眠　好　不如

(3) 网上的　根据　调查结果　可以　60%的人　接受　认为　同性恋　大约

(4) 一支烟　即使　吸　每天　也　影响　会　健康　只

(5) 有病　即使　他　知道　自己　也　去医院　不　愿意

**8** 用"即使……也……"回答问题 Answer the following questions with 即使……也……

(1) 听说她很爱他,可是那个人没有钱,她会跟他结婚吗?

(2) 火车 7:20 就要开了,如果坐公共汽车去火车站,要花很多时间,赶不上了,打车赶得上吗?

(3) 如果他们不请你,你会去吗?

# 第三十五课　只有方法对了，效果才会更好

**1 写拼音并组词** Write *pinyin* and form words with the following characters

效（　　）_____　　营（　　）_____　　拒（　　）_____

郊（　　）_____　　官（　　）_____　　柜（　　）_____

**2 选词填空** Fill in the blanks with proper words

方法　效果　好处　营养　消化　基本　拒绝　无奈　刀叉

(1) 西方人习惯用_____，中国人习惯用筷子。

(2) 她教给我缝衣服的_____。

(3) 用减肥药减肥非常普遍，不过减肥药的_____非常值得怀疑。

(4) 星期天他想休息，可是他女朋友一定要去逛街，他_____地同意了。

(5) 他主动要求参加比赛，可是居然被_____了。

(6) 饭后散步可以帮助_____。

(7) 打太极拳对人的身体健康有很多_____。

(8) 苹果是一种_____很丰富(fēngfù, abundant)的水果。

(9) 你连中国文学方面最_____的知识(zhīshi, knowledge)都不知道，怎么能考上博士呢？

## 3 连词成句 Form sentences with the words given

(1) 他　不是　每天　拼命干活　抽烟　就是

(2) 才　会　只有　对了　效果　更好　方法

(3) 不是　她　就是　嫌我懒　嫌房子小

(4) 你　只有　让　开心　她　才能　起来

(5) 我　红色　还是　的　穿　裙子　吧

## 4 排列顺序 Organize the following sentences

A. 什么时间学习、每次学习多长时间、在不同的时间学习不同的内容，如果在这些方面能科学地安排，那么学习效果一定会更好。

B. 学习也是这样。

C. 做任何事情，只有方法对了，效果才会更好。

答案：_____

## 5 选择合适的关连词填空 Fill in the blanks with proper answer

只有……才……　　不是……就是……　　即使……也……
尽管……但是……　　不是……而是……　　无论……都……

(1) _____多练习，_____能写好汉字。

(2) 跟自己爱的人在一起，_____没饭吃，_____会感到幸福。

(3) _____心里有很多烦恼，_____她从来不跟别人说。

(4) 他很喜欢喝酒，每天_____在家里喝，_____去酒吧喝。

(5) _____你说什么，我_____不想听。

(6) _____这份工作不适合你，_____你没有努力做。

(7) _____工作非常忙，他们_____会经常回老家看望父母。

(8) _____你去还是不去，我_____一定要去。

## 6 完成句子 Complete the following sentences

(1) 只有努力，_____。

(2) _____（增加工资），我们才愿意继续干下去。

(3) 天气太热了，_____（开空调），我才能睡着。

(4) 广州最近天气不好，每天不是_____，就是_____。

(5) 每个周末，我不是_____，就是_____。

(6) 这个孩子太活泼了，每天不是_____，就是_____，一会儿也不安静。

## 7 就以下几种情况进行比较，用"还是"说句子 Make a choice with 还是 from the options in the following situations

(1) 冬天去哈尔滨 / 去海南。

(2) 喜欢白色，可是白色的衣服样式不好看。/ 红色的衣服好看，可是我很少穿红色的。

(3) 去北京，坐火车去 / 坐飞机去。

# 第三十六课 简单而快乐的童年

**1** 写拼音，找出每组汉字中相同或相似的部分 Write *pinyin* and find the same or similar part between the characters

| 童 | 里 | | 愁 | 怨 | | 匹 | 四 | | 疲 | 破 |

**2** 选词填空 Fill in the blanks with proper words

> 童年　　回忆　　距离　　染　　反对　　个性
> 发愁　　佩服　　疲劳　　望　　组织

(1) 我希望每个孩子都有一个快乐而幸福的_____。

(2) 每年五月，学校都会_____学生去春游。

(3) 每天加班让他感觉非常_____。

(4) 她居然把头发_____成了红色！

(5) 我家和单位_____太远，每天坐车几乎要坐三个小时。

(6) 她惊讶地_____着我，说不出话来。

(7) 每当_____起大学生活，我都会感到非常愉快。

(8) 我有一个表弟经常穿各种奇怪的衣服，他说那样穿很酷，有_____。

(9) 总的来说他是一个乐观 (lèguān, optimistic) 的人，整天都很开心，只是偶尔会因为一些事情_____。

(10) 他很能干，做事很认真，什么事情都做得很好，大家都很_____他。

(11) 这个计划不适合那里的情况，因此，很多人_____。

## 3 选择正确的答案　Choose the proper answer

(1) 小静一站在很多人面前说话就会脸红。
　　问题：小静是个什么样的人？
　　A. 有个性　　　　B. 害羞　　　　C. 时尚

(2) "我们以为他会坐车来这里，没想到，他竟然骑了一匹马来！"
　　从这句话中，我们知道说话人：＿＿＿＿＿＿＿
　　A. 很遗憾　　　　B. 很生气　　　　C. 很吃惊

## 4 连词成句　Form sentences with the words given

(1) 李阳　的　破　磨　了　鞋　被

_____

(2) 我　听　的时候　音乐　每当　疲劳　消失　了　就

_____，

(3) 很多　常常　白领　失眠　为　烦恼　而

_____

(4) 他　人　的　是　时尚　一个　有个性　而又

_____

## 5 完成句子　Complete the following sentences

(1) 她常常为＿＿＿＿＿＿＿＿＿＿＿＿＿＿＿＿而烦恼。
(2) 金浩为＿＿＿＿＿＿＿＿＿＿＿＿＿＿＿＿而感到高兴。
(3) 他是一个＿＿＿＿＿＿＿＿而又＿＿＿＿＿＿＿＿的人。
(4) 我的家＿＿＿＿＿＿＿＿而又＿＿＿＿＿＿＿＿。
(5) 我为＿＿＿＿＿＿＿＿＿＿＿＿＿＿＿＿而努力学习。
(6) 爸爸妈妈为了我们而＿＿＿＿＿＿＿＿＿＿＿＿＿＿。
(7) 每当＿＿＿＿＿＿＿＿＿＿＿＿(想起)，我的烦恼就消失了。

# 复习(六)

**1 组词 Make words**

劳（　　　）（　　　）　　情（　　　）（　　　）

奋（　　　）（　　　）　　想（　　　）（　　　）

**2 选词填空 Fill in the blanks with proper words**

| 去世 | 于 | 强壮 | 勤奋 | 采用 |
| 谦虚 | 同情 | 知识 | 理想 | 编辑 |

(1) 她爷爷上个星期_____了，所以最近她一直心情不好。

(2) 表面上看起来他身体很_____，实际上，他基本上每个月都要病一次。

(3) 在学校里我们可以学到很多_____。

(4) 他辞职的原因是他认为这不是_____的工作。

(5) 他是杂志_____。

(6) 孔子出生_____鲁国的一个地方。

(7) 大家都很_____这个没有父母的孩子，但是不知道该怎么帮助他。

(8) 他非常_____，因此每次考试都能取得很好的成绩。

(9) 大家都佩服他作文写得好，他听了只是_____地笑笑，不说什么。

(10) 领导 (lǐngdǎo, leader) 调查了实际情况以后，_____了他们的建议。

## 3  判断对错  Decide whether the following sentences are right or wrong

(1) 只要每天认真学习，才能把汉语学好。

(2) 他的汉语非常好，每次考试，不是第一而是第二。

(3) 尽管国外生活很辛苦，但是我一定要坚持下去，实现我的梦想。

(4) 无论雨下得很大，他都来上课。

(5) 这个大学既大又漂亮。

(6) 既然你工作忙，所以不用来飞机场接我了。

(7) 他每天不是玩儿游戏，就是睡觉，不学习，妈妈非常生气。

## 4  完成句子  Complete the following sentences

(1) 那个饭店虽然很贵，_____。（但是）

(2) 我最喜欢吃小云做的菜了，只要是小云做的菜，_____
_____。（就）

(3) 既然他不习惯吃中国菜，_____。（就）

(4) 即使你不喜欢我，_____。（也）

(5) 我不是不想去你家，_____。（而是）

(6) 她学习非常努力，每天晚上不是写作业，_____
_____。（就是）

## 5  选择合适的介词填空  Fill in the blanks with proper preposition

关于　朝　向　从　于　按照　往　根据　为了　由于　除了

(1) 我们应该_____你学习。

(2) _____工作紧张，他患了严重的失眠。

(3) _____晚上的活动，他们准备了一天。

(4) ＿＿＿＿＿＿计划，这个月要举行两场比赛。

(5) 他＿＿＿＿＿＿我笑了一下。

(6) 这是一首＿＿＿＿＿＿爱情的诗。

(7) 小云＿＿＿＿＿＿六岁开始弹钢琴。

(8) ＿＿＿＿＿＿我们的了解，这件事跟他没有关系。

(9) ＿＿＿＿＿＿在餐厅打工，她还在语言学校教汉语。

(10) 我们坐上了开＿＿＿＿＿＿北京的火车。

(11) 他毕业＿＿＿＿＿＿美国一所著名的大学。

## 6 写出下列词语的拼音，然后选词填空 Write *pinyin* for the following words and fill in the blanks with proper words

选择　应聘　养成　适合　失败　消失　发展　患　拒绝　佩服

(1) 既然这件衣服不＿＿＿＿＿＿你，就不要买了。

(2) 我们要＿＿＿＿＿＿节约用水的好习惯。

(3) 成功当然很好，可是如果＿＿＿＿＿＿了，也没关系。

(4) 他向她求婚，可是被＿＿＿＿＿＿了。

(5) 她会五种语言，每种语言都说得很流利，大家都很＿＿＿＿＿＿她。

收入　日记　温度　失眠　普遍　疲劳　效果　知识

(6) 连续工作使人非常＿＿＿＿＿＿。

(7) 除了老师以外，爸爸妈妈也教给我们很多＿＿＿＿＿＿。

(8) 尽管这个工作＿＿＿＿＿＿很低，但是他仍然很开心。

(9) 现在的小学生中，近视非常_____。

(10) 随着地球表面_____的升高，气候的变化会越来越大。

以下　难道　总的来说　偶尔　于　如此　至少

(11) 听说纽约很繁华，_____你不想去看看吗？

(12) 他高大强壮，很少生病，只是_____感冒一次。

(13) 孔子出生_____公元前551年。

(14) _____，工业给人类带来的好处比坏处多。

(15) 他们说他勤奋好学，实际上并非_____。